調 理 法 別
日 本 料 理

조리법별 일본 요리

CHORIHO-BETSU NIHON-RYORI by TSUJI CHORISHI SENMON GAKKO
Copyright © Tsuji Culinary Research Co., Ltd. 2008 All rights reserved.
Original Japanese edition published by NHK Publishing, Inc.
This Korean edition is published by arrangement with
NHK Publishing, Inc., Tokyo in care of Tuttle-Mori Agency, Inc., Tokyo
through BC Agency, Seoul.

調理法別 日本料理

辻調理師専門学校

조리법별 일본 요리

초지조리사전문학교

한국어판 서문

오랜 시간 요리를 가르치면서 불현듯 '일본 요리란 무엇인가' 생각해본 적이 있습니다.

건강한 식사에 대한 붐이 일면서 일본 요리에 대한 관심도 높아져 해외에서 일본 요리를 가르칠 기회가 늘어났습니다. 츠지조리사전문학교에서 가르치는 것은 식당에서 만드는 코스 요리, 즉 가이세키 요리입니다. 그런데 오랫동안 가르쳐온 이론과 기술을 교육하는 것인데도 어려운 점이 있습니다. 일본인에게 하듯 같은 방법으로 외국인에게 설명을 하면 의도와 달리 이해할 때가 있는 것입니다. 예를 들어 생선을 처음부터 손질할 경우, 칼을 다루는 기술, 즉 자르는 기술은 중요한 부분입니다. 생선의 구조를 기억하고 핵심을 파악하면, 곧 능숙하게 손질할 수 있게 됩니다. 하지만 그다음 모습을 보고 있으면, 특히 생선을 날 것으로 먹지 않는 나라에서는 손질한 생선 살을 너무 거칠게 다루거나 그대로 방치해두고는 합니다. 좋은 재료를 선택해 말끔히 손질해서 '자연 상태'를 유지, 즉 생선의 신선도가 나빠지지 않고 가장 좋은 상태로 있도록 노력했는데, 그렇게 다루면 맛도 모양도 안 좋아진다고 설명하면서도 문득 떠오르는 것이 있었습니다.

처음에 왜 '자연 상태'가 중요한지를 깊이 있게 가르치지 않았다는 것. 손질한 생선을 레시피대로 무언가에 담가 절이거나 굽고 있는데 '왜 저러지'라고 궁금해했을지도 모릅니다. '자연 상태'는 결국 자연 그대로가 좋다는 의미입니다. 이 근본적인 사고를 전달하지 않으면, 일본 요리를 진정으로 이해할 수 없을 것입니다.

일본은 지리적 요인에 의해 예로부터 자연의 혜택을 받고 있습니다. 완만하게 변화하는 계절, 날씨, 식물, 농산물, 습관이 다릅니다. 자연은 때때로 재난을 일으키는 존재이기도 하지만, 그 큰 힘은 경외의 대상이 되어왔습니다. 예술 작품을 보면 나무와 꽃, 개울, 새와 물고기 같은 생물 등, 그 디자인은 언제나 자연과 연관되어 있습니다. 자연 그대로를 살리거나 때로는 최소한만 담아내는 등 표현은 다양하지만, 자연에 깊은 애정을 가지고 아름답다고 느껴왔던 것을 알 수 있습니다.

일본 요리란 무엇인가. 처음의 질문으로 돌아가봅시다. 일본어에서 '요리'란 단어는 원래 '계량' '정리해서 담다'를 의미합니다. 그것은 일을 잘 처리한다는 뜻으로, 일본 요리에 대입해보면 낭비 없이 합리적으로, 자연에 가까운 상태로 먹는 것을 이상으로 삼고 있는 것입니다. 좋은 재료를 찾아내고, 불필요한 부분을 제거하고, 필요할 때에만 최소한으로 손질합니다. 이것은 모두 '재료가 가진 본연의 맛'을 살리는 것과 연결됩니다. 일본 요리는 재료가 아닌 다른 것으로 감칠맛을 더하는 것이 아니라, 조리를 해서 재료가 가진 본래의 맛을 끌어내는 요리입니다. 일본 요리를 배울 때에는 이 점을 잊지 말아주세요.

배 부르게 맛있는 것을 먹는 것은 먹는 행위의 근본적인 의미입니다. 여기에 눈으로 보고 즐기며, 계절의 변화를 표현하고, 대접받는 느낌이 들도록 정서적인 만족을 더하는 게 일본 요리의 특색입니다. 제철재료와 그릇을 사용해 적, 황, 녹(청), 백, 흑 등 다섯 가지 색으로 색채의 풍부함을 표현하고는 합니다. 예를 들어 와카다케니若竹煮(미역과 죽순으로 만든 조림)와 같은 전형적인 봄 요리를 벚꽃 그림이 그려진 그릇에 담는 것은 잘 알려진 조합입니다. 이런 어려운 얘기가 아니더라도 가정에서도 카레를 먹을 때는 카레 접시에, 라멘을 먹을 때는 라멘 그릇에 담으면 왠지 기분이 좋습니다. 요리마다 꾸밈을 달리하면 좋다는 감상은 일본에서는 식당뿐만 아니라 여기저기에서 흔히 느낄 수 있습니다.

최근 몇 년 사이에 츠지조리사전문학교에도 일본 요리를 배우는 유학생이 많아졌습니다. 그들은 일본 요리의 정신을 이해하고, 재료의 손질이나 취급법, 다시 뽑는 법, 음식을 담는 방법 등 모든 것을 배우고, 칼을 다루는 기술과 조리 기술도 척척 습득하고 있습니다. 그리고 모국으로 돌아가면 자신의 가게를 갖고 싶다고 말합니다. 일본 요리의 본질을 이해한 그들이라면 어려운 상황에 처하더라도 반드시 올바르게 일본 요리를 표현하고 때로는 응용하면서 새로운 세계를 개척할 것입니다.

이 책은 본교에서 가르치고 있는 기초적인 요리를 약간 응용한 것을 조리법별로 모아놓았습니다. 가이세키 요리는 기본적으로 완모노, 쓰쿠리, 야키모노 등 이 책의 순서와 같이 제공됩니다. 각 장의 앞에 있는 해설을 읽어보면 가이세키 요리의 흐름이 보이겠지요. 실제로 만들어보면 손이 많이 가는 세세한 준비 과정에 압도되겠지만, 그때마다 일본 요리가 무엇을 소중하게 여기는지 떠올려보면 자연스레 납득할 것입니다. 이 책과의 만남이 일본 요리의 깊은 이해로 연결되기를.

츠지조리사전문학교
일본 요리 교수 하마모토 료지

| 한국어판 서문 | 5 |

| 차례 | 8 |

|제1장| 완모노

조리의 포인트 13
봄 채소 스이모노 스마시지타테 14
요세하모 스마시지루지타테 16
정어리 쓰미레지루 아와세미소지타테 18
자라 만주 슷퐁지타테 20
옥돔 미조레완 우스쿠즈지타테 22
대합 신조 우시오지타테 24
풋콩 스리나가시 스리나가시지타테 27
◦ 아오요세 29

|제2장| 쓰쿠리

조리의 포인트 31
쓰쿠리 3종 모리, 와사비, 도사조유 32
◦ 도미 산마이오로시 35
광어 우스쓰쿠리 36
농어 아라이 38
문어 유아라이 40
도다리 가와시모쓰쿠리 42
갯장어 야키치리 44
전갱이 곤부지메 46
학꽁치 곤부지메 48
훈제한 시메사바 기리카케쓰쿠리 50
도미, 가다랑어, 보리새우 회 샐러드 52
소고기 다타키 54

|제3장| 야키모노

조리의 포인트 57
갈치 시오야키 58
알배기 은어 시오야키 60
쥐노래미 산초순 야키 62
꽁치 유안야키 65
눈볼대 미소쓰케야키 68
참치 스테이크 70
가지 덴가쿠 72
연어 겐친 야키 74
소고기와 말린 목련잎 미소야키 76
전복 이시야키 78
오리가슴살 가오리야키 80
꼬치고기 이치야보시 82

|제4장| 니모노

조리의 포인트 85
가자미 니쓰케 86
차가운 놋페이 88
도미 가부라 91
이세에비 기미니 94
둥근가지 아게니 96
방어 오로시니 98
전복 무시니 100
동아 하카타니 102
돼지고기 미소니 104
영계 이타메니 106
야나가와풍 붕장어 109
오징어와 토란 도모와타니 112

|제5장| 아게모노

조리의 포인트	115
닭고기 미소를 끼얹은 가지 스아게	116
에비이모 스아게	118
고로모아게 3종	120
가키아게	122
쑤기미 가라아게	124
영계 다쓰타아게	126
가와리아게 3종	128
병어 가와리아게	130
게 가와리아게	132
일본식 크로켓	134

|제6장| 무시모노

조리의 포인트	137
대구 이리 자완무시	138
대구 지리무시	140
금눈돔 난바무시	142
민물장어 하스무시	144
옥돔 유자향 무시	146
굴 난젠지무시	148

|제7장| 아에모노와 스노모노

조리의 포인트	151
국수호박, 찐 성게알, 보리새우 산바이즈	152
굴 미조레즈가케	154
순무와 연어 기미즈가케	156
조개 누타아에	159
오색 나마스 참깨 크림 무침	162
봄 채소 야키비타시	164

|제8장| 고항모노

조리의 포인트	167
밤 고항	168
대합 고항	170
난반고항	172
시라가유 시로미소앙가케	174
큰실말 조스이	176
지라시즈시	178

|제9장| 다시 뽑기와 식재료 손질하기

다시 뽑기	182
– 다시의 재료	
식재료 손질하기	185
– 생선 손질	
– 갑각류 손질	
– 채소 손질과 자르는 방법	
요리 용어 해설	200

일러두기

1. 이 책의 외래어와 외국어는 국립국어원 외래어 표기법을 따르고 있다. 다만 '츠지조리사전문학교'의 표기는 저작권사의 요청에 따라 예외로 하였으며, 일부 용어 또한 예외로 하였다.

2. 일식 셰프인 옮긴이의 견해에 따라 요리 용어와 우리나라에 없는 재료는 외국어로 옮긴다.

3. 이 책의 본문에서 일본어를 병기한 것은 그 의미가 해당 페이지에 등장한다. 병기되지 않은 외래어는 10쪽 〈자주 등장하는 요리 용어〉와 제9장 〈요리 용어 해설〉에서 그 의미를 확인할 수 있다.

4. 제9장 〈요리 용어 해설〉에서 **붉은색**으로 쓰인 것은 원서에 포함된 내용으로, 이 책의 저자가 쓴 것이다. 그 외 **검은색**으로 쓰인 것은 한국 독자를 위해 이 책의 옮긴이가 추가한 해설이다.

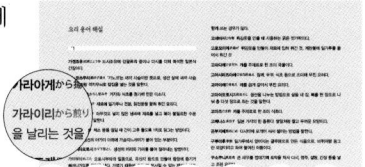

5. 〈자주 등장하는 요리 용어〉는 독자의 편의를 위해 한국어판 편집 과정에서 작성된 것이다.

6. 재료의 양은 다음과 같이 이해하면 된다. "갯장어(500g)……1/2마리"는 500g짜리 갯장어 반 마리를 의미한다. "감자……1/4개(60g)"는 감자 한 개를 4분의 1로 썰었을 때 한 조각의 무게가 60g쯤 되어야 한다는 의미다. 즉, 감자 한 개의 무게는 240g쯤 된다. "양하(동그랗게 송송 썬 것)……2개"는 양하 2개를 송송 썬 것을 뜻한다.

자주 등장하는 요리 용어

|도구 관련|

~나베, 나베~	鍋	냄비 또는 냄비 요리	(예) 나베가에시, 도나베
~보초	包丁	칼	(예) 데바보초, 사시미보초

|재료 관련|

~가쓰오	かつお	가다랑어	(예) 게즈리가쓰오, 오이가쓰오
가쓰오부시	かつお節	가다랑어포	–
곤부~, ~콘부	昆布	다시마	(예) 곤부지메, 쓰메콘부
미소	味噌	일본식 된장	–
미조레~	みぞれ	진눈깨비처럼 간 무	(예) 미조레다시, 미조레완

~쇼유, ~조유	しょうゆ·じょうゆ	간장	(예) 다마리조유, 폰즈쇼유
~스, ~즈	酢	식초	(예) 가라시스미소, 와리즈
시소	しそ	깻잎과 비슷하게 생겼지만 맛과 향이 전혀 다른 향신채	–
~앙	餡	팥소, 고물, 맛을 내 칡전분으로 묽게 끓인 것	(예) 긴앙, 벳코앙
폰즈~	ポン酢	감귤류의 즙	(예) 폰즈쇼유
~후	麩	글루텐으로 만든 식품	(예) 구루마후, 이타나마후

|조리 관련|

~고항	ご飯	밥, 식사	(예) 난반 고항, 대합 고항
~구시	串	꼬치	(예) 노보리구시, 소에구시
~기리	切り	자르기	(예) 란기리, 호네기리
~니	煮	조림	(예) 미소니, 아게니
니지루	煮汁	조림을 위한 국물	–
덴모리	天盛り	맛과 향, 모양을 위해 요리 꼭대기에 산초잎, 유자, 생강 등을 담는 것	–
~모리	盛り	(그릇에) 담음	(예) 덴모리, 산스이모리
~무시	蒸し	찜	(예) 가부라무시, 사카무시
스아게	素揚げ	재료에 아무것도 묻히지 않고 기름에 튀기는 방법 또는 그렇게 튀긴 요리	–
스이지	吸い地	국물 요리의 기본이 되는 맑은 국물	–
쓰케지	つけ地	재료에 간을 들이기 위해 조미한 국물	–
~쓰쿠리	造り	회 또는 회를 써는 방법	(예) 가와시모쓰쿠리, 스가타쓰쿠리
~아게	揚げ	튀김 또는 튀기는 방법	(예) 고로모아게, 다쓰타아게
~아라이	洗い	재료를 씻어서 간을 들이거나 물을 이용해 식감을 살리는 것	(예) 다시아라이, 유아라이
~아에	あえ	무침	(예) 고마아에, 누타아에
~야키	焼き	굽는 방법이나 구운 것	(예) 유안야키, 호라쿠야키
~오로시	おろし	생선 살을 잘라내는 방법 또는 무나 채소를 간 것	(예) 산마이오로시, 폰즈오로시
~완, 완~	椀	밥이나 국을 담는 동그란 그릇 또는 국	(예) 미조레완
~요세, 요세~	寄せ	으깨거나 갈아서 다른 재료와 섞어 다시 형태를 잡아 익힌 것	(예) 구즈요세, 요세아게
~지타테	仕立て	국, 국물	(예) 슷퐁지타테, 우시오지타테

※ 정리한 용어는 이 책에서 쓰인 의미로, 사전적 정의와 차이가 있을 수 있다.

제1장 / 椀物 국
완모노

완모노는 집밥을 대표하는 두부와 실파가 들어간 미소시루부터 정평이 난 자가이세키茶懷石에 나오는 니모노완까지, 제철 재료로 계절을 표현하고, 음식을 대접하는 마음을 아름답게 담은 상차림의 꽃이라 할 수 있다. 일반적으로 술안주로 내는 국을 스이모노, 식사와 함께 내는 국을 시루모노汁物라 하며, 둘 다 칠기에 담겨 나오기 때문에 총칭하여 '완모노'라 불러왔다.

완모노는 스이지를 베이스로 하고, 완다네, 완쓰마, 스이쿠치 등 세 가지 요소로 이루어진다.

완다네는 완椀(완모노)을 구성하는 주재료를 말한다. 어패류, 육류, 채소, 건어물, 두부나 유바 같은 가공식품 등 다양한 재료를 쓴다. 재료를 그대로 가열하는 것만이 아닌, 신조 또는 완자나 경단, 구즈요세, 기세도후 등 형태나 맛에 변화를 주어 쓰는 경우도 많다. 맛은 스이지와 조화를 이룰 수 있게 담백하게, 형태나 크기는 먹기 편하고, 그릇의 크기에 맞게 만든다.

완쓰마는 완다네를 돋보이게 해주는 곁들임인데, 제철 채소일 때가 많다. 주재료인 완다네와 맛의 궁합이나 색채를 고려해 결정해야 한다. 경우에 따라서 해초나 두부, 후 등도 쓴다.

스이쿠치는 국그릇 뚜껑을 연 순간 피어오르는 향이나 맛의 포인트가 되는 요소이다. 봄과 초여름에는 산초순이, 가을과 겨울에는 유자가 대표적인 예다. 생강, 파, 산초가루, 겨자 등은 기분 좋은 자극을 주며 잡내를 없애는 역할을 하기도 한다.

위의 세 가지 요소를 정리하고, 완모노의 토대가 되는 것이 스이지라 할 수 있다. 스이지는 다시의 맛이 매우 중요하다. 가쓰오부시와 다시마로 뽑는 '1번 다시'를 사용한 스마시지루지타테, 도미나 대합 등 완다네의 재료에서 우러나오는 감칠맛을 살린 우시오지타테, 청주를 듬뿍 사용하는 숫퐁지타테, 그 외에 된장을 사용한 미소지타테, 칡전분으로 국물에 점성을 높인 우스쿠즈지타테 등 완다네를 돋보이게 하는 다양한 기법이 있다.

완모노는 재료와 완다네, 완쓰마, 스이쿠치, 스이지의 조합에 따라 양손에 쥔 동그란 세계에 어떤 것도 표현할 수 있는 즐거움과 함께 어려움도 있다.

조리의 포인트

완다네나 완쓰마는 스이지핫포에 밑간을 들인다
죽순처럼 간이 잘 들지 않는 재료는 살짝 끓인다.

Point 1
다시 뽑기는
잡미가 우러나오지 않게
타이밍을 맞춰 차분하게

일본 요리에서는, '다시를 우린다'라고 하기보다 '다시를 뽑는다'라고 표현한다. 이것은 재료의 감칠맛만을 뽑아낸다는 의미다. 완모노에 쓰는 다시는 얇게 민 가쓰오부시와 다시마로 뽑은 '1번 다시'이지만, 때때로 우시오지타테나 슷퐁지타테 같은 완다네에서 우려낸 다시도 사용하며, 일상에서 주로 접하는 미소시루에는 니보시 다시를 주로 쓴다. 어떤 경우든 재료에서 감칠맛을 충분히 뽑아내야 한다. 거기에 깔끔한 다시를 뽑아내기 위해선 필요 없는 맛이 우러나오지 않게 하는 게 중요하다. 예를 들어 다시마나 니보시는 진득하니 시간을 들여야 하는 반면, 가쓰오부시는 끓기 직전, 단시간에 감칠맛을 뽑아내야 한다. 물을 끓일 때 격렬한 대류를 일으키거나, 거를 때 세게 쥐어짜면 국물이 탁해지고 잡미가 생긴다.

Point 2
'싱거움'의 대책은
재료에 밑간

완모노가 조금 싱겁게 느껴지는 원인은 다시의 간 때문일 수도 있으나, 완다네나 완쓰마의 밑간 때문일 때가 많다. 준비할 때 물기를 확실하게 제거하고 소금간을 하거나, 스이지보다 조금 더 진한 맛으로 밑간을 해둔다거나, 스이지에 살짝 끓여서 맛을 들이면 완과 스이지와의 일체감이 싱거움을 해소해준다. 뜨거운 완모노에 사용하는 그릇은 물론, 완다네와 완쓰마를 따뜻하게 데워 담는 것도 매우 중요하다.

Point 3
적확한 스이쿠치를 곁들여
한 단계 업

스이쿠치는 가오리노모노 香りのもの라고도 불리며, 산초순, 유자, 산초가루, 겨자, 생강, 파 등 작은 존재이지만 그릇 안에서 기분 좋은 자극을 선사한다. 계절과 재료에 적확한 스이쿠치를 적당량 곁들이면 완모노의 풍미와 풍격이 한층 높아진다.

산초순

아라레한 유자 껍질

바늘처럼 채 썬 생강

곱게 채 썬 대파 흰 부분

채 썬 후 물에 씻어 점액질을 제거하고 수분을 뺀 대파 잎 부분

봄 채소 스이모노 스마시지타테
春野菜の吸い物すまし汁仕立て

식감과 풍미가 뛰어난 궁합을 자랑하는 죽순에 땅두릅과 유채, 산초순을 곁들인 봄철 완모노. 산뜻하게 완성한 맑은국이 봄의 향기를 돋보이게 한다.

죽순

재료(4인분)
죽순(400g)	½통
건미역	3g
땅두릅	8cm
유채	12개
산초순	12장
스이지핫포	
・다시	300㎖
・소금	¼작은술
・국간장	5㎖
스이지	
・다시	600㎖
・소금	⅓작은술
・국간장	5㎖
쌀겨, 홍고추	각 적량

※소금

조리의 포인트

1. 죽순을 삶아서 쓴맛을 뺀다.
2. 죽순을 결대로 잘라 밑간을 한다.
3. 다시를 뽑는다.
4. 다시를 데워서 소금간을 한다. 간을 본 후 국간장을 넣어 향을 더한다. ⋯
5. 죽순, 미역, 땅두릅, 유채를 스이지에 넣고 데운다.
6. 스이쿠치로 산초순을 곁들인다.

스이지의 간은 대부분 소금으로 한다. 반드시 맛을 확인한 후, 국간장을 첨가해 향을 약간 더한다. 그릇에 담은 양을 전부 마실 것이라고 고려하여, '약간 심심하다'라고 느껴질 만큼 간을 하는 것이 중요하다.

만드는 방법

죽순을 삶는다

❶ 죽순의 지저분한 부분을 깨끗이 씻은 후, 사진과 같이 끝을 비스듬하게 자른다.
❷ ❶의 자른 단면의 껍질에 세로로 칼집을 넣는다.
❶❷를 하면 삶을 때 물을 잘 침투해 고루 익는다.
❸ 냄비에 물 2ℓ, 쌀겨 한 줌(약 60g), 홍고추 2개, ❷의 죽순을 넣고, 오토시부타를 덮어 가열한다.
❹ 강불에서 끓기 시작하면 수면이 살살 끓어오를 만큼 불 세기를 낮춰 1~2시간 삶는다. 죽순 밑동의 단단한 부분을 꼬챙이로 찔러 쑥 들어가면 불을 끄고, 그대로 물속에서 식힌다.
❺ 식으면 칼집에 손가락을 넣어 껍질을 벗긴다.
❻ 쌀겨를 씻어내고, 칼등으로 죽순의 표면을 긁어 작은 돌기를 벗겨낸다. 물에 6시간 담가 남아 있는 쓴맛을 제거한다.

죽순에 밑간을 한다

❼ 죽순 윗부분에 가까운 부드러운 부분을 쓴다. 위에서 5cm 지점을 잘라낸다. 세로로 반을 자르고 다시 세로로 약 3mm 두께로 자른다. 냄비에 스이지핫포를 만들어 약 2분간 조린다.

미역을 준비한다

❽ 미역은 물에 20분 담가 불린 후, 미역줄기 같은 단단한 부분을 잘라내고 가로세로 약 3cm로 자른다. 끓는 물에 넣어 색이 선명해지면 바로 냉수에 담근다. 체에 밭쳐 물기를 제거한다.

땅두릅과 유채를 준비한다

❾ 땅두릅은 4cm 길이로 자르고, 껍질을 두껍게 벗겨낸다. 두께 2mm, 폭 1.5cm의 직사각형으로 잘라 잠시 물에 담가 쓴맛을 뺀다. 아삭하게 소금물에 데쳐 투명해지면 냉수에 담갔다가 꺼내서 물기를 제거한다.
❿ 유채는 질긴 줄기 부분을 자르고 단단함이 약간 남아 있을 정도로 소금물에 데친 후 얼음물에 담근다. 꺼내서 물기를 제거한다.

스이지를 만들고 그릇에 담는다

다시를 따뜻하게 데워 소금을 넣는다. 끓으면 맛을 확인한 후 국간장을 넣어 간을 조절한다. 죽순, 미역, 땅두릅, 유채를 스이지에 넣고 데워 따뜻한 국그릇에 담아낸다. 산초순을 스이쿠치로 한다.

요세하모 스마시지루지타테
寄せ鱧すまし汁仕立て

완다네는 칼로 다져서 점성을 높인 갯장어에 보리새우와 은행, 자연송이를 섞어 동그랗게 빚은 것으로 한다. 스이지는 자연송이 향을 옮긴 맑은국으로 한다. 가을에 잘 쓰는 갯장어와 자연송이를 조합한 국물 요리다.

갯장어

재료(4인분)

갯장어(500g)	½마리
보리새우(20g)	2마리
은행	8알
자연송이(60g)	2개
쑥갓	½단
유자	½ 개

스이지핫포
- 다시 ··············· 300㎖
- 소금 ··············· ¼작은술
- 국간장 ············· 5㎖

스이지
- 다시 ··············· 600㎖
- 소금 ··············· ⅓작은술
- 국간장 ············· 5㎖

칡전분 ··············· 적량
※소금

조리의 포인트

1 갯장어를 호네기리(45쪽 참조) 하면서 두번째의 칼질에서 잘라낸다.
2 소금을 치고 칼로 두드린 후 다시 칼등으로 두드려서 점성을 높인다.
3 잘 들러붙도록 칡전분을 넣고 섞는다.
4 김이 충분히 나는 찜기에 넣고, 약한 중불에서 10분간 쪄서 완전히 익힌다.
5 자연송이를 스이지에 넣고 끓여 향을 옮긴다.

스마시지루지타테의 경우, 완다네와 완쓰마는 스이지보다 약간 진하게 간을 한 스이지핫포에 넣어 밑간을 들이는 경우가 많지만, 여기에선 자연송이의 향을 충분히 살리고 싶기에, 스이지에 넣고 끓인다. 단, 씹는 맛을 남겨야 하므로 30~40초만 가열한다.

만드는 방법

재료를 준비한다

❶ 보리새우의 머리와 등 쪽 내장을 당겨서 뽑아내고, 배 쪽 껍데기와 살 사이에 대나무 꼬치를 똑바로 꽂는다. 끓는 물에 소금을 넣고 가볍게 끓어오르게 불조절하여 2분간 익힌 뒤 찬물에 넣는다. 껍질을 벗기고 1cm로 자른다.

❷ 은행은 뾰족한 곳을 위로 향하게 놓고 데바보초의 등으로 두드려 껍데기를 깐다. 냄비에 물을 소량 붓고 끓이다 은행을 넣고 구멍 뚫린 국자 밑면으로 비비듯 문질러 얇은 껍질을 벗긴다. 물에 담가 남은 껍질을 떼어낸다. 물기를 빼고 1개를 4등분한다.
자연송이는 손질하여(198쪽 참조), 신속하게 씻어낸다. 물기를 제거해 5cm 길이로 자른다. 남은 밑동은 5mm로 깍둑썰기 한다.
유자는 껍질을 벗겨서 안쪽 흰 부분을 제거하고, 솔잎 모양으로 자른다(16쪽 사진 참조). 물에 살짝 씻어 물기를 제거한다.

❸ 냄비에 스이지핫포의 재료를 섞어 한번 끓인다. 쑥갓은 풀어서 깨끗하게 씻고 물기를 제거한다. 얇게 찢은 대나무 껍질로 쑥갓을 묶고 끓는 물에 소금을 넣어 살짝 데친 후, 냉수에 식힌다. 물기를 짜서 스이지핫포에 넣는다.

갯장어 반죽을 만든다

❹ 갯장어는 1~2mm 폭으로 호네기리하는데, 2회째 칼질에서 살을 잘라내는 식으로 한다.

미역을 밑처리한다

❺❻ ❹의 갯장어에 소금을 엷게 치고, 칼로 가볍게 두드린다. 다시 칼등으로 두드려 약간의 찰기를 낸다.

땅두릅과 유채를 준비한다

❼ 갯장어 살을 넓게 펼쳐, 접착 역할을 하는 칡전분을 뿌려넣고 골고루 섞는다.

❽❾ ❶의 보리새우와 ❷의 은행과 자연송이 밑동을 ❼의 갯장어에 넣고 고루 섞는다. 4등분하여 동그랗게 빚어 트레이에 가지런히 놓는다. 김이 오른 찜기에 넣고 약한 중불에서 약 10분 찐다.

스이지를 완성하여, 그릇에 담는다

❿ ❷의 자연송이 갓에 열십자 모양으로 칼집을 넣고, 세로로 4조각 나게 찢는다. 냄비에 스이지만큼의 다시를 넣고 데워, 소금간 하여 맛본 후 국간장을 넣는다. 자연송이를 넣고 살짝 익혀 향을 옮긴다. ❾의 갯장어 완자를 따뜻하게 데운 국그릇에 담는다. 자연송이와 따뜻하게 데워 7cm로 자른 쑥갓을 곁들이고 뜨거운 스이지를 부은 뒤 솔잎 모양으로 잘라놓은 유자를 얹는다.

정어리 쓰미레지루 아와세미소지타테

いわしのつみれ汁合わせ味噌仕立て

정어리를 곱게 갈아서 미소와 생강으로 냄새를 없앤 쓰미레와 깨운한 풍미의 아카미소와 단맛을 지닌 시로미소를 섞은 스이지로 완성한다.

시로미소 　　아카다시용 미소

재료(4인분)

쓰미레 반죽
- 정어리(80g) ·············· 4마리
- 소금 ·························· ⅓작은술
- 아카미소 ···················· ½큰술
- 달걀 ·························· ½개
- 진간장 ······················ 5㎖
- 물에 푼 칡전분 ············ ½큰술
- 곤부 다시 ···················· 50㎖
- 다진 생강 ···················· 10g

스이지
- 아카미소 ···················· 40g
- 시로미소 ···················· 40g
- 니보시 다시 ················ 800㎖

우엉 ···························· ½줄기(40g)
쪽파(5~6mm 폭으로 자른 것) ······ 20g
산초가루 ························ 적량

조리의 포인트

1 신선한 정어리 살을 발라서 곱게 다진 후, 소금을 넣고 절구에 갈아 찰기를 낸다.
2 쓰미레 반죽은 곤부 다시로 적당하게 농도를 맞춘다.
3 쓰미레 반죽을 동그랗게 빚어 조용히 끓고 있는 물에 넣어 익힌다.
4 미소에 니보시 다시를 약간 부어서 풀어놓는다.
5 니보시 다시에 풀어놓은 미소를 넣고 체에 내린다.
6 쓰미레를 스이지에 넣어 데우고, 우엉을 살짝 익혀 따뜻하게 데운 그릇에 담는다.

다시로 미소를 정성껏 풀어도, 미소 자체에 으깬 대두나 누룩 같은 찌꺼기가 남아 있으므로, 반드시 촘촘한 체에 거른다. 이런 귀찮은 작업이 부드럽고 맛있는 미소시루를 만드는 포인트다.

만드는 방법

쓰미레 반죽을 만든다

① 데비라키(188쪽 참조)한 정어리는 꼬리를 잘라내고, 껍질을 머리 쪽부터 천천히 벗겨낸다.
② 세로로 2등분하여 잘게 자른다. 칼로 두드려서 다진다.
③ 절구에 넣고 찧기 전 찰기를 내기 위해 소금을 뿌린다.
④ 반죽의 남은 재료를 순서대로 넣고 재료를 넣을 때마다 잘 섞으며 찧는다. 단, 씹는 맛을 남기기 위해 정어리 살이 군데군데 남아 있게 한다. 곤부 다시를 넣고 농도를 맞춘다. 마지막에 다진 생강을 넣어 고루 섞는다.

쓰미레를 삶는다

⑤ 냄비의 물은 끓기 직전 자잘한 기포가 올라올 정도로 불을 조절한다. 쓰미레 반죽을 손으로 쥐고, 엄지와 검지 사이로 짜서 지름 3cm의 공 모양이 되도록 스푼으로 형태를 잡는다.
⑥ 동그랗게 짜낸 쓰미레를 스푼으로 떠서 끓는 물에 넣는다. 물을 바글바글 끓이면 쓰미레가 부서지기 쉽고 감칠맛도 날아가므로 주의한다. 먼저 넣은 것이 어떤 것인지 작업한 순서를 표시하기 위해 마지막에 넣은 쓰미레는 모양을 다르게 한다.
⑦ 쓰미레는 70~80%가 익으면 떠오른다. 이렇게 떠오르면 구멍이 난 국자 아랫면으로 굴려가면서 2~3분 더 삶아 속까지 완전히 익힌다.
⑧ 마지막에 넣은 쓰미레가 속까지 익으면 전부 건져 체에 밭친다.

스이지를 완성한다

⑨ 볼에 아카미소와 시로미소를 넣고, 데운 니보시 다시를 소량 넣어 거품기로 고루 풀어준다.
⑩ 니보시 다시에 ⑨에서 풀어놓은 미소를 넣어 고루 저어 섞는다. 미소를 전부 넣기 전에 반드시 간을 보고 넣을 양을 정한다. 체에 걸러 미소 찌꺼기를 제거하고, 다시 데운다.

완성해서 그릇에 담는다

따뜻하게 데운 스이지에 쓰미레를 넣고, 연필 깎듯 돌려가며 얇고 가늘게 썬 우엉(111쪽 참조)과 송송 썬 쪽파를 넣어 살짝 익힌다. 국그릇에 따라 담고, 산초 가루를 뿌린다.

자라 만주 슷퐁지타테
すっぽんまんじゅうすっぽん仕立て

시간을 들여 자라의 감칠맛을 천천히 끌어낸 스이지와 칡전분을 개어 만든 반죽에 자라의 살을 감싸 만든 만주를 작은 나베에 담는다.

칡전분

재료(4인분)
자라(700g) ·················· 1마리
자라 다시
- 쓰메콘부 ·················· 1장
- 청주 ······················ 1ℓ
- 물 ······················· 2ℓ
- 대파(잎 부분을 큼지막하게 자른 것) ······ 1뿌리
- 생강(두껍게 슬라이스) ············ 10g
- 양파(세로로 절반으로 자른 것) ········ ½개
- 당근(세로로 절반으로 잘라) ········· 40g
- 소금 ····················· ⅔작은술
- 국간장 ···················· 60㎖

자라 만주 반죽
- 칡전분 ···················· 50g
- 자라 다시 ·················· 250㎖

만주소
- 자라 다시 ·················· 100㎖
- 자라 살 ···················· 100g
- 대파(흰 부분을 다진 것) ·········· 5g
- 생강즙 ···················· ¼작은술
- 소금 ····················· 소량
- 국간장 ···················· 소량

대파(흰 부분 얇게 채친 것) ·········· ¼뿌리
대파(잎 부분 얇게 채친 것) ·········· 1뿌리
노시모찌 ···················· 2개
생강즙 ····················· 적량

조리의 포인트
1. 자라에 약 90도의 뜨거운 물을 부어 시모후리한다.
2. 물의 온도를 낮춰 얇은 껍질을 벗기고 점액질과 피를 씻어낸다.
3. 자라, 다시마, 청주를 끓인 후 물과 향채를 더해 다시를 뽑는다.
4. 자라의 살은 생강즙, 대파, 다시를 고루 묻혀 냉장고에 넣고 식힌다.

자라는 살이 질기고 냄새가 많이 나므로 다시를 뽑을 때 청주를 듬뿍 쓴다. 그래야 자라 살이 부드러워지고 냄새도 덜 난다. 시간을 들여 다시를 뽑아야 한다. 단맛과 향을 더하기 위해 향신채를 넣는데, 이는 동시에 다시 맛에 영향을 주기도 한다. 다시마 뿌리는 육수의 재료가 될 뿐만 아니라, 다시를 뽑을 때 나오는 불순물과 거품을 모으는 역할도 한다.

만드는 방법

자라를 손질한다

❶ 4조각으로 나눈 자라(193쪽 참조)의 살(내장은 제외)을 볼에 넣고, 약 90도의 뜨거운 물을 부어 가볍게 휘저어 시모후리한다.
❷ 물을 부어 적당히 온도를 낮춰 표면의 얇은 껍질을 벗기고, 피와 점액질 등 지저분한 것들을 제거한다. 물에 씻는다.

자라 다시를 뽑는다

❸ 냄비에 자라 살과 다시마 뿌리를 넣고 청주를 붓는다. 강불로 끓인다.
❹ ❸의 냄비에 물과 향신채를 더해 보글보글 완만하게 끓어오를 정도로 불조절하여 삶는다.
❺ 거품을 걷어내면서 30~40분 끓인다. 소금과 국간장을 넣고, 약불에서 10분간 더 끓인다.
❻ 자라를 건지고, 다시는 면포에 거른다. 뼈는 바르고, 살은 큼지막하게 뜯어낸다. 자라 다시 100㎖에 자라 살을 넣고, 소금과 국간장으로 간을 해 한번 끓인 후 식힌다. 대파와 생강즙을 넣고, 냉장고에 2~3시간 두어 니코고리를 만든다.

자라 만주를 만든다

❼ 반죽을 만든다. 볼에 칡전분을 넣고, ❻의 다시 250㎖를 부어서 푼 뒤 체에 거른다. 냄비에 붓고 중불에서 투명해질 때까지 나무 주걱으로 갠다.
❽ 주걱으로 퍼올렸을 때, 사진과 같은 농도가 되면 불에서 내린다.
❾❿ 작은 접시에 랩을 깔고 분무기로 물을 뿌려 ❽의 반죽이 뜨거울 때 평평하게 늘려 얹는다. 자라 살을 랩의 중앙에 놓고, 랩을 위로 모아 비틀어 고무줄로 입구를 묶는다. 약 5분간 데치고, 건져서 식힌다.

스이지를 만든다

냄비에 ❻의 자라 다시를 넣고 끓이다가 소금과 국간장으로 간을 맞춘다. 생강즙을 넣는다.

그릇에 담는다

작은 냄비를 가열해 스이지를 붓는다. ❿의 자라 만주를 뜨거운 물에 데우고, 랩을 벗겨 냄비에 담는다. 노시모찌를 구워서 곁들이고, 채 썬 대파(흰 부분, 잎 부분)를 섞어 위에 얹는다.

옥돔 미조레완 우스쿠즈지타테

甘鯛みぞれ椀薄葛仕立て

옥돔의 감칠맛을 품은 스이지에 강판에 간 순무를 더한다. 진눈깨비에 비유한 국물 요리로 맛도 배색도 고급스럽고 겨울에 어울린다.

모찌후

재료(4인분)

옥돔(1kg)	½마리
모찌후	¼줄
작은 시금치잎	12장
유자	½개
스이지	
・다시	600㎖
・소금	⅓작은술
・국간장	5㎖
순무(500g)	1개
물에 풀은 칡전분◈	1½큰술
스이지핫포	
・다시	300㎖
・소금	¼작은술
・국간장	5㎖

※ 소금, 식용유
◈ 칡전분과 동량의 물에 녹인다.

조리의 포인트

1 옥돔 살을 약 80도의 물에 시모후리하여, 남아 있는 비늘과 점액질을 제거한다.
2 순무를 강판에 간 뒤 물기를 적당히 짠다.
3 옥돔의 감칠맛을 다시에 옮긴다.
4 다시의 맛을 알맞게 맞춰 순무를 넣고 끓인다.
5 물에 푼 칡전분을 넣어 약간 점성을 높이고 다시 한번 끓여 칡전분 냄새를 날린다.

옥돔의 감칠맛을 뽑은 다시에 소금과 국간장으로 간을 하고, 적당히 물기를 뺀 순무를 넣는다. 한번 끓여 순무 특유의 냄새를 날리고, 물에 푼 칡전분으로 점성을 높이면 고급스러운 순무의 단맛이 더해지고, 목 넘김도 좋아진다. 강판에 간 순무를 스이지에 넣은 모습이 마치 진눈깨비처럼 보여 '미조레지타테'라고 부른다.

만드는 방법

옥돔을 손질한다

❶ 누키이타 위에 소금을 엷게 친다. 산마이오로시 하여 갈비뼈를 제거한 옥돔에도 소금을 엷게 뿌린다. 소금은 옥돔의 부드러운 살을 단단하게 하고, 수분과 냄새를 빼 감칠맛을 끌어낸다. 약 40분간 절인 뒤 지아이에 박힌 가시를 뽑는다. 물에서 씻어내고 물기를 제거한다. 옥돔 반쪽을 4등분한다.
❷ 볼에 옥돔을 넣고 오토시부타를 덮는다.
❸ 끓는 물에 찬물을 부어 약 80도로 낮춰서 시모후리한다. 뜨거운 물을 직접 뿌리면, 껍질이 터지거나 살이 부서진다.
❹❺ 사진처럼 표면이 하얗게 변하면, 냉수에 넣는다. 손으로 남아 있는 비늘과 지저분한 것들을 제거하고, 물기를 닦는다.

아시라이를 준비한다

❻ 냄비에 스이지핫포 재료를 넣고 한번 끓인다. 스이지핫포는 스이지보다 약간 진하게 간을 한다. 모찌후를 1cm 폭으로 자르고, 프라이팬에 소량의 식용유를 넣고 가열하여 노릇하게 굽는다. 스이지핫포에 살짝 끓여 맛을 들인다.
· 시금치 잎은 끓는 물에 소금을 넣어 살짝 데친 후 찬물에 담갔다 건져 물기를 제거한다.
· 유자는 껍질 안쪽의 흰 부분을 저며내고, 가로세로 3~4mm로 잘라 아라레유즈를 만든다. 물에 살짝 씻고 물기를 제거한다.
❼ 순무는 껍질 안쪽 섬유층이 질기므로 두껍게 껍질을 벗긴다. 트레이에 김발을 깔고, 강판을 올려서 무를 간다. 손가락으로 집어올렸을 때 즙이 뚝뚝 떨어지지 않을 정도로 김발을 사용해 수분을 짠다.

스이지를 만들고, 그릇에 담는다

❽ 냄비에 다시를 데워, ❺의 옥돔을 넣고 가열해 감칠맛을 다시에 더한다. 옥돔을 건져서 국그릇에 담고, ❻의 모찌후와 시금치를 곁들인다.
❾ ❽의 다시에 소금과 국간장으로 간을 하고 ❼의 순무를 넣고 끓여 스이지를 만든다.
❿ 물에 푼 칡전분을 스이지에 조금씩 넣어, 아주 약간 점성을 높인다. 다시 한번 끓여 칡전분의 냄새를 날리고, ❽의 국그릇에 따른다. 아라레유즈를 뿌린다.

완다네는 대합 살을 넣은 신조, 완쓰마는 산나물, 스이지는 대합의 감칠맛을 뽑아낸 우시오지타테로 한다. 봄의 바다와 산이 주는 제철 재료를 함께 담아낸 완모노다.

생고사리

재료(4인분)

대합(25g)	16개
목이버섯(불린 것)	15g
신조 반죽	
· 흰살 생선 스리미	100g
· 산마(강판에 갈아서)	1큰술
· 소금	⅓작은술
· 달걀흰자	½개
· 물에 녹인 칡전분◈	1큰술
· 미림	10㎖
· 곤부 다시	40㎖
생고사리	8줄기
머위	½줄기
당근	20g
스이지	
· 물	800㎖
· 다시마	15g
· 소금	소량
· 청주	15㎖
산초잎	8장
짚을 태운 재	적량

※소금
◈ 칡전분을 동량의 물에 녹인다.

대합 신조 우시오지타테
蛤しんじょ潮仕立て

조리의 포인트

1 고사리는 솜털과 불순물을 제거한다.
2 대합을 체에 밭쳐 연한 소금물에 담가 해감을 한다.
3 신조 반죽은 절구에 재료를 순서대로 넣어가면서 갈아 섞는다.
4 랩에 분무기로 물을 뿌린다.
5 남은 대합, 물, 다시마에서 감칠맛을 천천히 뽑아 스이지를 만든다.
6 스이지 간은 소금으로 조절한다.

대합, 물, 다시마를 냄비에 넣고 중불에서 꼼꼼하게 거품을 걷어가며 천천히 가열한다. 대합 껍데기가 벌어지면 다시에서 감칠맛이 나는지 맛을 보고 대합을 건져낸다. 다시는 면포에 거른다. 이렇게 우시오지타테는 완다네의 재료 그 자체에서 나오는 감칠맛을 살려, 소금만으로 간을 해 스이지로 완성한다.

만드는 방법

고사리를 손질한다

❶ 짚을 태운 재와 소금을 동량으로 섞은 뒤 고사리 표면에 바르고 문질러서 솜털을 제거한다.
❷ 남은 소금, 짚을 태운 재와 함께 커다란 냄비에 고사리를 넣고 끓는 물을 듬뿍 부어 뚜껑을 덮는다. 그대로 식을 때까지 놓아둔다.
❸ 식으면 5~6시간 동안 흐르는 물에서 씻는다.

신조 반죽 재료를 준비한다

❹ 연한 소금물(물 800㎖와 소금 1.5큰술)을 만든다. 대합이 토해낸 모래를 다시 삼키지 않도록 체에 넣고, 소금물에 담가 4~5시간 해감을 한다. 대합을 서로 맞대고 문질러 씻어 지저분한 것들을 떨군다.
❺ 신조 반죽에는 대합 8개를 사용한다. 먼저 조개의 경첩(검은 돌기)을 잘라낸다.
❻ 껍데기 사이에 테이블 나이프를 찔러넣어 벌린다.
❼ 관자를 잘라 살을 꺼내고, 4등분한다.
• 목이버섯은 씻어낸 뒤 듬뿍 받은 물에서 5~6시간 불린다. 밑동을 잘라내고 2cm 길이로 썬다. 끓는 물에 살짝 데쳐서 체에 밭친다.

신조 반죽을 만든다

❽ 흰살 생선 스리미를 절구에 곱게 갈아 찰기를 낸다.
❾ 절구에 산마, 소금, 흰자, 물에 녹은 칡전분, 미림을 조금씩 순서대로 넣고 갈아가면서 고루 섞는다. 다시마 다시로 반죽의 되기를 조절한다. 반죽을 조금 덜어서 익히면 농도를 확인할 수 있다.
❿ 대합 살과 목이버섯을 넣고 고루 섞는다.

⓫ 컵이나 찻잔에 랩을 깔고, 완성 후에 잘 벗겨지게끔 분무기로 물을 뿌린다. ❿의 반죽을 4등분하여 넣는다.

⓬ 랩의 비틀어 묶으며 자킨시보리 모양을 잡는다. 고무줄로 입구를 묶는다.

아시라이를 준비한다

• 머위는 이타즈리해서 약 5분간 놓아둔다. 그대로 소금을 넣은 끓는 물에 넣고, 오토시부타를 덮어 삶는다. 손으로 살짝 눌러보고 부드러워졌으면 찬물에 넣는다. 식으면 양끝에서부터 껍질을 벗기고, 세로로 얇게 나눈 뒤 7cm 길이로 자른다.

• 당근은 껍질을 벗겨서 꽃잎 모양으로 잘라 끓는 물에 소금을 넣고 살짝 데친다. 찬물에 담가 식히고 물기를 제거한다.

신조를 삶는다

⓭ 냄비에 물을 넣고 끓이다가 작은 기포가 일기 시작하면 ⓬의 신조 반죽을 넣는다. 오토시부타를 덮고 12분 정도 삶는다.

스이지를 만든다

⓮ 냄비에 800㎖ 물을 담고 깨끗이 닦아낸 다시마 1장, 남은 대합 8개를 넣고 끓인다.

⓯ 보글보글 조용하게 끓어오르는 상태를 유지한다. 거품을 걷어내면서 다시를 뽑는다. 대합 껍데기가 완전히 벌어지면 감칠맛이 우러나왔는지 확인한 후에 불을 끄고 대합을 건져낸다.

⓰ 대합 다시는 면포에 거른다.

⓱ 대합 살의 질긴 부분(다리)에 촘촘하게 칼집을 넣어 씹기 좋게 해놓는다.

⓲ 냄비에 ⓰의 대합 다시를 넣어 가열하고 싱거우면 소금을 넣어 간을 조절한다. 청주를 넣고, 충분히 끓인다.

그릇에 담는다

⓳ 고사리는 물기를 빼고 질긴 부분은 잘라낸다. 4cm 길이로 자른다. 신조는 뜨거울 때 랩을 벗겨서 따뜻하게 데워놓은 국그릇에 담는다. ⓱의 대합을 얹는다.

⓴ ⓲의 스이지에 고사리, 머위, 당근을 넣고 데워 곁들인다. 뜨겁게 끓인 스이지를 붓고 산초잎을 스이쿠치로 한다.

풋콩 스리나가시 스리나가시지타테
枝豆すり流しすり流し仕立て

풋콩을 믹서, 절구, 거름체 순으로 단계를 밟아 부드럽게 만든다. 목 넘김이 일품인 시원한 색감의 차가운 스리나가시이다.

재료(4인분)
- 풋콩(꼬투리째) ························· 400g
- 스이지
  - 다시 ···································· 400㎖
  - 소금 ···································· ⅓작은술
  - 국간장 ································· 5㎖
  - 물에 녹인 칡전분※ ··············· 적량
- 아오요세(21쪽 참조) ··············· 적량
- 생성게알 ································ 12알
- 청유자 ···································· ½개
- 칡전분 ···································· 적량
- ※소금
- ※ 칡전분을 동량의 물에 녹인다.

조리의 포인트

1. 삶은 풋콩의 얇은 껍질을 벗긴다.
2. 콩과 다시를 믹서에 갈고, 절구에서 한번 더 갈아 체에 내려 부드럽게 한다. ⋯▶
3. 스이지의 색을 엽록소로 보충한다.
4. 물에 풀은 칡전분으로 점성을 높이고, 끓여서 칡전분 냄새를 날린다.
5. 생성게알에 칡전분을 묻혀서 끓는 물에 살짝 넣어 익힌다.

스리나가시는 재료를 곱게 갈거나 체에 내려서 다시를 더해 칡전분으로 점성을 높이는 것을 말한다. 입 안에서 느껴지는 감촉이 부드럽고, 목 넘김이 좋아야 하는 것이 키포인트다. 이 요리에서도 풋콩을 믹서에 갈고, 절구에 넣어 또 갈고, 다시 체에 내리는 세 단계의 공정을 걸쳐 부드럽게 만들었다.

만드는 방법

풋콩을 준비한다

❶ 풋콩은 꼬투리째 잘라서 소금을 뿌려 주무르듯 버무린다. 냄비에 물을 듬뿍 받아 끓이다가 풋콩을 넣고, 오토시부타를 덮어 부드럽게 삶는다. 냉수에 넣고 식힌다. 소금을 버무리는 것도 급랭시키는 것도 콩의 색을 선명하게 내기 위한 작업이다. 물기를 빼고 꼬투리에서 콩을 빼서 한 알씩 얇은 껍질을 벗긴다.

❷ 믹서에 ❶의 콩과 다시 100㎖를 넣고 곱게 갈아준다.

❸ 사진처럼 곱게 갈았으면 절구로 옮긴다.

❹ 절구에서 곱고 매끈해질 때까지 갈아준다.

❺ 체에 내려 한번 더 곱게 만들어준다.

스리나가시를 만든다

❻ 냄비에 남은 다시 300㎖를 넣고 끓기 직전까지 가열해 소금과 국간장을 넣어 간을 한다. ❺의 체에 내린 콩을 넣고, 풀어 섞는다.

❼ 푸른색이 연한 것 같으면 아오요세를 조금씩 넣어 조절한다.

❽ 갈아둔 콩이 밑으로 가라앉지 않게끔 물에 녹인 칡전분을 소량 넣어 점성을 높인다. 저어가면서 다시 한번 끓여 칡전분의 냄새를 날린다. 풋콩만으로도 걸쭉해지므로, 물에 녹인 칡전분을 너무 많이 넣지 않도록 한다. 특히 차갑게 내는 요리는 농도가 너무 진하면 목 넘김이 좋지 않다.

❾ 볼에 옮기고 얼음물에서 신속하게 식힌다.

성게알을 준비한다

❿ 생성게알을 트레이에 한 알씩 펼쳐놓고, 칡전분을 붓에 묻혀 성게알 전체에 뿌린다. 성게알을 구멍이 나 있는 국자에 얹어 한번 끓어올랐다가 약간 누그러진 물에 넣어 살짝 데친다. 성게알이 여열로 인해 더 이상 익지 않도록 바로 얼음물에 넣어 식히고, 물기를 제거한다. 칡전분의 투명한 막이 성게알을 감싸 식감이 좋아진다.

그릇에 담는다

그릇에 차갑게 식혀놓은 ❾의 스이지(스리나가시를) 따르고 ❿의 성게알을 올린다. 청유자의 껍질을 강판에 갈아 자센으로 뿌린다.

아오요세 青寄せ

잎에서 녹색(주로 엽록소)을 빼서
요리에 녹색을 보충할 때 쓴다.
시금치 잎을 많이 쓰지만,
녹색이 진한 무청을 쓰기도 한다.
많이 만들어서
조금씩 따로 포장하여
냉동고에 보관할 수도 있다.

재료
시금치 ································· ½단
소금 ································· 적량

만드는 법
❶ 시금치잎을 잘게 찢어 물 적량과 함께 믹서에 넣고 돌린다.
❷ 걸쭉해지면 갈변을 방지하기 위해 소금을 넣고 물을 보충해서 흘러내릴 정도로 묽게 만든다.
❸ 체에 걸러 섬유질을 제거하면 녹즙만 남는다.
❹ 이 녹즙만을 냄비에 넣고 가열한다. 거품처럼 떠오르는 녹색 물질을 체망으로 떠낸다.
❺ 체에 면포를 걸쳐 그 위에 얹어 물기를 뺀다. 색이 바래지지 않도록 부채로 재빨리 식힌다.
❻ 면포에 남아 있는 것이 아오요세다.

제2장 / 造り 회
쓰쿠리

쓰쿠리란 '날 것인 어패류를 잘라 아시라이를 곁들여 간장을 찍어먹는다'라고 하는 단순하고 간단한 요리다. 주위가 바다로 둘러싸여 있고, 신선한 생선을 항상 먹어온 일본에서 예로부터 전해져왔다. '살을 찌르다'라는 좋지 않은 어감을 꺼려, '사시미를 만들다刺身をつくる'라는 단어에서 출발하여 '쓰쿠리미作り身' '쓰쿠리作り'가 되어, 현재는 메뉴에 '쓰쿠리'라고 쓸 때가 많다.

'멋진 칼 솜씨'라거나 '예리한 솜씨'라는 말을 곧잘 듣곤 한다. 모두 프로 요리사의 기량을 표현하는 말로, 그것을 가장 잘 느낄 수 있는 요리는 역시 '쓰쿠리'가 아닌가 싶다.

쓰쿠리 기술을 결정짓는 것은 야나기바로, 칼날의 폭이 좁고 날씬해야 하며 칼의 뿌리에서 칼날 끝까지 잘 갈려져 있어야 한다. 요리사는 금방 간 칼에서는 금속 냄새가 나므로 피해야 하고, 전날 일을 마친 후 갈아놓은 칼로 생선 살을 '자른다'라는 느낌보다 '당긴다'는 느낌으로, 즉, 칼날 전체를 사용해 활을 그리듯 당겨서 자른다. 예를 들어, 히라쓰쿠리는 칼을 약간 왼쪽으로 눕혀서 잘라 살의 각을 똑바르게 세우는 것이다. '멋진 칼 솜씨'란, 감칠맛을 놓치지 않으면서 불필요한 힘을 가해 섬유조직을 부숴 살에 광택이 사라지는 것을 방지하는 뛰어난 기술을 말하기도 한다.

소기(헤기)쓰쿠리, 가쿠쓰쿠리, 우스쓰쿠리, 호소쓰쿠리, 기리카케쓰쿠리 등 자르는 방법에 따라서 더욱 나은 맛을 끌어낼 수 있고, 씹기 편하며, 보기 좋아진다. 또한 생선의 특징에 따라 아라이유부리, 가와시모쓰쿠리, 곤부지메, 스지메 등의 방법을 선택해 생선 본연의 맛을 끌어내고 특유의 냄새를 약화시키기도 한다.

어떻게 하면 아름답게 잘라 담을까, 어떻게 하면 맛있게 먹을까, 쓰쿠리의 기술은 긴 음식문화의 역사에서 쌓여온 지혜와 노력으로 가득 차 있다.

조리의 포인트

Point 1
생선 살의 질에 따라 칼질 방법을 선택

쓰쿠리는 생선 살의 단단함, 부드러움, 섬유조직의 방향을 고려하여 자르는 방법과 자를 살의 폭과 두께를 바꾸어야 한다. 예를 들어, 도미나 광어, 복어 같은 살이 단단한 흰살 생선은 얇게 자르고, 참치, 가다랑어 같은 비교적 살이 부드러운 붉은살 생선, 등푸른 생선은 두껍게 자른다. 오징어, 문어, 조개류처럼 살에 탄력이 있거나 껍질째 있는 종류는 칼집을 내서 씹기 편하게 자르는 것을 제일로 생각한다.

Point 2
쓰쿠리를 구성하는 중요한 역할 아시라이는 겐, 쓰마, 가라미

쓰쿠리에 곁들이는 아시라이는 겐, 쓰마, 가라미(야쿠미) 등 3개로 나눌 수 있다. 생선을 '소독'하는 역할을 함과 동시에 비린내를 없애주고, 입가심을 하는 데 효과가 있다. 겐은 무, 당근, 오이, 땅두릅 등을 얇게 썬 채를 말하며, 주로 쓰는 아시라이다. 쓰마는 향이 나는 채소를 주로 사용하는데, 시소의 잎과 싹, 오이꽃, 방풍나물이나 제철 유채꽃, 국화 등을 쓰며 계절감을 연출한다. 가라미(야쿠미)는 와사비나 생강, 간 무 등 향과 자극이 센 재료로 맛을 끌어올리고 식욕을 당긴다. 이렇게 개성 있는 세 가지 요소가 주역인 생선을 돋보이게 한다.

붉은살 생선은 두껍게 흰살 생선은 얇게 썬다

히라쓰쿠리도 붉은살 생선일 때와 흰살 생선일 때 다르게 해야 한다. 참치 같은 붉은살 생선은 살이 부드럽기 때문에 얇게 자르면 씹는 맛이 없어 만족감을 주기에 부족하므로 두껍게 자른다. 반면 도미 같은 흰살 생선은 살이 단단하므로, 붉은살 생선에 비해 얇게 자르는 편이 씹기 편하고, 감칠맛을 느낄 수 있다. 또한 같은 생선이라도 기름이 많은 부위는 얇게 잘라 느끼함을 줄여주는 등, 생선 살의 종류와 특성에 따라 자르는 방법과 두께, 크기를 궁리해야 한다.

붉은살 생선에는 '즈케'로, 흰살 생선에는 '가겐조유'로

쓰케조유는 '항상 일정한 맛을 제공'한다는 말은 맞지 않는다. 생선 살의 질이나 자른 살의 두께에 따라 변화를 주어야 한다. 사진은 가다랑어를 도사조유에 담가놓은 '즈케'로 생야채와 함께 먹는 샐러드풍의 쓰쿠리로 완성하기에 사전에 살에 확실히 맛이 배게 하는 방법을 취했다. 일반적으로 즈케는 두껍게 자른 붉은살 생선(참치나 가다랑어)에 적당한 방법이고, 흰살 생선은 색과 섬세한 맛이 손상될 수 있으므로 즈케를 하는 대신 도사조유에 감귤류의 즙 등을 섞어 만든 '가겐조유'를 뿌리는 등, 임기응변으로 구분하여 쓴다.

Point 3
생선의 종류, 자르는 방법에 맞춰 쓰케조유를 선택

쓰쿠리에는 '간장과 와사비'가 공식이지만, 간장 자체만으론 맛이 너무 강해서 섬세한 생선의 풍미를 해칠 수도 있다. 식당에서는 가게의 특징을 살리기 위해 독자적인 쓰케조유를 갖추고 있는 곳이 많다. 많이 사용하는 것이 '도사조유'로 간장에 얇게 민 가쓰오부시와 청주 등을 넣어 일주일 정도 숙성하여 맛을 낸 것이다. 이것을 생선 살의 특성, 자르는 방법, 계절, 취향에 맞춰 알코올을 날린 청주에 희석하거나 감귤류의 즙을 넣는 것 같은 임기응변으로 변화를 준다. 또한 쓰케조유 대신 미소, 가미한 식초, 우메보시 과육, 소금, 소금에 절인 다시마 등도 효과적으로 사용된다. 샐러드풍, 카르파초풍 등 최근 쓰쿠리에 맞춰 드레싱 느낌으로 폭넓게 변화되고 있다.

쓰쿠리 3종 모리, 와사비, 도사조유

造り三種盛りわさび土佐じょうゆ

참치는 히라쓰쿠리, 도미는 소기쓰쿠리, 오징어는 가노코쓰쿠리로 잘라 재료가 가진 맛을 끌어낸다.
제철에 나오는 아시라이를 곁들이고, 먹기 좋은 모양, 배색, 간격을 생각하여 보기 좋게 담아낸다.

재료(4인분)

참치 살	240g
도미 살	¼마리(80g)
갑오징어 살	100g
무	적량
줄기콩	8줄기
땅두릅	적량
당근	적량
김	⅓장
와사비	적량
도사조유※	적량
· 진간장	400㎖
· 청주	50㎖
· 미림	50㎖
· 다마리조유	50㎖
· 게즈리가쓰오	10g
소금, 알코올 날린 청주	각 적량

※ 도사조유는 만들기 쉬운 분량으로 표시되어 있다. 4인분에 60㎖를 사용하면 된다.

소기쓰쿠리는 헤기쓰쿠리라고도 하며, 살의 섬유결에 따라 칼을 넣는 방향을 바꿔야 한다. 살을 자신의 앞에 놓고 몸에서 먼 쪽으로 찌르듯이 칼을 넣는 쓰키기리와 자신의 앞쪽으로 당기면서 자르는 히키기리가 있다. 살에 탄력이 있는 광어나 가자미, 농어 같은 흰살 생선은 이 방법들을 사용한다.

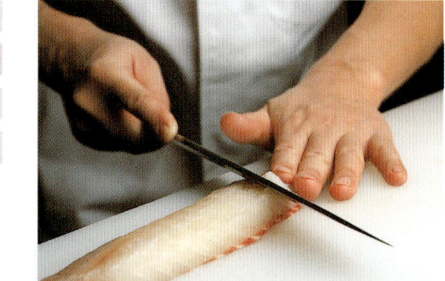

조리의 포인트

1. 참치를 히라쓰쿠리한다.
2. 도미는 살 두께에 맞춰 쓰키기리나 히키기리로 소기쓰쿠리한다.
3. 오징어는 질기므로 칼집을 잘게 넣어 부드럽고 간장이 잘 묻어나게 한다.
4. 산스이모리한다.

만드는 방법

참치를 히라쓰쿠리한다

❶ 약 5cm 폭, 2cm 두께로 사쿠도리한 참치(192쪽 참조)를 준비하여 도마와 평행하게 놓는다. 칼을 잡은 손은 도마에 닿지 않도록 도마의 앞쪽에서 3~4cm 간격을 두는 것이 적당하다. 왼손으로 참치를 가볍게 누르고, 칼을 세워 칼턱부터 ⅓ 정도 되는 부분을 참치 살의 각에 맞춘다. 이 때, 칼을 왼쪽으로 약간 눕히고, 칼끝이 왼쪽 위로 향해 있는 모습으로 한번에 당겨 자른다.

❷❸ 칼턱에서 칼끝까지 전체를 사용해 활을 그리듯 한번에 당기고, 칼끝 부분에서 잘라 분리한다. 이때 왼쪽 손목을 도마에 가볍게 두면 안정감이 있다.

❹ 잘린 참치 살에서 칼을 빼지 말고, 그대로 오른쪽으로 미끄러지듯 옮긴 뒤 칼을 오른쪽으로 살짝 눕혀 떼어낸다. 이것 그대로가 그릇에 담을 모습이 되는 것. 약 1cm 두께로 자르면 먹기 편하면서 맛도 잘 느껴진다.

❺ 처음 자를 때 ❶의 상태를 반대편에서 본 모습이다. 칼을 약간 왼쪽으로 눕히고, 칼끝이 왼쪽 상단으로 향하고 있는 모습을 볼 수 있다.

도미를 소기쓰쿠리한다 (쓰키기리의 경우)

❻ 도미 꼬리살에 칼집을 넣는다. 껍질을 잡고 당기면서, 칼날은 바깥을 향하게, 도마에 거의 붙여 조금씩 앞뒤로 칼을 움직여 천천히 껍질을 벗겨낸다.

❼ ❻에서 껍질이 붙어 있던 면을 아래로 가게 놓고, 대가리 쪽을 오른쪽으로 놓는다. 자신의 앞에 놓인 살이 상대적으로 두꺼운 경우에 쓰키기리한다.

❽ 칼을 오른쪽으로 약간 눕히고, 칼끝에 가까운 날을 사진처럼 왼쪽 하단으로 비스듬하게 눕혀 살에 댄다. 이때 왼손 손가락을 조금 벌려 참치 왼쪽을 가볍게 누른다.

❾ 칼을 왼쪽으로 비스듬하게 찔러넣고, 칼끝을 살짝 들어올리듯 칼턱 근처까지 사용해, 약 5mm 두께로 자른다.

❿ 자른 살을 왼손으로 잡아 들어올리면서 뒤집는다.

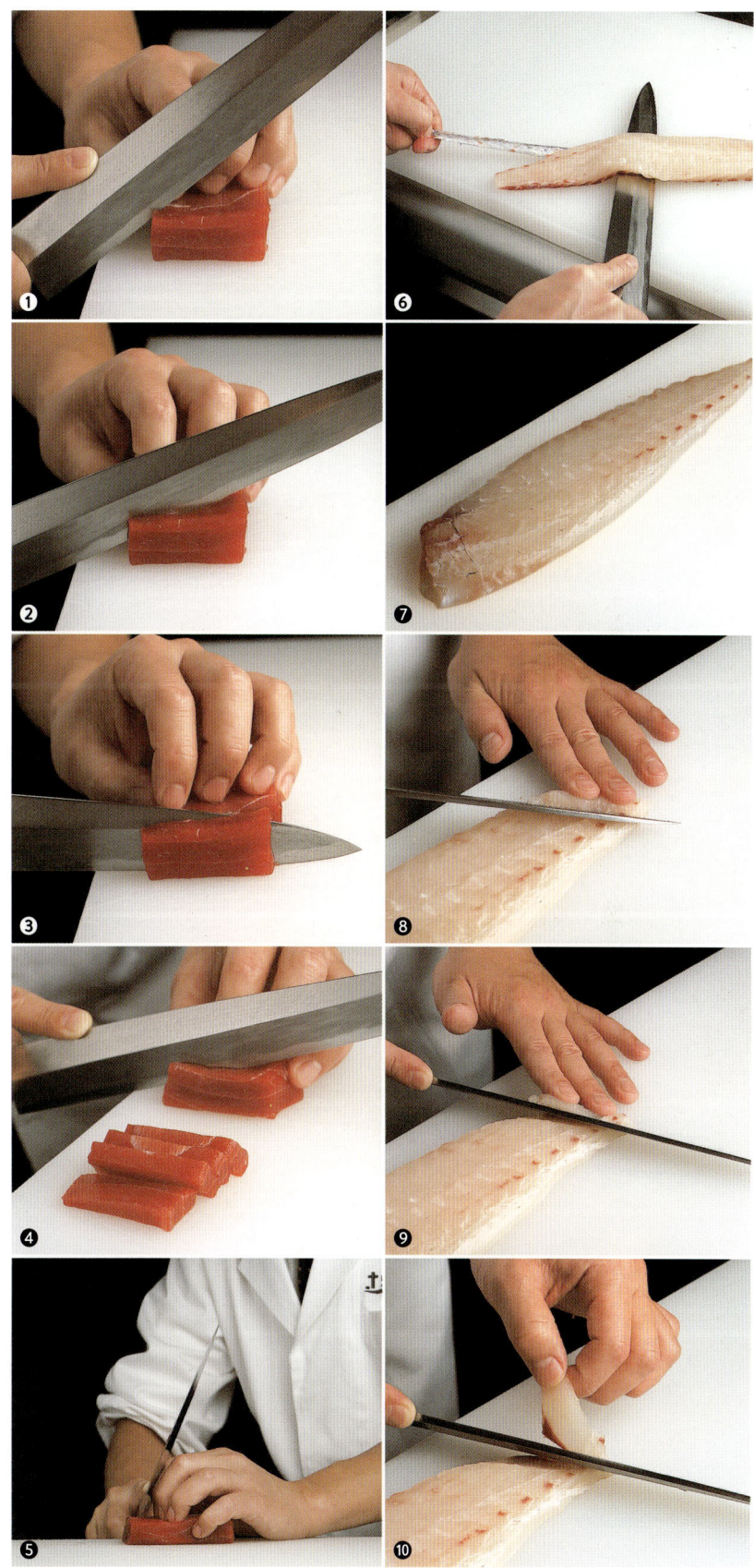

도미를 소기쓰쿠리한다 (히키기리의 경우)

⓫ ❻에서 도미의 껍질이 붙어 있던 면을 아래로, 대가리 쪽을 오른쪽으로 놓는다. 도미 살의 두께가 얇은 경우에 당겨썰기, 즉 히키기리한다.

⓬⓭ 왼손의 손가락을 살짝 벌려 왼쪽 끝을 가볍게 받친다. 칼을 오른쪽으로 비스듬하게 눕혀 칼턱 부분을 도미에 댄다. 칼은 활을 그리듯 자신의 앞쪽으로 당기며 칼끝까지 전체를 써서 소기키리한다. 약 5mm 두께로 자른다. 자른 부분의 끝을 왼손으로 잡아 들어올리면서 뒤집는다.

오징어를 가노코쓰쿠리한다

⓮ 오징어 몸통(194쪽 참조)의 겉부분을 위를 향하게 놓는다. 3mm 간격, 2mm 깊이로 칼집을 낸다. 다음엔 오징어 방향을 바꿔 격자 모양이 되도록 같은 방법으로 자른다. 이렇게 하는 것은 예쁘게 꾸미는 것뿐만 아니라, 질긴 살을 연하게 하며, 간장이 잘 묻는다.

⓯ 세로로 약 4cm 폭이 되도록 자른다.

⓰ 약 2cm 너비(참치와 같음)로 자른다.

도미 껍질을 뜨거운 물에 익힌다

⓱ 도미 껍질을 끓는 물에 살짝 넣는다.

⓲ 쭈글쭈글하게 수축하면 건져서 얼음물에 넣는다. 물기를 제거하고, 약 2cm 너비로 자른다.

도사조유를 만든다

⓳ 냄비에 진간장, 청주, 미림을 넣고 아주 약한 불로 가열해서 약 10%를 조린다. 불에서 내려 식힌 후, 다마리조유와 게즈리가쓰오를 넣고 5~6시간 그대로 놓아둔다.

⓴ 면포에 걸러 보관용기에 넣어서 일주일간 냉장고에서 숙성시킨다.

아시라이를 준비한다

· 무는 요코켄한다(198쪽 참조).
· 줄기콩은 껍질 부분의 스지를 제거하고, 끓는 물에 소금을 넣고 데친다. 세로로 길게 반으로 자른 후 다시 3cm 길이로 자른다.
· 두릅과 당근은 '요리(199쪽 참조)'한다.
· 김은 살짝 구워 찢은 후, 알코올을 날린 소량의 청주에 넣어 불려놓는다.
· 와사비는 강판에 갈아놓는다(198쪽 참조).

그릇에 담는다

산스이모리한다(32쪽 참조). 무로 만든 겐을 담고, 높이가 있는 참치를 뒤쪽에 놓는다. 도미와 오징어를 앞쪽으로 담고, 도미 껍질과 아시라이를 곁들인다. 작은 종지에 도사조유를 따라 제공한다.

도미 산마이오로시 鯛の三枚おろし

기본적인 산마이오로시다. 칼질의 횟수를 줄이는 것과
중골에 살이 덜 붙어 있게 하는 것이 매우 중요하다.

비늘을 벗긴다
❶ 대가리는 왼쪽으로, 배는 자신의 정면으로 놓는다. 우로코히키를 꼬리에서 대가리 방향으로 움직여 비늘을 긁어낸다. 이를 바라비키라고 한다. 반대편도 같은 요령으로 한다.
❷ 지느러미와 아가미 주위, 배 쪽, 대가리 부분에 붙어 있는 비늘은 쳐내기가 어려우므로 데바보초를 좌우로 움직여 작고 딱딱한 비늘을 긁어낸다.

아가미와 내장을 제거한다
❸ 대가리는 오른쪽, 배는 위로 가게 놓는다. 왼손 엄지와 검지를 아가미덮개에 넣고 눌러 틈을 벌린다. 칼을 왼쪽으로 살짝 눕힌 채 칼끝을 넣어, 아가미가 연결된 부위를 잘라 떨어뜨린다.
❹ 아가미는 중골 쪽에도 연결되어 있으므로, 그 연결 부위도 잘라낸다.
❺❻ 도미의 가마 부분에서 칼이 들어가는 곳을 찾아 칼을 눕혀서 넣고 항문 쪽으로 잘라 뱃살 부분을 펼친다.
❼ 칼로 대가리를 왼손으로 아가미를 잡아당겨 내장을 함께 끄집어낸다.
❽ 중골에 길게 차 있는 피막을 칼끝으로 잘라 펼친다.
❾ 흐르는 물에서 사사라 등으로 배 속을 깨끗하게 닦고 물기를 제거한다.

대가리를 자른다
❿ 대가리를 요리에 쓰는 경우, 대가리와 가마를 붙여서 자른다. 대가리를 왼쪽으로, 배를 자신의 정면에 놓는다. 가슴지느러미와 배지느러미 뒤쪽으로 비스듬하게 칼을 대고 중골이 닿을 때까지 칼집을 넣는다.
⓫ 대가리는 그대로 두고 뒤집어서, ❿과 동일하게 칼집을 넣는다.
⓬ 중골의 관절에 칼을 넣어 대가리를 잘라낸다.

니마이오로시한다
⓭ 꼬리 쪽으로 연결된 살 쪽에 칼집을 넣는다. 대가리는 오른쪽, 배는 자신의 정면에 놓고 오른쪽 상단으로 비스듬히 놓는다. 칼을 오른쪽으로 눕혀 배에서 꼬리까지 칼집을 넣는다.
⓮ 중골의 굵은 뼈가 닿으면, 뼈 위쪽을 칼날이 타고 미끄러지듯이 잘라나간다.
⓯⓰ 자른 살을 왼손으로 살짝 잡아 젖혀, 배 쪽 갈비뼈와 중골의 연결 부위에 칼끝을 찔러넣어 분리시킨다. 칼을 원위치로 하고, 중골의 굵은 뼈 위쪽 부분을 타고 미끄러지듯 깊숙하게 칼집을 넣는다. 꼬리를 향해 중골의 위를 미끄러지듯 잘라나가고, 왼손으로는 잘라 펼쳐지는 살을 가볍게 잡아 젖힌다.
여기까지가 니마이오로시다.

산마이오로시한다
⓱ 뒤집어서 꼬리를 왼쪽으로, 등을 자신의 정면에 오게 놓는다. 꼬리와 연결된 살에 가로로 칼집을 넣는다. 칼을 눕혀, 대가리에서 꼬리까지 등지느러미의 위쪽으로 칼집을 넣고 중골 위를 미끄러지듯이 타고 내려가, 중골의 두꺼운 뼈가 닿을 때까지 잘라나간다.
⓲⓳ 잘라 떨어진 살을 왼손으로 가볍게 잡아올린 채로 배 쪽 갈비뼈와 중골의 연결 부위에 칼끝을 찔러넣어 분리시킨다. 칼을 원위치로 하고, 중골의 두꺼운 뼈 위에 칼을 기대어 배 쪽을 향해 잘라 중골에서 살을 분리한다.
⓴ 산마이오로시가 완성된 상태. 오른쪽부터 우와미, 중골, 시타미.

갈비뼈를 제거한다
㉑ 우와미를 먼저 손질한다. 껍질이 붙어 있던 부분을 아래로, 꼬리를 자신의 정면으로 놓는다. 갈비뼈가 시작되는 부분에 칼을 뒤집어넣고 칼끝을 세워 칼집을 낸다.
㉒㉓ 배 부분을 왼쪽, 대가리를 자신의 앞쪽으로 바꾸어 놓는다. 칼을 눕혀 갈비뼈를 떠내듯 자른다. 시타미 부분도 같은 요령으로 갈비뼈를 제거한다.

35

광어 우스쓰쿠리
ひらめの薄造り

접시 바닥이 비칠 만큼 얇게 자른 광어 우스쓰쿠리다. 아시라이인 장마, 무순, 실파를 돌돌 말아서 폰즈와 야쿠미를 더해 담백한 풍미를 느낀다.

재료(4인분)
광어(1.5kg)	½마리
장마(3cm)	30g
무순	10g
실파	1줄기
모미지오로시	
· 무	10cm
· 작은 홍고추	5개
폰즈쇼유	60㎖(176쪽 참조)
※ 소금	

우스쓰쿠리는 칼 솜씨가 잘 나타나는 자르기 방법으로, 접시의 무늬가 비칠 정도로 얇게 포를 뜨는 것이다. 생선 살 끝을 왼손의 엄지와 검지로 잡아, 자른 순서대로 조금씩 겹쳐서 놓고, 그릇을 오른쪽으로 돌려가며, 부채 모양처럼 왼쪽 방향으로 나열해간다. 도미, 광어, 쑤기미, 복어 같은 살에 탄력이 있는 흰 살 생선에 적합한 기술로, 깔끔하고 아름답게 접시에 담아야 한다.

조리의 포인트
1 광어 간은 소금을 엷게 뿌려두었다가 끓는 물에서 속까지 확실히 익힌다.
2 껍질은 끓는 물에 살짝 데쳐 얼음물에 담가서 식힌 후 얇게 썬다.
3 광어를 우스쓰쿠리하면서 접시에 담는다.

만드는 방법

아시라이와 야쿠미를 준비한다

❶ 사진 오른쪽 위에서부터 시계 방향으로 모미지오로시(55쪽 참조), 장마, 실파, 무순이다.
· 장마는 껍질을 두껍게 벗겨내고, 너비 3mm, 길이 3cm가 되도록 채 썬다.
· 실파와 무순은 뿌리 부분을 잘라내고, 물에 살짝 씻는다. 무순과 준비한 실파의 절반은 2.5~3cm 길이로 자른다. 나머지 실파는 얇게 송송 썬다.

광어 간을 손질한다

❷ 광어를 미즈아라이한다(191쪽 참조). 간에 엷은 소금을 뿌리고 20분간 둬서 불필요한 수분과 냄새를 제거한다.
❸ 끓는 물에 넣어 중심부까지 익힌다. 얼음물에 넣어 차게 식힌 후, 물기를 제거해놓는다.
❹ 약 1cm 크기로 자른다.

껍질을 준비한다

❺ 껍질은 끓는 물에 살짝 넣어 데친 후, 얼음물에 넣어 식힌다.
❻ 약 3mm 두께로 썬다.

광어를 우스쓰쿠리하여 그릇에 담는다

❼ 고마이오로시하여 껍질을 벗긴 광어(191쪽 참조)를 껍질이 있던 쪽을 위로, 두께가 얇은 부분을 자신의 정면으로 도마와 평행하게 놓는다. 사시미보초를 오른쪽으로 눕혀 칼턱 부분을 대고 자른다. 왼손은 힘을 빼고 가볍게 광어를 받쳐준다.
❽❾ 칼을 자신의 앞쪽으로 당기며 칼끝까지 전체를 써서 접시 바닥이 비칠 정도의 두께인 약 2mm로 자른다. 밑부분까지 잘라 왼쪽으로 젖힌 후 칼을 세워 당겨 자른다.
❿ 자른 것을 왼손으로 살포시 잡아, 접시에 담는다. 1장씩 부채 모양으로 나열해간다.

광어 지느러미살을 자른다

껍질을 벗긴 광어 지느러미살은 1.5cm 너비로 자른다.

아시라이를 곁들인다

우스쓰쿠리를 담은 접시에 장마, 무순, 실파, 광어 껍질, 지느러미살, 간을 담는다. 야쿠미로 쓸 송송 썬 실파, 모미지오로시를 작은 종지에 넣고 폰즈쇼유를 붓는다.

농어 아라이
すずきの洗い

농어를 소기쓰쿠리하여, 얼음물에 씻어 살을 단단하게 하고, 생선의 냄새와 기름기를 씻어버린다. 쫄깃한 식감이 살아난 농어회를 산뜻한 레몬조유에 즐기는 여름철 대표적인 쓰쿠리다.

울외

자색 시소 순

재료(4인분)
농어(1.3kg)	¼마리
기쿠가보차	15g
울외	½개
래디시	2개
자색 시소 순	적량
와사비	적량
레몬조유	
· 도사조유	40㎖
· 레몬즙	40㎖
· 알코올을 날린 청주	10㎖
오이 잎	적량

오른쪽이 아라이하기 전, 왼쪽이 아라이한 농어 살이다. 아라이한 것은 색이 하얗게 변하고 불필요한 기름기가 씻겨나가 단단해지며 약간 수축되었다. '아라이'는 얼음물에 쓰쿠리를 넣고 가볍게 씻어내어 팽팽하게 하는 것을 말한다. 특유의 냄새가 있고, 지방분이 많은 생선에 적합하다. 씻어냄으로써 지방분과 냄새가 제거되고 단단해져 식감이 좋아진다. 농어는 바닷물고기 특유의 향이 있고, 여름철엔 특히 기름이 많으므로 아라이하여 깔끔하게 먹는 게 좋다.

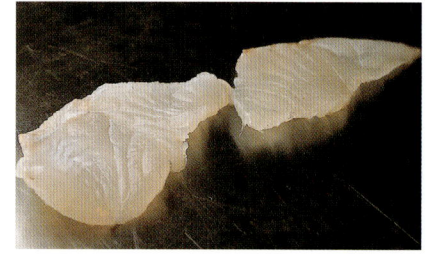

조리의 포인트

1. 농어를 횟감으로 손질하여 소기키리한다.
2. 얼음물에 넣어 젓가락으로 저어서 씻는다.
3. 새로운 얼음물에 옮겨, 살이 하얗게 변하고 수축될 때까지 3~4분 놓아둔다.
4. 차가울 때 신속하게 그릇에 담는다.

만드는 방법

농어를 소기쓰쿠리한다

❶ ❷ 농어를 미즈아라이하여 산마이오로시한다 (186쪽 참조). 지아이를 잘라내고 등살과 뱃살로 나누는 후시도리를 한다. 껍질을 벗기고, 껍질이 있던 면을 밑으로, 대가리를 오른쪽으로 놓는다. 사진은 농어 살 두께가 얇은 쪽이 자신의 앞으로 온 경우인데, 왼손가락을 살짝 벌려, 왼쪽 끝단을 가볍게 받쳐준다. 칼을 오른쪽으로 비스듬히 눕혀 칼턱을 댄다. 칼의 곡선에 맞추어 활을 그리듯, 칼을 앞으로 당겨 칼끝까지 전체를 써서 소기키리한다. 약 3mm 두께로 자른다.

농어를 아라이한다

❸ 볼에 얼음물을 넣고, 자른 농어 살을 넣는다. 젓가락으로 살살 저어 지방분과 냄새를 씻어낸다.
❹ 새로운 얼음물을 준비해 농어 살을 옮겨담은 후 사진처럼 살이 약간 수축되고 하얗게 될 때까지 3~4분 담가놓는다.
❺ 트레이에 행주를 깔고, 농어 살이 서로 겹치지 않게 놓는다. 마른 행주로 살짝 눌러 물기를 제거한다.

레몬조유를 만든다

❻ 레몬은 껍질을 벗겨서 적당한 크기로 자른다. 거즈에 넣고 짜서 레몬즙을 만든다. 도사조유에 알코올 날린 청주, 레몬즙을 넣고 고루 섞는다.

아시라이를 준비한다

❼ 기쿠가보차는 씨를 제거하고, 얇게 저며 사진처럼 계단 모양으로 가지런히 놓는다. 얇게 채 썰어 물에 담갔다 건져 물기를 제거한다.
❽ ❾ 울외는 껍질을 벗기고 돌려깎는다. 결대로 채를 썰어 물에 담근 후 건져 물기를 제거한다.
❿ 래디시는 얇게 저민 후 계단 모양으로 가지런히 놓고 얇게 채 썬다. 물에 담갔다 건져서 물기를 제거한다.

그릇에 담는다

오이 잎을 그릇에 깔고, 아시라이인 기쿠가보차, 울외, 래디시를 섞어서 담는다. 아라이한 농어 살, 자색 시소 순, 강판에 간 와사비를 올린다. ❻의 레몬조유를 종지에 담아 곁들인다.

문어 유아라이
蛸の湯洗い

문어 다리에 촘촘하게 칼집을 넣고 한입 크기로 잘라 미지근한 물에 씻는다. 부드러운 식감에 단맛까지 느낄 수 있는 문어 쓰쿠리다.

시소 싹

재료(4인분)

문어(1kg)	½마리
셀러리(140g)	1줄기
시소 싹	적량
쇼가조유	
· 도사조유	30㎖
· 알코올 날린 청주	30㎖
· 생강즙	5㎖
※ 소금	

오른쪽이 유아라이하기 전, 왼쪽이 유아라이한 후의 문어다. 중심부는 투명한 감이 남아 있고, 날것에 가깝다. 생선회를 얼음물에 씻은 다음 '아라이'와 같은 방법이지만, 유아라이는 손을 담갔을 때 살짝 미지근한 물에 생선회를 씻어, 얼음물에 담그는 것이다. 냄새가 강한 붕어나 잉어 같은 민물고기를 다룰 때 쓰는 방법이다. 문어는 살이 질기므로 약간 높은 온도의 물(70도 전후, 냄비 바닥에 자잘한 기포가 일고 있는 정도)에 살짝 담갔다 빼며, 표면이 하얗게 변하고 살이 수축되면 바로 얼음물에 담가 식혀야 부드러운 식감을 즐길 수 있다.

조리의 포인트

1 문어 다릿살에 2~3mm 간격으로 칼집을 넣고, 한입 크기로 잘라낸다.
2 70도 전후의 물에 담가 유아라이한다.
3 얼음물에 담가 식힌 후 물기를 제거한다. 냉장고에 넣어 차갑게 보관한다.

만드는 방법

문어 쓰쿠리를 만든다

❶ 문어를 미즈아라이한다(195쪽 참조). 몸체를 잘라 분리하고, 다리만 사용한다. 다리는 1개씩 잘라놓는다.

❷❸ 빨판을 왼쪽을 향하게 놓는다. 빨판과 다릿살 사이 껍질에 칼을 넣고 길게 칼집을 낸다. 왼손으로 빨판을 누르고, 칼끝에 힘을 줘 껍질을 긁어내듯이 벗겨낸다.

❹ 위에서부터 비스듬하게 2~3mm 간격으로 촘촘하게 칼집을 넣는다. 7~8mm(한입 크기) 정도 진행 후, 칼을 세워 잘라낸다. 살이 점점 얇아질수록 칼집 수를 늘리고 같은 크기로 자른다.

문어를 유아라이한다

❺❻ 70도 전후의 물에 문어 살을 넣고, 표면이 살짝 수축되어 하얗게 변하면 얼음물에 담가 식힌다. 완전히 식은 후 건져낸다. 80도 이상의 물을 사용하면 시모후리했을 때처럼 단단해지므로 주의한다.

❼ 트레이에 행주를 깔고, 문어 살을 겹치지 않게 놓는다. 행주로 덮어 물기를 제거하고, 냉장고에 넣어 차게 보관한다.

❽ 껍질에 붙은 빨판을 잘라내고, 물로 씻는다. 끓는 물에 소금을 넣어 데쳐서 얼음물에 담가 식힌다. 물기를 제거하고, 빨판을 사진처럼 1개씩 잘라놓는다.

아시라이를 준비한다

❾ 셀러리 겐을 만든다. 셀러리는 껍질을 벗겨내면서 질긴 심도 동시에 제거한다. 4cm 길이로 자른 후 얇게 저며, 결대로 얇게 채를 썬다. 물에 담갔다 건져 물기를 제거한다.

・ 시소 싹은 물에 넣어 씻은 후, 물기를 제거한다.

쇼가조유를 만든다

❿ 생강은 껍질을 벗겨 강판에 간 후 거즈에 감싸 즙을 짜낸다. 도사조유에 알코올 날린 청주, 생강즙을 넣는다.

그릇에 담는다

그릇에 셀러리 겐을 깔고, 문어를 담는다. 빨판을 보기 좋게 놓고, 시소 싹을 곁들인다. 쇼가조유를 종지에 담아 제공한다.

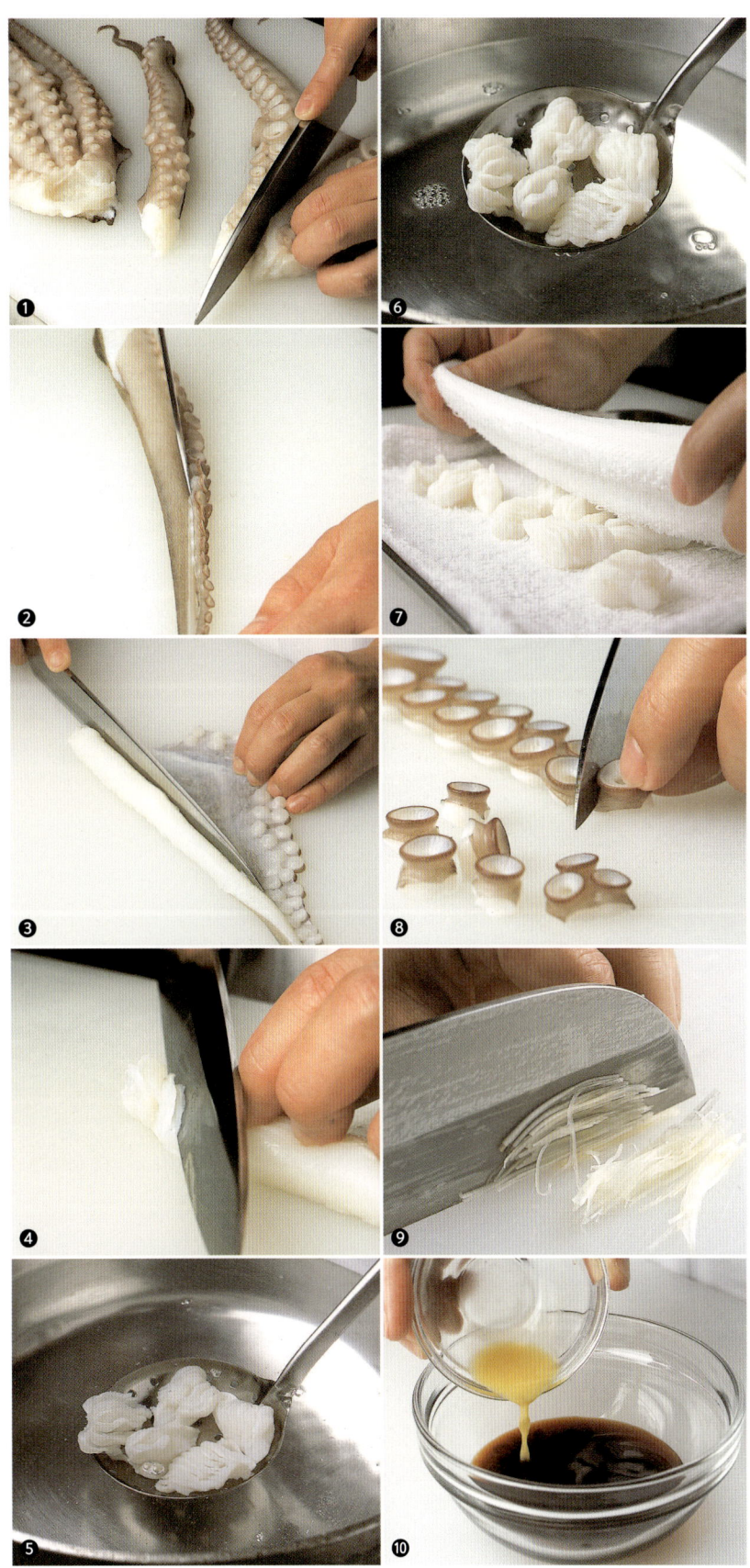

도다리 가와시모쓰쿠리

目板鰈皮霜造り

껍질에만 뜨거운 물을 부어 부드럽게 익혀, 회와 함께 맛볼 수 있는 가와시모쓰쿠리다. 도다리뼈 위에 스가타쓰쿠리로 담아 눈도 즐겁게 만든다.

석이버섯

재료(4인분)

도다리(200g)	4마리
석이버섯	½봉지
땅두릅	¼뿌리
래디시	4개
오이	¼개
자색 시소 순	적량
와사비	적량
도사조유	60㎖
중조	적량

가와시모는 껍질을 붙인 채 쓰쿠리로 만들 때 쓰는 방법이다. 껍질은 날것일 때 질겨 씹히질 않으므로, 뜨거운 물을 부어 껍질만 익히면 부러워질 뿐만 아니라 껍질과 살 사이 지방의 감칠맛을 끌어낸다. 끓는 물을 바로 부으면 껍질이 벗겨지거나 살까지 익어버리므로 온도를 떨어뜨린 물을 사용하고 재빠르게 냉수에 식히는 것이 포인트.

조리의 포인트

1 도다리는 대가리와 중골이 붙어 있는 상태로 고마이오로시한다.
2 고마이오로시한 도다리에 천을 덮고, 누키이타를 기울여 약 80도의 물을 붓는다.
3 얼음물에 담가 여열을 제거한다.

만드는 방법

아시라이를 준비한다

❶ 석이버섯은 물에 한번 씻어 듬뿍 받아놓은 물에 넣고 5~6시간 불린다. 밑동을 제거하고, 끓는 물에 중조를 약간 넣은 뒤 오토시부타를 덮어 부드러워질 때까지 1시간 삶는다. 1시간쯤 체에 밭치고 물을 흘려 불순물을 제거한다. 냄비에 물과 석이버섯을 넣고, 오토시부타를 덮어 살짝 삶아낸다. 체에 밭쳐, 흐르는 물에 약 10분 정도 씻어낸다.

• 땅두릅을 5cm 길이로 잘라 껍질을 두껍게 벗겨낸 후 얇게 돌려깎는다. 7~8cm 길이로 자른 후 겹쳐 결대로 얇게 채 썬다. 냉수에 담갔다 건져서 물기를 제거한다.

• 래디시는 잎이 붙어 있던 부분을 잘라내고, 가로로 돌려깎는다. 끝에서부터 비스듬하게 7~8cm 길이로 자른다. 젓가락에 나선 방향으로 돌돌 말아 얼음물에 담가 모양을 잡는다(199쪽 참조). 오이도 같은 요령으로 만든다.

• 자색 시소 순은 씻어 물기를 제거한다. 와사비는 사용 직전에 강판에 간다.

도다리를 준비한다

❷ 대가리를 붙인 채 고마이오로시를 한다. 도다리 대가리를 왼쪽으로 가게 해놓고, 칼을 세워 꼬리에서 대가리 쪽으로 긁어 비늘을 제거한다. 이를 바라비키라고 한다. 반대편도 같은 요령으로 비늘을 제거한다.

❸ 흰 껍질이 있는 배부분에 칼끝으로 칼집을 넣어 내장을 긁어낸 후 잘라낸다.

❹ 아가미덮개 쪽에 호네누키를 넣어 아가미를 잡아당겨 빼내고, 속에 물을 넣어 씻어낸다.

❺ 도다리를 고마이오로시한 상태(191쪽 참조).

❻ 중골은 깨끗하게 씻어 물기를 제거한다. 그릇 위에 놓고, 무를 받쳐 형태를 잡는다.

도다리를 가와시모한다

❼ 도다리의 갈비뼈를 제거한다. 누키이타에 껍질면이 위로 가게 놓고 천을 덮는다. 도다리의 꼬리가 위로 가게끔 누키이타를 기울여, 약 80도 정도의 물을 껍질에 천천히 붓는다.

❽ 남아 있는 열에 살이 익지 않도록 바로 얼음물에 담가 식힌다. 물기를 제거한다.

❾ 살 부분을 위로 가게 해놓고 한입 크기로 소기키리한다(33쪽 참조).

그릇에 담는다

❿ ❻의 중골 위에 땅두릅 겐을 깔고, ❾를 담는다. 아시라이와 와사비를 곁들인다. 도사조유를 종지에 넣어 제공한다.

43

갯장어 야키치리

鱧焼きちり

호네기리한 갯장어 껍질을 강불에 살짝 굽고, 살은 가볍게 그을린다. 구운 껍질의 감칠맛과 살의 부드러움을 약간 따뜻한 상태로 향기롭게 맛볼 수 있는 야키시모 쓰쿠리다.

호네기리호초

토란줄기

재료(4인분)

갯장어(400g) ······················· ½마리
토란줄기 ··························· ¼줄기
스이젠지노리 ················· (가로세로)3cm
시소꽃 젤리
· 시소꽃 ···························· 1상자
· 물 ······························ 100㎖
· 판젤라틴 ··························· 15g
와사비 ····························· 적량
바이니쿠스
· 바이니쿠 ··························· 50g
· 알코올 날린 미림 ···················· 10㎖
· 알코올 날린 청주 ···················· 60㎖
· 국간장 ···························· 5㎖
· 다시마 ···························· 적량
※소금

조리의 포인트

1 갯장어를 호네기리한다.
2 갯장어를 눌러가면서 쇠꼬챙이를 꽂고, 살이 오그라들지 않게 소에구시를 꽂는다.
3 굽기 직전에 소금을 뿌린다.
4 토치를 강불로 해 껍질을 굽는다. ····▶
5 살은 토치로 살짝 그을리게 굽는다.

야키치리란 요리명은 야키시모쓰쿠리라는 쓰쿠리의 한 가지 방법을 말한다. 가다랑어, 놀래미, 갯장어 등 껍질이 맛있는데 질긴 생선을 다룰 때 쓴다. 껍질을 구우면 구수한 향이 나고 부드러워지며, 껍질과 살 사이 지방의 감칠맛이 살아난다. 사진처럼 먹음직스러운 색이 나도록 강불에서 단숨에 그을리게 굽는다.

만드는 방법

갯장어를 야키시모한다

❶ 미즈아라이하여 오로시한 갯장어를(189쪽 참조) 껍질이 밑으로, 대가리가 오른쪽으로 하여 도마에 놓는다. 대가리 쪽부터 1~2mm 간격으로 껍질을 완전히 자르지 않고 절반 정도를 자른다는 느낌으로 칼집을 넣어 호네기리한다. 칼끝을 넣고 칼의 무게를 이용해 앞쪽으로 누르면서 칼턱까지 써서 자른다. 호네기리호초는 사진처럼 칼날의 경사면에 맞춰 약간 비스듬하게 기울이면 똑바로 자르는것이 가능하다.

❷ 약 20cm 길이로 자르고, 꼬리 쪽이 자신의 정면에 오게 놓는다. 호네기리한 살은 부스러지기 쉽기 때문에 칼로 받쳐서 이동시키고, 쇠꼬챙이로 눌러가면서 껍질과 살 사이에 쇠꼬챙이 4개를 꽂아 넣는다.

❸❹ 쇠꼬챙이 사이에 사진과 같이 소에구시를 꽂는다. 이렇게 하면 껍질을 구울 때 형태의 변화를 최소화할 수 있다. 껍질에 엷은 소금(57쪽 참조)을 뿌린다. 굽기 직전에 소금을 뿌리면 표면이 바삭하게 굳고, 껍질도 고소하게 익는다.

❺ 토치로 껍질 쪽을 단숨에 굽는다.

❻ 살은 색이 하얗게 변하기 시작하고, 살짝 그을릴 정도로 굽는다. 중심부는 익지 않아야 하며 식혀서 낼 때는 얼음물에 넣어 식힌 후 물기를 제거한다.

❼ 1.5cm 폭으로 자른다.

아시라이를 준비한다

❽ 토란대는 양끝쪽부터 껍질을 벗겨, 4~5mm 폭으로 자른다. 물에 씻어 물기를 제거한다.

• 스이젠지노리는 하룻밤 물에 담가 불린 후 끓는 물에 데쳐서 냉수에 담근다. 물기를 제거하고 가로세로 7mm로 자른다.

❾ 시소꽃은 꽃잎만을 따서 사용한다. 냄비에 물을 끓인 후 불을 끄고, 약 10분간 얼음물에 불려둔 판 젤라틴을 꺼내어 물기를 짠 후 넣어서 녹인다. 볼에 옮겨 얼음물에 식힌 후, 꽃잎을 넣고, 가볍게 휘저어 틀에 붓는다. 냉장고에서 식혀 굳힌다.

바이니쿠초를 만든다

❿ 볼에 바이니쿠와 조미료, 다시마를 넣고 고루 섞어 4~5시간 놓아둔다.

그릇에 담는다

그릇에 갯장어와, 토란대를 란모리하고, 스이젠지노리와 가로세로 1cm로 자른 시소꽃 젤리를 뿌리고, 와사비(198쪽 참조)를 곁들인다. 바이니쿠초는 다시마를 건져올리고, 종지에 담는다.

전갱이 곤부지메
あじの昆布じめ

전갱이는 소금과 식초에 절이고 다시마에 싸서 은근한 산미와 다시마의 감칠맛을 입힌다. 형형색색의 채소, 바삭한 춘권피를 드레싱에 섞어 맛본다.

재료(4인분)

전갱이(산마이오로시한 횟감)················· 4장
다시마 ······································· 적량
아시라이
 · 땅두릅(얇은 채)························· 10cm
 · 당근(얇은 채)··························· 20g
 · 오이(얇은 채)··························· ½개
 · 무순(뿌리 쪽을 잘라서)·················· ½팩
 · 춘권피 ································· 1장

와리즈
 · 식초····································· 400㎖
 · 물······································· 160㎖
 · 설탕····································· 1큰술
 · 다시마··································· 10g
폰즈 드레싱
 · 폰즈쇼유(184쪽 참조)···················· 60㎖
 · 식용유··································· 20㎖
※ 소금, 튀김용 기름

조리의 포인트

1 전갱이에 베타지오한 후, 뱃살에 묻은 소금은 가볍게 훑어낸다. ····▶
2 소량의 와리즈로 전갱이에 묻은 소금을 씻어내고, 남은 것에 전갱이를 담근다.
3 살이 하얗게 변하면 건져서 자연스럽게 물기를 뺀다.
4 다시마는 와리즈를 적셔놓는다.
5 전갱이는 껍질면을 서로 맞닿게 합쳐 다시마로 싼 후 랩으로 다시 감싼다.
6 기리카케쓰쿠리한다.

전갱이에 소금을 묻히는 것은 간을 함과 동시에 수분을 배출시켜 전갱이의 살을 단단하게 하고, 냄새를 제거하기 위함이다. 뱃살 부분은 살이 얇으므로 소금을 훑어내 간을 맞춘다. 누키이타를 약간 비스듬하게 놓아두면, 전갱이에서 나온 수분이 고이지 않고 자연스럽게 흘러내린다.

만드는 방법

전갱이를 준비한다

❶ 전갱이를 산마이오로시(185쪽 참조)하여, 소금을 듬뿍 버무려놓는다. 살이 얇은 뱃살 부분은 소금기가 너무 많이 배지 않도록 살짝 훑어놓는다.
❷ 누키이타에 껍질면이 아래로 가게 놓고, 비스듬히 기울여 약 1시간 둔다.
❸ 갈비뼈 밑으로 칼을 눕혀 넣어 뼈에 살이 많이 붙지 않게 떠낸다.
❹ 살을 가볍게 눌러가며 지아이에 박혀 있는 가시를 호네누키로 뽑아낸다.

와리즈에 담근다

❺ 와리즈 재료를 섞는다. 볼에 약 30분 동안 놓아 다시마의 감칠맛을 뽑아낸다. 소량의 와리즈를 다른 볼에 부어 전갱이 표면의 소금기를 재빠르게 씻어낸 후, 물기를 제거해놓는다.
❻ 남은 와리즈에 전갱이를 7~8분 담가 살 표면이 하얗게 변하면 체에 밭쳐 자연스럽게 물기가 빠지게 놓아둔다.

전갱이를 곤부지메한다

❼ 다시마를 와리즈로 닦는다. 트레이에 다시마를 깔고, 전갱이의 껍질면을 서로 포갠다. 다시마를 가볍게 눌러 덮어, 다시마와 전갱이를 밀착시킨다.
❽ 랩으로 싸서 냉장고에 넣어 약 5시간 놓아둔다.
❾ 껍질을 벗긴다. 대가리 쪽 껍질 끝을 살짝 벗기고 전갱이 살을 손으로 눌러 꼬리 방향으로 껍질을 잡아당긴다.

전갱이를 기리카케쓰쿠리한다

❿ 껍질이 있던 부분을 위로 향하게 놓고, 배 쪽을 자신의 정면으로 향하게 놓는다. 약 3mm 간격으로 깊숙하게 칼집을 넣고, 다음 같은 간격에서 잘라낸다.

춘권피를 준비한다

춘권피를 3cm 길이로 얇게 채 썰어 160도 기름에 넣고 튀긴다. 살짝 노릇해지면 건져서 기름기를 뺀다. 색이 진하게 난 후 건져내면 잔열에 타버리므로 주의한다.

그릇에 담는다

폰즈쇼유에 식용유를 섞어 폰즈 드레싱을 만들고, 채소를 버무린다. 채소와 춘권피를 그릇 바깥쪽에 적은 양을 담되 높게 쌓는다. 자신의 앞쪽에 전갱이를 담는다. 폰즈 드레싱을 끼얹어 섞어서 먹는다.

47

학꽁치 곤부지메
さより昆布じめ

손질한 학꽁치를 소금물에 담가서 절인 후 시라이타콘부에 싸서 곤부지메한다. 캐비아의 감칠맛과 바이니쿠 젤리의 산뜻한 감촉을 느낄 수 있다.

시라이타콘부

재료(4인분)

학꽁치(80g)	2마리
시라이타콘부	2장
캐비아	적량
석이버섯	적량
장마	100g
참나물	½묶음
와사비	적량
바이니쿠 젤리	
· 다시	300㎖
· 미림	30㎖
· 국간장	15㎖
· 바이니쿠	5g
· 판젤라틴	6g
다시마	적량
중조	적량
※ 소금	

왼쪽이 소금물에 절인 후의 학꽁치이고, 오른쪽이 약 5시간 곤부지메한 후의 학꽁치다. 살이 얇은 학꽁치에 일반적인 다시마로 곤부지메하면 물이 들고 수분이 너무 많이 빠지지만, 얇은 시라이타콘부를 쓰면 사진처럼 색이 거의 변하지 않고, 아름답게 완성된다. 거기에 시라이타콘부의 감칠맛이 학꽁치에 더해져 고급스런 맛이 난다.

조리의 포인트

1 학꽁치를 소금물에 담근다.
2 시라이타콘부를 물기를 꽉 짠 행주로 닦아 적셔놓는다.
3 시라이타콘부에 학꽁치를 싸서 곤부지메한다.
4 학꽁치 껍질을 벗기고 호소쓰쿠리한다.

만드는 방법

학꽁치를 곤부지메한다

❶ 학꽁치를 다이묘오로시(188쪽 참조)하여, 갈비뼈를 제거하고 횟감으로 만든다. 다테지오에 다시마를 넣고, 학꽁치를 약 10분간 담가놓는다. 체에 밭쳐 물기를 뺀다. 학꽁치 살은 얇으므로 소금물에 담그면 전체에 엷은 소금맛과 다시마의 감칠맛이 든다.

❷ 물기를 꽉 짠 젖은 행주로 시로이타콘부를 닦아 살짝 적셔놓는다. 학꽁치의 껍질면을 서로 포개고 시라이타콘부로 감싼다.

❸ 랩으로 싸서 냉장고에 5~6시간 두어 곤부지메한다.

학꽁치를 호소쓰쿠리한다

❹ 곤부지메한 학꽁치의 꼬리 쪽에 껍질을 잡을 수 있을 정도로 칼집을 넣는다.

❺ 왼손으로 꼬리쪽 껍질을 누르고, 칼등으로 껍질에서 살을 긁어내듯이 대가리 쪽으로 움직여 떼어낸다.

❻ 약 5mm 폭으로 비스듬하게 호소쓰쿠리한다.

바이니쿠 젤리를 만든다

❼ 판젤라틴을 냉수에 약 10분간 담가 불린다. 냄비에 다시, 미림, 국간장을 넣고 가열한다. 끓어오르면 불에서 내려 판젤라틴을 넣고 녹인다.

❽ 볼에 옮겨 담고, 얼음물에 받쳐 남은 열을 식힌다. 바이니쿠를 섞고 냉장고에 넣어 식힌다. 굳으면 학꽁치에 잘 묻힐 수 있게 고운 체에 내려 걸쭉하게 만들어놓는다.

아시라이를 준비한다

❾❿ 물에 씻은 석이버섯은 물을 듬뿍 받아 5~6시간 담가 불린다. 밑동을 자른다. 끓는 물에 중조를 소량 넣고 오토시부타를 덮어 부드러워질 때까지 약 1시간 삶는다. 체에 밭쳐 흐르는 물에 1시간 씻어낸다. 냄비에 물을 넣고, 오토시부타를 덮어 다시 한번 살짝 삶아낸다. 체에 올려 흐르는 물에서 약 10분간 씻어낸다.

장마는 껍질을 벗기고, 2~3mm 각, 2.5~3cm 길이의 막대 모양으로 자른다. 참나물은 뿌리 쪽과 잎을 잘라내고, 줄기만 살짝 데쳐 냉수에 담가 식힌다. 장마도 같은 길이로 자른다.

그릇에 담는다

❻의 학꽁치에 캐비아를 버무려 그릇에 담고, 아시라이와 와사비(198쪽 참조)를 곁들인다. ❽의 바이니쿠 젤리를 끼얹는다.

훈제한 시메사바 기리카케쓰쿠리
しめさば燻製切りかけ造り

고등어를 식초에 절여 냄새를 제거하고, 곤부지메한다. 거기에 가볍게 훈제 향을 입혀 맛의 깊이를 더한다. 기리카케쓰쿠리를 하면 지방이 많은 살에도 산바이즈가 잘 묻는다.

재료(4인분)

- 고등어(750g)······················1마리
- 와리즈
  - 식초···························900㎖
  - 물·····························300㎖
  - 설탕····························4큰술
  - 다시마(가로세로 5cm)···············2장
- 다시마(120g)·······················2장
- 훈제용
  - 호지차···························10g
  - 황색굵은설탕······················60g
- 장마·····························100g
- 시라이타콘부························2장
- 방풍나물·························4줄기
- 베니타데··························적량
- 생강······························20g
- 산바이즈(153쪽 참조)
  - 다시····························100㎖
  - 식초·····························50㎖
  - 진간장····························20㎖
  - 설탕···························½큰술
- ※소금, 설탕

방풍나물

조리의 포인트

1. 고등어에 소금과 설탕을 버무린 후 뱃살에 묻은 것은 가볍게 훑어낸다.
2. 고등어에 묻은 소금과 설탕을 덜어둔 와리즈에 씻고, 남은 것에 담가 스지메한다.
3. 고등어를 체에 밭쳐 식초기를 자연스럽게 빼낸다.
4. 와리즈로 닦은 다시마에 고등어를 싸서 곤부지메한다.
5. 고등어를 가볍게 훈제한다.
6. 고등어를 기리카케쓰쿠리한다.

기리카케쓰쿠리는 껍질에 다소 깊숙하게 칼집을 넣어가며 자르는 방법이다. 칼집은 횟감의 크기에 따라 1줄 혹은 두꺼운 경우에는 2줄을 넣는다. 껍질이 붙은 채로 낼 경우에, 기리카케쓰쿠리하면 씹기 쉽다. 또, 회를 도톰하게 썰어서 내고 싶은 경우, 지방이 많아 간장 등이 잘 묻지 않는 경우에도 적합하다.

만드는 방법

고등어를 준비한다

❶ 고등어를 산마이오로시(185쪽 참조)한다. 소금과 설탕을 3:1 비율로 섞어 고등어 전체에 묻혀 절인다. 배 쪽은 살이 얇아 소금기가 잘 배므로 묻혀 있는 소금 설탕을 가볍게 떨어낸다. 설탕은 소금과 마찬가지로 물을 빼주고 살을 부드럽게 유지해준다. 누키이타 위에 껍질을 밑으로 가게 놓고 약 2시간 절인다. 갈비뼈를 제거하고, 지아이의 가시를 뽑아낸다. 와리즈를 만들어 약 400㎖를 따로 덜어서 고등어를 살짝 씻은 뒤 물기를 제거한다.

❷ 남은 와리즈를 트레이에 붓고, 고등어를 약 20분간 담가 절인다.

❸ 살 표면이 하얗게 변하면 건져 체에 받치고 자연스럽게 물기를 떨군다.

고등어를 곤부지메한다

❹ 행주에 와리즈를 묻혀 다시마 표면을 닦아놓는다. 다시마 위에 껍질면을 겹친 고등어를 놓고, 위에서 다시마로 덮는다. 랩으로 싸서 5~6시간 냉장고에 넣고 곤부지메한다.

아시라이를 준비한다

❺ 장마는 껍질을 벗겨서 4cm 길이로 얇게 채를 썬다. 시라이타콘부에 싸고 다시 랩으로 감싸 냉장고에 2시간 놓아둔다. 방풍나물은 이카리보후로 만든다(199쪽 참조).

고등어를 훈제한다

❻ ❹의 고등어 껍질을 대가리 쪽에서 꼬리 쪽으로 잡아당겨 벗긴다.

❼ 약간 깊이가 있는 냄비에 알루미늄포일을 깔고, 호지차와 황색 굵은 설탕을 섞어 넣고, 약불로 가열한다. 굵은 설탕을 넣으면 흡착력이 생겨 고등어가 식어도 좋은 향이 남는다.

❽ 연기가 나기 시작하면 석쇠를 얹고, 껍질면을 밑으로 가게 하여 고등어를 놓는다.

❾ 볼을 덮어 약 2분간 훈제한다.

고등어를 기리카케쓰쿠리한다

❿ 고등어의 껍질면을 위로, 배 쪽은 자신의 정면에 오게 놓는다. 약 3mm 간격으로 다소 깊숙하게 칼집을 넣고, 다음 간격에서 잘라낸다.

그릇에 담는다

그릇에 장마와 고등어를 담는다. 아카리보후를 아시라이로, 생강과 베니타데를 야쿠미로 곁들인다. 산바이즈는 종지에 담아낸다.

도미, 가다랑어, 보리새우 회 샐러드
鯛, かつお, 車えびのサラダ造り

곤부지메하여 감칠맛을 더한 도미, 즈케하여 냄새를 없앤 가다랑어, 아부라시모하여 단맛을 끌어낸 보리새우. 각각 준비해 더 맛있어진 어패류와 채소를 함께 버무려 와사비의 풍미를 더한 회 샐러드다.

보리새우

재료(4인분)
- 도미 살 ·················· 120g
- 가다랑어 살 ·············· 240g
- 보리새우(35g) ············ 4마리
- 다시마 ··················· 적량
- 아보카도(200g) ············ 1개
- 어린잎채소 ················ 50g
- 도사조유 ················· 100㎖
- 알코올 날린 청주 ··········· 30㎖
- 와사비 드레싱
  · 강판에 간 와사비 ········ 1큰술
  · 설탕 ················· ¼작은술
  · 소금 ················· ¼작은술
  · 국간장 ················· 10㎖
  · 사과식초 ················ 30㎖
  · 식용유 ················· 60㎖

※ 소금, 청주, 튀김용 기름, 사과식초

조리의 포인트
1. 곤부지메를 하고 난 다시마에 청주를 묻혀 수분을 흡수시킨다.
2. 가다랑어를 즈케한다.
3. 가다랑어 껍질에 소금을 뿌려 굽는다. 비린 맛이 줄고, 지방의 감칠맛은 살아난다.
4. 보리새우를 아부라시모한다.

어패류의 표면만을 익힐 때는 주로 끓는 물에 시모후리하지만, 고온의 기름에 살짝 담갔다 빼면 좀더 짧은 시간에 익힐 수 있다. 이것을 아부라시모라고 한다. 껍질을 벗기지 않은 새우에 효과적이며 안쪽은 반 정도 익은 날것의 상태이면서, 단맛과 감칠맛을 끌어올릴 수 있다.

만드는 방법

도미를 곤부지메한다

❶ 도미의 껍질을 벗기고(33쪽 참조), 4cm 길이로 자른다. 두꺼운 부분은 옆으로 저며서 펼쳐, 약 6mm 두께로 균일하게 한다.

❷ 살을 세로로 가게 놓고, 결을 따라 약 6mm 두께의 막대 모양으로 자른다.

❸ 트레이에 얇게 소금을 뿌린 뒤 ❷의 도미 살을 놓고, 위에서 가볍게 소금을 뿌린다. 약 10분간 두어 소금간을 들인다.

❹ 소량의 청주를 행주에 적셔 다시마 표면을 가볍게 훑는다. 트레이에 다시마를 깔고, ❸의 도미 살을 올린 후 다시마로 덮는다. 같은 크기의 트레이를 위에 얹어 냉장고에서 2시간 보관한다. 도미 껍질(34쪽 참조)은 약 1.5cm 폭으로 자른다.

가다랑어를 가쿠쓰쿠리한다

❺ 도마에 후시오로시한 가다랑어(191쪽 참조)의 껍질을 밑으로, 꼬리를 오른쪽으로 놓는다. 꼬리 쪽부터 대가리 쪽을 향해, 껍질에 약 2mm의 살이 붙어 있게끔 칼을 넣는다. 왼손으로 살을 살짝 누르고, 칼을 앞뒤로 움직여가면서 살과 껍질을 분리한다.

❻❼ 살의 위쪽을 평평하게 잘라서 사쿠도리(192쪽 참조)한다. 세로로 약 2cm의 막대 모양으로 자른다.

❽ 약 2cm 폭으로 자른다(가쿠쓰쿠리). 알코올을 날린 청주를 넣은 도사조유(34쪽 참조)에 약 2분 담근 후 건져 물기를 제거한다.

❾ 가다랑어의 껍질 양면에 옅은 소금을 뿌린다. 석쇠 위에 껍질부터 올려 양면을 강불로 구운 뒤 가로 세로 2cm로 자른다.

보리새우를 아부라시모한다

❿ 보리새우의 대가리를 등내장과 함께 잡아당겨 빼낸다. 보리새우를 180도의 튀김용 기름에 넣는다. 껍질이 빨갛게 변하면, 재빨리 건져올려 얼음물에 식힌다. 껍질을 벗기고 얼음물에 씻은 뒤 물기를 닦고 3등분한다.

드레싱과 아보카도를 준비한다

볼에 와사비 드레싱 재료를 순서대로 넣고 섞는다. 마지막에 식용유를 넣어 잘 섞어준다.

• 아보카도는 과육을 가로세로 약 1cm로 자르고, 사과식초로 버무려 변색을 방지한다.

그릇에 담는다

볼에 재료를 섞어 그릇에 담고, 와사비 드레싱을 끼얹는다.

소고기 다타키
牛肉のたたき

야키시모쓰쿠리로 소고기를 향기롭게 살짝 구워 감칠맛을 가둬두는 다타키. 채 썬 채소를 생강 드레싱에 버무려 샐러드처럼 곁들인다.

재료(4인분)
소고기 등심* ···································· 240g
양하 ··· 4개
셀러리 ·· 60g
양상추 ·· 80g
실파 ··· 60g
모미지오로시
· 무 ··· 300g
· 작은 홍고추 ·································· 5~6개
고마다레
· 네리고마 ······································· 4큰술
· 설탕 ··· 2큰술
· 소금 ··· 1작은술
· 식초 ··· 30㎖
· 진간장 ·· 15㎖
· 알코올 날린 청주 ··························· 30㎖
· 참기름 ·· 20㎖
생강 드레싱
· 식초 ··· 30㎖
· 레몬즙 ·· 30㎖
· 아카미소 ······································· 20g
· 강판에 간 생강 ······························· 20g
· 진간장 ·· 30㎖
· 고춧가루 ······································· 약간
· 머스터드 ······································· 1큰술
· 식용유 ·· 100㎖
※소금, 후추
* 고기 부위는 취향에 따라 안심이나 다릿살로 해도 좋다.

조리의 포인트
1. 소고기에 소금과 후추를 뿌린다.
2. 달군 석쇠에 소고기를 얹고, 강불에서 표면을 그을리듯이 굽는다.
3. 소고기를 알루미늄포일로 감싸 안쪽까지 열이 전달되게 놓아둔다. ···▶
4. 모미지오로시는 살짝 쥐면 즙이 나올 만큼만 물기를 짜놓는다.

야키시모는 쓰쿠리의 한 가지 방법으로, 생선은 속까지 완전히 익지 않게 바로 냉수에 담가 식힌다. 그러나 고기는 여열이 날아가지 않도록 알루미늄포일로 감싸서 속까지 데워 고기의 감칠맛을 끌어낸다. 약간 따뜻한 상태로 낸다.

만드는 방법

소고기를 아미야키한다
❶ 상온에 꺼내놓은 소고기에 소금과 후추를 가볍게 뿌린다.
❷ 직화에 달군 석쇠 위로 소고기를 얹고, 강불에서 표면을 그을리듯 굽는다. 노릇해지면 뒤집는다. 직화로 구우면 구수한 향이 붙고, 불필요한 기름기도 빠진다.
❸ 반대쪽도 같은 요령으로 굽는다. 손가락으로 눌러 튕길 정도의 탄력이 느껴지면 석쇠에서 내린다.
❹ 식힘망에 올려 기름기를 빼고, 알루미늄포일로 싸서 잠시 놓아둔다. 이 사이 잔열이 고기 속으로 전달되어 감칠맛이 살아난다.

모미지오로시를 만든다
❺ 작은 홍고추의 꼭지와 씨를 제거한다. 무 껍질을 벗기고, 단면에 5~6군데 젓가락으로 구멍을 뚫어 홍고추를 박아넣는다. 홍고추가 수분을 흡수해 부드러워질 때까지 기다린다.
❻ 트레이 위에 김발을 깔고, 촘촘한 강판에 원을 그리듯 무를 간다. 홍고추 파편은 젓가락으로 골라낸다.
❼ 양손으로 김발을 들어 가볍게 눌러 물기를 짠다. 집어보았을 때 즙이 똑똑 떨어질 만큼 수분을 남긴다.

고마다레와 생강 드레싱을 만든다
❽❾ 볼에 고마다레의 재료를 순서대로 넣고, 고루 섞는다. 마지막에 참기름을 조금씩 떨어트리고, 잘 섞이도록 고루 젓는다. 생강 드레싱도 같은 요령으로 만든다.

아시라이와 야쿠미를 준비한다
• 양하, 셀러리, 양상추는 얇게 채 썰고 물에 담갔다 건져 물기를 제거한다. 실파는 촘촘하게 썬다.

소고기를 자른다
❿ 휴지시킨 ❹의 소고기를 약 4mm 두께로 소기키리 한다.

그릇에 담는다
채소를 고루 섞어 생강 드레싱에 버무려 그릇에 올린다. 소고기를 담고, 야쿠미를 그릇 앞쪽에 곁들인다. 고마다레는 종지에 담아 따로 낸다.

제3장 / 焼き物 구이
야키모노

야키모노란 조림이나 찜과는 달리 다시나 증기를 이용하지 않고 재료에 직접 열을 가하여 익히는 요리이다. 아주 오래전부터 존재했던 가열조리법으로 일컬어지며, 간단하지만 일본요리에서 완모노와 쓰쿠리만큼 중요한 역할을 차지한다.

야키모노는 열을 가하는 방법에 따라 크게 직화구이와 간접구이로 나눌 수 있다. 직화구이는 꼬치를 꽂거나 석쇠에 얹어 불에 재료를 직접 굽는 방법이다. 이번 장에서 갈치 시오야키, 알배기 은어 시오야키, 노래미 산초순 야키, 꽁치 유안야키, 꼬치고기 이치야보시 등이 이 방법에 해당된다.

다른 한 방법은 불을 간접적으로 전해 굽는 방법으로, 재료와 불 사이에 프라이팬이나 냄비 같은 금속이나 돌, 때에 따라서는 나뭇잎이나 종이 등을 끼워넣어 익힌다. 특수한 예로 오븐이나 전자레인지를 이용하는 것도 간접구이에 해당된다. 이번 장에서는 참치 스테이크, 소고기 말린 목련잎 미소야키, 전복 이시야키 등이 이런 종류라 할 수 있다.

이 두 방법 모두 재료가 상당한 고온에서 가열되므로 표면이 빠르게 구워져 굳어지므로, 감칠맛과 영양분을 빠져나가지 않게 가둘 수 있다. 또, 구수한 향과 먹음직스런 색이 생기고 수분도 적당히 빠지기 때문에 재료가 가진 맛을 살릴 수 있다. 예를 들어, 생선을 구우면 껍질은 바삭하고 고소하며 속살은 육즙이 담겨 부풀어 오르고, 거기에 재료 고유의 냄새도 사라져 구운 생선 특유의 맛을 느낄 수 있는 것이다.

그러나 이러한 장점이 많은 반면 불 조절을 잘못하면 타버리거나 퍽퍽해지거나 살이 깨져버리는 등 크게 망칠 수 있는 어려움도 있다. 재료의 형태나 상태가 그대로 나오므로 맛있게 굽기 위해선 불 조절, 꼬치 꽂기, 조미 등 단계별로 하나씩 정확하게 해야 한다.

조리의 포인트

Point 1
감칠맛을 끌어내고
아름답게 굽기 위한 준비

어패류를 구울 때 껍질이 질긴 재료는 칼집을 넣어두어 잘 씹히도록 한다. 이렇게 하면 다 구웠을 때 보기에도 아름답다. 이 칼집은 굽는 동안 껍질과 살이 생각치 못한 방향에서 부풀어올라 터지는 것을 막아주며 불필요한 수분과 지방을 빼는 효과도 있다. 굽기 전 재료에 소금을 뿌려놓는 것을 볼 수 있는데, 이것은 간을 하는 것 외에 수분을 적당히 빼고 비린내를 억제하기 위한 것이기도 하다. 생선의 크기나 기름이 오른 정도에 따라 소금의 양과 절이는 시간을 조절해야 한다.

Point 2
숯불구이는
'쓰요비노토오비'가 기본

"생선은 강한 화력에서 거리를 두어 굽고, 숯은 충분히 연소시켜 불길을 일으키지 말 것." 이것은 생선 소금구이를 숯불에서 구울 때의 원칙이지만, 화력을 미세하게 조절하는 가스나 전기를 쓸 때도 해당한다. 온도가 낮으면 익는 데 오래 걸려 감칠맛을 머금은 수분이 빠져 퍽퍽해진다. 불에서 거리를 두는 건 전체에 균일하게 열을 쐬어 일부분만 타는 걸 막기 위함이다. 불길이 일면 그을음이 생겨 보기 좋지 않고 탄내가 나므로 주의한다. 여러 번 뒤집지 말고 한번에 끝내는 게 좋다.

Point 3
생선을 구울 때는 그릇에
담을 때 위가 되는 면부터

생선은 그릇에 담을 때 '보이는 면'부터 구워야 한다. 생선 아래에 불을 두고 구우면 생선에서 기름이 떨어져 그을음이 생기고 때로 검은 그을음이 생선에 묻어 지저분해진다. 먼저, 표면을 밑으로 향하게 두면, 그을음이 생기기 전에 뒤집어 지저분해지는 것을 피할 수 있다. 일반적으로 그릇에 담았을 때 보이는 면을 60%, 그 반대면을 40% 정도 구우면 된다. 이 정도로 구우면 껍질은 노릇하고 기름도 적당히 남으면서 깨끗히 구울 수 있다.

**소금은 약 30cm 높이에서
손목을 흔들어 빈틈없이 뿌린다**

소금구이에서 뿐만 아니라 소금은 가볍게 움켜쥔 채 재료에서 약 30cm 떨어진 높이에서 손목을 흔들어가며, 손가락 사이로 떨어뜨린다. 소금의 양에 따라 (사진 위부터) 아주 엷은 소금, 엷은 소금, 강한 소금이라고 부르며, 아주 엷은 소금은 살이 얇은 담백한 생선에, 엷은 소금은 흰살 생선 소금구이에, 강한 소금은 등푸른 생선을 소금구이에 어울린다.

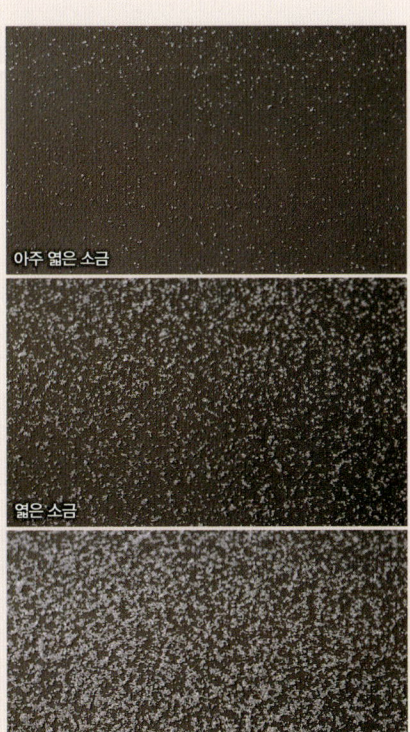

아주 엷은 소금

엷은 소금

강한 소금

**숯불은 완전하게 불을 일으켜,
불길이 안정된 다음에 굽기 시작한다**

숯불은 건열이라 복사열이 강하므로 비교적 단시간에 필요한 수분을 유지한 채로 표면을 바삭하게 구울 수 있다. 사진의 비장탄은 특히 화력이 오래 가고 안정적이며 강력하므로 야키모노에는 최적의 열원이다. 구울 때는 미리 가스불 등으로 불을 붙여 불길이 안정되어 사진처럼 되면 굽기 시작한다. 화로에 가지런히 배열해놓으면 가운데 부분이 고온이 되므로 바깥쪽을 높게 중심부를 낮게 쌓는 등, 재료에 맞게 숯을 배열하고 양을 조절해야 한다.

갈치 시오야키

太刀魚塩焼き

얇은 소금을 뿌린 갈치로 대파 흰 부분을 감싸서 강불에서 재빠르게 구워낸다.
고소한 껍질에 쌓인 폭신한 살, 소금구이의 심플한 맛이 느껴진다.

재료(4인분)

갈치(800g)	1마리
대파(흰 부분)	2뿌리
양하	4개

아마즈
- 식초 ··· 50㎖
- 물 ··· 50㎖
- 설탕 ··· 20g
- 소금 ··· 약간

폰즈오로시
- 강판에 간 무 ··· 100g
- 폰즈쇼유 ··· 45㎖
- 알코올 날린 청주 ··· 15㎖
- 쪽파 ··· 3뿌리
- ※소금

갈치 살에 소금을 뿌려 잠시 놓아두면, 수분이 나온다. 이 수분은 생선의 비린내를 함유하고 있으므로 살짝 씻어낸다. 물기를 제거하고 굽기 시작한다. 소금을 뿌려두는 시간은 생선의 크기 두께에 따라 달라지지만, 신선한 것은 수분량이 적으므로 소금을 많이 뿌리지 않는 것이 좋다. 이 과정에 의해 생선 살이 단단해지고 감칠맛이 난다.

조리의 포인트

1. 갈치에 소금을 뿌려 잠시 놓아둔다.
2. 꼬치를 꽂은 살과 살 사이가 고루 익을 수 있도록 간격을 벌려 꼬치를 꽂는다.
3. 그릇에 담을 때 위로 가는 면부터 강불에서 멀리 두고 굽는다.

만드는 방법

갈치를 준비한다

❶ 갈치를 산마이오로시한다(186쪽 참조). 누키이타나 트레이에 소금을 얇게 뿌리고, 갈치를 나란히 올린다. 약 30cm 높이에서 전체에 얇은 소금을 뿌린다(57쪽 참조).

❷ 약 15분간 놓아둔 후 물에 씻어 수분을 제거한다.

❸ 대파 흰 부분을 5cm 길이로 자른다. 갈치도 자른 대파와 같은 길이로 자른다. 사진처럼 자 대신 대파를 이용하면 쉽게 자를 수 있다.

❹ 껍질을 밑으로 향하게 놓는다. 두꺼운 부분은 절반 정도의 두께가 되도록 칼집을 넣어 펼친다.

❺ ❹에 자른 대파를 올려 돌돌 만다. 살이 얇은 꼬리 쪽 2장을 겹쳐서 만다.

❻ 3조각을 차례대로 놓고 살이 겹쳐 있는 부분에 쇠꼬챙이 2개를 꽂는다. 손으로 균형 있게 잡을 수 있도록 부채꼴로 꽂는데 이를 히라구시라고 한다. 갈치 조각과 조각 사이는 약간 간격을 벌려 열이 골고루 전달되게 한다.

갈치를 굽는다

❼ 숯불이 완전히 올라오면 강불의 먼불에서 굽는다. 그릇에 담을 때 위로 가는 면부터 굽기 시작해서 먹음직스런 색이 나면 뒤집는다. 구우면 살이 수축하여 꼬치가 잘 안 빠지므로 굽는 도중에 꼬치를 돌려놓는다. 뒤집은 쪽도 노릇한 색이 나게 굽는다.

❽ 익히는 정도의 표준은 처음 겉면이 60%, 뒤집어서 40%다. 전체적으로 먹음직스런 색이 나고, 대파가 촉촉하게 익어 있는 상태. 다 구워졌으면 꼬치를 빼낸다.

양하 아마즈케를 만든다

❾ 냄비에 아마즈 재료를 넣고 가열한다. 설탕이 녹으면 볼에 옮겨 냉수에 받쳐 재빨리 식힌다. 양하 뿌리를 잘라내고, 세로로 반을 나눈다. 끓는 물에 넣어 살짝 데친다. 체에 받쳐 뜨거울 때 소금을 얇게 뿌려 그대로 식힌다. 식으면 아마즈에 약 10분간 담가놓는다.

폰즈오로시를 만든다

❿ 쪽파를 얇게 썰어 행주로 싸서 물속에서 살살 씻은 후 물기를 제거한다. 강판에 간 무(99쪽 참조)에 폰즈쇼유, 알코올 날린 청주, 쪽파를 넣고 섞는다.

그릇에 담는다

그릇에 잘 구운 갈치를 담고, 채 썬 양하, 폰즈오로시를 곁들인다.

알배기 은어 시오야키

子持ち鮎の塩焼き

은어를 노보리구시로 꿰고 굽기 직전에 소금을 뿌려 구이 화로에 올린다. 알배기 은어는 배 속의 알까지 확실하게 익히고, 살은 고소하고 촉촉하게, 대가리는 바삭하게 굽는다. "은어는 소금구이가 제일이다"라는 말처럼.

알배기 은어

재료(4인분)

알배기 은어(72g)	4마리
순무(500g)	½개
유자 껍질(얇은 채)	½개

아마즈
- 식초 · · · · · · · · · · · · · · · · · · 150㎖
- 물 · 150㎖
- 설탕 · · · · · · · · · · · · · · · · · · · 65g
- 소금 · · · · · · · · · · · · · · · · · · · 소량
- 작은 홍고추(씨를 제거하고 동그랗게 잘라) · · · · · · 1개

생강초
- 식초 · · · · · · · · · · · · · · · · · · · 30㎖
- 다시 · · · · · · · · · · · · · · · · · · · 60㎖
- 설탕 · · · · · · · · · · · · · · · · · · · ⅓큰술
- 국간장 · · · · · · · · · · · · · · · · · 10㎖
- 강판에 간 생강 · · · · · · · · · · · · 적량

※ 소금

조리의 포인트

1 은어는 물로 깨끗하게 씻고, 장에 남아 있는 배설물을 짜낸다.
2 노보리구시로 꽂는다. ⋯▶
3 소에구시를 한다.
4 굽기 직전에 소금을 엷게 뿌린다.
5 불이 아래에 있는 경우 그릇에 담을 때 보이는 면부터 굽는다. 불은 강불로 하고, 생선은 불에서 멀리 떨어뜨려야 한다.
6 대가리 쪽을 살짝 밑으로 기울여 굽는다.

잇폰구시는 산천어, 은어, 잉엇과인 몰개 등 작은 생선을 통째로 구울 때 쓰는 방법이다. 구웠을 때 꼬리로 팔딱팔딱 춤추고 있는 모습과 같아 '오도리구시'라고 하며, 특히 은어는 개천을 거슬러 올라가는 모습과 같다고 하여 '노보리구시'라고도 부른다. 꼬치는 입으로 넣고 그릇에 담았을 때 위로 가는 면에 빼져나오지 않게 중골을 꿰듯이 꽂는다.

만드는 방법

은어에 꼬치를 꽂는다

❶ 은어 표면의 지저분한 불순물을 물로 살짝 씻어 내고 물기를 제거한다. 항문 위쪽을 손으로 눌러 배 설물을 짜낸다.

❷ 은어의 대가리를 앞쪽으로, 등을 오른쪽으로 향 하게 잡는다. 입으로 꼬챙이를 넣어 겉으로 삐져나오 지 않게 집어넣고, 가슴지느러미 위 노란색 반점(사진 참고)이 있는 부분으로 꼬치를 꺼낸다.

❸ 2~3cm 간격을 두고, 왼손으로 꼬리를 잡아올 리면서 다시 꼬치를 꿴다.

❹ 은어를 오른쪽으로 비틀어 중골을 통과해 반대 편 아래로 꿰고(요코구시), 꼬리를 오른쪽으로 구부려 엉덩이지느러미 위로 꼬치를 낸다. 피가 나오면 물로 살짝 씻어내고, 물기를 제거해놓는다.

❺ 그릇에 담을 때 바로 보이는 배 쪽의 껍질에 칼 집을 넣는다. 껍질이 불규칙하게 터지는 것을 막고, 또 알배기라는 것을 보이기 위한 것이다.

은어를 굽는다

❻ 은어 2꼬치 정도를 나란히 놓고, 가로로 대나무 꼬치를 찔러넣은(소에구시) 뒤 양면에 엷은 소금을 뿌 린다.

❼❽ 그릇에 담을 때 위로 오는 부분부터 굽는다. 알과 내장을 충분히 익히고, 먹음직스런 색이 나면 뒤집는다. 대가리를 약간 밑으로 기울이면 단단한 대가리도 바삭하고 고소하게 구워진다.

순무를 준비한다

❾ 냄비에 작은 홍고추를 뺀 아마즈 재료를 넣고 가 열한다. 설탕이 녹으면 냉수에 받쳐 식힌다. 홍고추 와 유자 껍질을 넣는다. 순무는 두껍게 껍질을 벗겨 내고, 1.5cm 두께로 동그랗게 자른다. 두께의 약 ⅓ 까지 2mm 간격으로 양면에 칼집을 넣는데, 칼집이 직각으로 교차하도록 한다.

❿ 1.5cm 크기로 깍둑썰기 하고, 소금물에 담가 약 20분간 절인다. 숨이 죽으면 물기를 가볍게 짜고, 소 량의 아마즈에 약 1시간 담근 후 건져 물기를 짜놓는 다. 남은 아마즈에 3~4시간 담가 맛을 들인다.

생강초를 만든다

냄비에 식초 이외의 재료를 넣고 끓여서 식초를 넣 고 불을 끈다. 얼음물에서 빠르게 식힌 후, 강판에 간 생강을 넣는다.

그릇에 담는다

은어 대가리는 왼쪽으로, 배는 자신의 정면으로 놓 고, 아마즈에 절인 순무를 곁들인다.

쥐노래미 산초순 야키
あいなめの木の芽焼き

쥐노래미를 호네기리하여 꼬치를 꽂아 굽는다. 먹음직스러운 색이 나면서 살이 벌어지면 다레를 2~3회 끼얹어 말리듯이 구워 완성한다. 칼로 다진 산초순을 뿌린 봄이 느껴지는 다레야키다.

재료(4인분)

쥐노래미(600g) · · · · · · · · · · · · 1마리	고사리 · · · · · · · · · · · · · · · · · · 12줄기
다레	죽순 · 70g
· 청주 · · · · · · · · · · · · · · · · 50㎖	미소 드레싱
· 미림 · · · · · · · · · · · · · · · · 100㎖	· 쌀미소 · · · · · · · · · · · · · · 1큰술
· 꿀 · · · · · · · · · · · · · · · · · · 15㎖	· 식초 · · · · · · · · · · · · · · · · 30㎖
· 진간장 · · · · · · · · · · · · · · 100㎖	· 식용유 · · · · · · · · · · · · · · 90㎖
산초순 · · · · · · · · · · · · · · · · · ⅓상자	· 국간장 · · · · · · · · · · · · · · 10㎖
	· 홀그레인 머스터드 · · · · · · · 1작은술

산초순

조리의 포인트

1 쥐노래미를 산마이오로시한 후, 호네기리한다.
2 쇠꼬챙이로 눌러가면서 4개의 꼬치를 세로로 꽂는다.
3 소에구시를 해 쥐노래미 살이 휘는 것을 방지한다.
4 다레를 끼얹어 불을 약간 멀리하여 말리듯 굽는다. 이것을 2~3회 반복한다.

쥐노래미는 살이 부드럽지만 잔가시가 있어, 그대로 먹기가 어려우므로 듬성듬성 호네기리를 해준다. 야나기바보쵸로 손목 스냅을 이용해 앞에서 뒤로 리듬감 있게 칼집을 넣어간다. 호네기리를 하면 빨리 익고, 다레도 잘 묻어난다.

만드는 방법

다레를 만든다

❶ 냄비에 다레 재료의 청주와 미림을 넣고, 약불로 가열해 알코올을 날린다. 이를 니키루라고 한다. 꿀과 진간장을 넣고 끓이다가 약하게 끓어오를 정도로 불을 줄여서 약 3분간 더 끓인 후 식힌다. 살짝 끓여주면 조미료가 잘 섞여 맛이 조화로워진다.

쥐노래미 준비한다

❷ 쥐노래미를 미즈아라이하여 산마이오로시(185쪽 참조)하고, 갈비뼈를 제거한다. 대가리에 가까운 살 부분은 가시가 크므로 손가락으로 확인해가면서 호네누키로 뽑아낸다.

❸ 쥐노래미의 살에는 잔가시가 있으므로, 먹기 편하게 호네기리를 해야 한다. 호네기리는 야나기바보초를 사용해, 대가리 쪽부터 약 3mm 간격으로 살과 가시를 끊어낸다. 쥐노래미는 껍질과 가까운 살에는 가시가 없으므로 갯장어보다는 듬성듬성하고 얕게 칼집을 내도 괜찮다. 호네기리를 마치면 2등분한다.

❹ 쥐노래미 꼬리를 앞으로 놓는다. 꼬리 조각과 다른 조각을 세로로 꼬치에 꽂는다. 호네기리한 쥐노래미는 손으로 만지면 부서지므로 쇠꼬챙이로 눌러가면서 껍질 살짝 위쪽의 살에 꼬치를 꿴다.

❺ 오른쪽부터 순서대로 4개의 꼬치를 세로로 꽂는다.

❻ 굽는 동안 껍질이 수축하여 살이 휘므로, 이것을 방지하기 위해 사진처럼 소에구시한다.

쥐노래미를 굽는다

❼ 강불로 하고 생선은 불에서 멀리 떨어뜨려 껍질부터 바삭하게 구워 살이 휘지 않게 한다. 껍질이 말라 팽팽해지면 호네기리한 것이 깨끗하게 벌어져 아름답게 보인다.

❽ 뒤집어서 굽는다. 완전하게 익어버리면 꼬치에 붙어 분리되지 않으므로 굽는 동안 꼬치를 돌려 분리해놓는다.

❾ 살이 60% 익어 보기 좋은 색이 나면, 다시 한번 뒤집어서 껍질도 먹음직스런 색이 나도록 굽는다.

❿ 다레를 끼얹는다. ❶에서 만들어 놓은 다레를 쥐노래미 전체에 듬뿍 끼얹고 물기를 가볍게 떨군다.

⓫⓬ 구이 화구에 다시 얹고, 타지 않게 불에서 살짝 띄워 다레를 말리듯이 양면을 굽는다.
⓭⓮⓯ 다레가 충분히 마르면 다시 한번 끼얹어 그릇에 담을 때 위가 되는 살부터 구운 후 뒤집는다.
⓰ 다레가 완전히 마르면 다레를 한번 더 끼얹는다. 3번째 끼얹은 다레는 똑똑 떨어뜨려서 소량만 끼얹는다.
⓱ 마지막으로 따뜻하게 데우는 정도로, 전체를 살짝 그을리듯 구워 완성한다.
⓲ 꼬치는 앞쪽에 묻은 다레를 닦고 나서 돌려서 빼낸다. 그냥 뽑으면 꼬치 앞부분에 묻어 있는 타버린 다레가 생선에 묻기 때문.

산초순, 고사리, 죽순를 준비한다

산초순은 물에 살짝 씻어 물기를 확실하게 제거해놓는다.
고사리는 불순물을 제거(17쪽 참조)하고, 4cm 길이로 자른다.
죽순은 손질(7쪽 참조)하여 세로 4cm 길이로 자르고, 결을 따라 3mm 두께로 자른다.

미소 드레싱을 준비한다

볼에 미소 드레싱 재료를 모두 넣고 고루 저어 섞는다.

그릇에 담는다

⓳ 산초순을 칼로 다진다. 향이 날아가므로 쓰기 직전에 다지는 게 좋다.
⓴ 쥐노래미에 다진 산초순을 뿌리고, 그릇에 담는다. 죽순과 고사리를 미소 드레싱에 버무려 곁들여 낸다.

꽁치 유안야키
さんま幽庵焼き

쓰케야키의 기본인 청주, 미림, 진간장을 같은 비율로 섞은 유안지에, 체에 한번 내린 내장의 감칠맛을 더한다. 됴즈마오레구시한 꽁치를 이 소스로 쓰케야키한다.

청유자

재료(4인분)

꽁치(160g)····································· 4마리
쓰케지
· 청주 ······································· 150㎖
· 미림 ······································· 150㎖
· 진간장 ···································· 150㎖
· 꽁치 내장 ································ 4마리
· 달걀노른자 ································· 1개
생표고버섯(20g) ···························· 2개
만가닥버섯 ···························· ¼팩(50g)
잎새버섯 ······························ ¼팩(30g)
버섯 쓰케지
· 다시 ······································· 75㎖
· 미림 ·· 5㎖
· 소금 ······································· 약간
· 국간장 ····································· 5㎖
강판에 간 무 ································ 150g
청유자 ·· ¼개
※ 청주, 소금

조리의 포인트

1 꽁치를 다이묘오로시한다.
2 체에 내린 꽁치 내장을 유안지에 더한다.
3 됴즈마오레구시한다.
4 그릇에 담았을 때 위로 가는 부분을 60%, 반대편을 40% 굽는다.
5 완성 전에 쓰케지를 2~3회 끼얹고 말리듯이 구워 완성한다.

체에 내린 꽁치 내장을 더한 쓰케지에 산마를 재워 됴즈마오레구시한다. 가타즈마오레, 됴즈마오레는 살이 얇은 끝부분을 접어 꼬치에 꽂는 것으로, 전체적인 두께를 비슷하게 만들어 고루 익힐 수 있다. 길고 얇은 생선을 보기 좋게 꼬치구이 하는 방법으로, 완성됐을 때도 아름답다.

만드는 방법

꽁치를 다이묘오로시한다

❶ 꽁치는 대가리를 왼손으로 잡고, 데바보초로 꼬리에서 대가리까지 가볍게 긁어 비늘을 제거한다. 이를 바라비카라고 한다. 대가리를 잘라낸다.
❷ 배를 갈라 칼의 턱으로 내장을 긁어 빼낸다.
❸ 배 속에 있는 피와 지저분한 것들을 물로 깨끗하게 씻어낸다. 물기를 제거해놓는다.
❹ 칼을 야나기바보초로 바꾼다. ❸의 꽁치 배를 자신의 앞쪽에 놓고 대가리를 오른쪽으로 한 뒤 칼을 넣는다. 중골 위쪽을 타고 내려가듯이 꼬리 끝까지 잘라간다.
❺ 반대로 뒤집어 중골이 아래로 반대쪽에 붙어 있던 살이 위로 오게 놓는다. ❹와 같은 요령으로 잘라낸다.
❻ 갈비뼈를 떠낸다.

쓰케지를 만든다

❼❽ ❷의 꽁치 내장을 데바보초로 다진 후 체에 거른다.
❾ 청주, 미림, 진간장을 섞어 기본 유안지를 만들고, 달걀노른자를 넣어 고루 섞는다. ❽의 내장을 더해 잘 섞어준다.

꽁치를 쓰케지에 담근다

❿ 쓰케지를 트레이에 붓고 ❻의 꽁치 살을 약 10분간 담가놓는다.
⓫ 꽁치를 쓰케지에서 건져내 물기를 제거한다. 껍질에 5mm 간격으로 얕은 칼집을 넣는다. 이렇게 하면 구울 때 살이 터지지 않을 뿐만 아니라, 빨리 익고 맛이 잘 밴다.

꼬치를 꽂아 꽁치를 굽는다

⑫ 료즈마오레구시한다. 생선 껍질이 아래로 가게 놓는다. 자신의 앞쪽에 놓인 살을 사진처럼 말아 껍질 쪽에 꼬치를 꽂는다. 맞은편 살도 말아 껍질에서 껍질 사이로 꼬치를 꽂아넣는다. 같은 요령으로 2번째 꼬치를 꽂는다. 2개의 살을 꽂을 경우에는 살을 세로로 배열해 동시에 꼬치를 꽂는다.

⑬ 숯불을 피워 불이 안정되면 숯불화구에 얹어 중불의 먼불로, 그릇에 담았을 때 위로 향하는 껍질부터 굽기 시작한다. 표면에 노릇한 색이 나고 60% 정도 익었으면 뒤집어서 반대쪽을 굽는다. 점점 익어가면서 기름기가 빠져 떨어지기 시작하면 뒤집는 타이밍이다. 이때, 나중에 꼬치가 잘 빠지도록 빙글빙글 돌려놓는다.

⑭ 반대편도 먹음직스런 색이 나기 시작하면, 양면에 ⑩의 쓰케지를 끼얹어 말리듯이 굽는 작업을 2~3회 반복한다.

⑮ 유안지에 담가두었던 꽁치는 타버리기 쉽기 때문에 불을 약하게 하고, 쓰케지를 건조시키듯 불을 쬐어 구워낸다.

⑯ 꼬치를 빼기 전에 탄가루가 묻어나지 않도록 맨 앞부분에 붙은 그을음을 닦아놓는다.

아시라이를 준비한다

⑰ 꽁치를 굽기 전에 아시라이를 준비해놓으면, 갓 구워졌을 때 바로 곁들일 수 있다. 먼저 냄비에 버섯 쓰케지의 재료를 넣고 한번 끓여 상온에서 식혀놓는다. 여기에 김발로 즙을 가볍게 짜놓은 다이콘오로시(99쪽 참조)를 섞는다.

⑱ 유자 껍질을 강판에 갈아 차를 젓는 도구인 자센으로 ⑰에 털어넣고 섞는다.

⑲ 표고버섯은 기둥을 제거, 만가닥버섯과 잎새버섯은 밑동을 제거하여 잘게 나누어놓는다. 소량의 청주와 소금을 뿌리고, 석쇠 위에서 살짝 굽는다. 다 구우면 표고버섯은 5mm 폭으로 자른다.

⑳ 표고버섯, 만가닥버섯, 잎새버섯을 ⑱에 넣고 고루 섞는다.

그릇에 담는다

그릇에 꽁치를 담고, 앞쪽에 아시라이를 곁들인다.

눈볼대 미소쓰케야키

のどぐろ味噌漬け焼き

거친 시로미소에 아마자케를 섞어 누룩의 고급스러운 단맛과 풍미를 더한다. 소금을 뿌려 냄새를 제거한 눈볼대를 미소 베이스에 2일간 절인 뒤 태우지 않고 고소하게 구워낸다.

눈볼대

재료(4인분)
눈볼대(700g) ·· 1마리
미소 베이스
· 알갱이가 거친 시로미소 ····················· 1kg
· 아마자케 ······································· 200㎖
· 미림 ··· 100㎖
· 청주 ··· 100㎖
콜리플라워 ·· 100g
아마즈
· 식초 ··· 200㎖
· 물 ··· 200㎖
· 설탕 ··· 90g
· 소금 ··· 소량
작은 홍고추(동그랗게 송송 썰어서) ············ 1개분
※ 소금

미소쓰케야키는 청주나 미림 등으로 만든 미소 베이스에 어패류나 육류를 절여 굽는 요리다. 미리 재료에 소금을 뿌려 수분을 적당히 빼고, 비린내를 제거한다. 눈볼대는 살이 부드러운 생선인데, 이러한 과정을 거치면 살이 단단해져 잘 부서지지 않는다.
미소 베이스는 2~3회 쓸 수 있다. 알갱이가 있는 미소는 갈면 농도나 향이 살아나므로, 재활용하기에 좋다. 여기서는 아마자케를 섞어 누룩의 고급스러운 단맛과 향을 더했다. 물에 적셔 꽉 짠 행주로 생선에 묻은 미소를 타지 않도록 꼼꼼히 닦은 후 굽는다.

조리의 포인트

1 눈볼대에 엷은 소금을 뿌린다.
2 미소 베이스를 만들어 눈볼대를 절인다.
3 만 하루가 지나면 눈볼대를 건져내고 미소 베이스를 고루 저은 후 눈볼대를 다시 넣고 절인다.
4 껍질 쪽은 60% 굽고, 살 쪽은 40% 굽는다.

만드는 방법

눈볼대를 손질한다

❶ 눈볼대는 비늘을 바라비키한다. 도마에 대가리를 왼쪽으로, 배를 자신의 앞쪽으로 향하게 놓는다. 왼손으로 아가미덮개를 열고, 칼을 직각으로 세워 대가리 연결 부분의 뼈에 닿을 때까지 칼집을 넣는다.

❷❸ 얇은 막 같은 아가미를 자른다. 뒤집어서 같은 요령으로 잘라낸다. 가마가 붙어 있는 연결 부위를 잘라내 대가리를 분리한다. 배를 갈라 내장을 빼내고 지아이 막을 자른다. 물에서 씻은 후 물기를 제거해 산마이오로시한다. 갈비뼈를 떠낸다(186쪽 참조).

눈볼대를 미소 베이스에 절인다

눈볼대에 엷은 소금을 뿌리고, 약 20분간 놓아둔다. 지아이에 박힌 가시를 뽑고, 물에 살짝 씻어 물기를 제거해놓는다.

❹ 볼에 미소 베이스의 재료를 섞어놓는다. 절반 양을 깊이가 있는 트레이에 부어 간다. 눈볼대는 껍질이 밑으로 가게 놓고, 위에서부터 미소 베이스를 부어 덮는다. 냉장고에 넣어 2일간 절인다.

❺❻ 만 하루가 지나면 살 주변에 수분이 빠져나오므로, 눈볼대를 건져내고 미소 베이스를 고루 저은 후 다시 생선을 넣고 절인다.

눈볼대에 꼬치를 꽂아 굽는다

❼ 눈볼대에 묻은 된장을 닦아낸다.

❽ 한쪽 살을 각각 2등분하여, 세로로 2조각씩 사진처럼 부채 모양으로 꼬치를 꽂는다. 가마가 붙은 부분은 가마의 껍질 부분부터 쇠꼬챙이를 찔러넣는다. 갈비뼈가 붙어 있던 살은 돌돌 말아 꼬치를 찔러 꽂는 가타즈마오레구시를 한다. 같은 요령으로 남은 2개의 꼬치를 끼운다.

❾ 껍질 쪽부터 약중불에서 굽기 시작한다. 노릇노릇하게 색이 나고 기름이 나오면서 60% 정도 익으면 꼬치가 살과 붙지 않도록 살살 돌려놓고, 뒤집어서 살을 굽는다.

콜리플라워를 준비한다

❿ 아마즈를 만든다(157쪽 참조). 콜리플라워는 한입 크기로 자른다. 끓는 물에 소금을 넣고 데쳐 물에 넣어 식힌 후, 물기를 제거해놓는다. 아마즈 절반을 부어 콜리플라워를 약 1시간 절인다. 물기를 제거하고 남은 아마즈에 홍고추를 넣고 약 2시간 절인다.

그릇에 담는다

그릇에 눈볼대와 콜리플라워를 담는다.

참치 스테이크
まぐろのステーキ

참치를 두껍게 잘라 마늘의 풍미를 담은 기름에서 고온으로 단숨에 구운 스테이크다. 표면은 노릇하고 구수하게, 속은 날것으로 유지해 다른 맛을 느낄 수 있는 구이법이다. 유즈코쇼를 넣은 다레를 소스로 한다.

유즈코쇼

재료(4인분)

참치(덩어리)	400g
다레	
· 청주	50㎖
· 미림	100㎖
· 그래뉴당	7g
· 진간장	75㎖
· 유즈코쇼	2g
마늘	10g
감자	¼개(60g)
대파(흰 부분)	½뿌리
대파(잎 부분)	2뿌리

※ 식용유, 소금, 후추, 밀가루, 튀김용 기름

사진처럼 표면은 강불에 바삭하게, 중심부를 날것인 상태로 구워낸다. 표면을 바삭하게 구우면 코팅이 되어 수분과 감칠맛을 가둬둘 수 있다. 후에 다레를 끼얹어 입힐 것을 생각해 중심부를 많이 익히지 않도록 주의한다. 속을 익히는 정도는 취향에 따라 선택하면 된다.

조리의 포인트

1. 약불에서 마늘의 풍미를 기름에 옮긴다.
2. 마늘 향을 머금은 달군 기름에 참치를 넣고 표면을 바삭하게 구워 꺼낸다.
3. 프라이팬을 식힌 후 다레를 넣고 약간 조린다.

만드는 방법

참치를 굽는다

❶ 볼에 다레의 재료를 넣고 잘 섞어놓는다. 마늘은 껍질을 벗겨서 얇게 슬라이스한다. 프라이팬에 식용유 30㎖를 넣고, 점화하기 전에 마늘을 넣는다. 아주 약한 불에서 마늘의 향이 기름에 스미도록 천천히 볶는다. 타버리기 쉬우므로 주의하고, 바삭바삭해지면 건져낸다.

❷❸ 참치는 상온에 꺼내둔 것을 사용한다. 2~3cm 두께로 잘라 소금과 후추를 가볍게 뿌린다. 조리용 붓으로 밀가루를 묻힌 후, 두껍게 묻은 곳은 털어낸다. 밀가루를 묻혀두면 구웠을 때 색이 좋고 소스로 코팅하기 쉬워진다.

❹ 프라이팬을 가열하고 마늘향 기름을 달구어 ❸의 참치를 넣는다. 강불로 재빠르게 구워 사진처럼 색이 났다면 뒤집어서 반대편도 굽는다. 이 단계는 표면을 바삭하게 구워 감칠맛을 가두는 것이 목표다. 구워졌으면 참치를 건져낸다.

❺ 이 상태에서 다레를 넣으면 타버리므로 프라이팬을 젖은 행주 위에 놓아 온도를 떨어뜨린 뒤 다레를 넣고 ⅓ 정도 조린다.

❻ ❹의 참치를 ❺의 프라이팬에 넣고 다레를 전체에 끼얹어 코팅시킨다.

아시라이를 준비한다

❼ 감자 껍질을 벗겨 얇게 채 썬다. 표면의 전분질은 물로 씻고 물기는 제거해놓는다. 160도의 기름에서 거품이 작게 일고 갈색이 날 때까지 스아게한다.

❽ 대파의 흰 부분은 세로로 길게 칼집을 넣어 심을 제거하고, 4cm 길이로 자른다. 결을 맞추어 포갠 후, 아주 가늘게 채 썬다.

❾ 물에 씻어 점액질을 제거한 후 건지고 물기를 닦는다. 밀가루를 묻혀 160도의 튀김용 기름에 갈색이 날 때까지 튀긴다.

❿ 대파의 잎 부분은 4~5cm 길이로 자르고, 세로로 칼집을 넣어 벌린 후 여러 장을 겹쳐 놓는다. 결대로 얇게 채를 썬다. 물에 씻어 점액질을 제거하고 물기를 없앤다.

그릇에 담는다

참치를 세로로 2등분하고, 다시 약 1cm 폭으로 자른다. 그릇에 담고 다레를 끼얹는다. 감자, 대파의 흰 부분, 대파의 잎 부분을 섞어 참치 위에 올리고 ❶에서 건져낸 마늘 칩을 흩뿌린다.

가지 덴가쿠
なすの田楽

기름을 듬뿍 둘러 가지를 구운 후, 새우와 닭고기, 만가닥버섯 등과 함께 작은 나베에 담는다. 시로덴가쿠미소를 끼얹고, 오븐에 구워 그라탱풍으로 완성한다.

재료(4인분)

가지(고메나스 300g)	1개
닭다릿살(160g)	1장
작은 새우	200g
만가닥버섯(큰 것)	50g
아스파라거스(두꺼운 것)	2대
시로덴가쿠미소	
· 시로미소	100g
· 달걀노른자	1개
· 설탕	15g
· 미림	15㎖
· 청주	150㎖
· 네리고마(흰색)	1.5큰술
· 생크림	30㎖

※ 식용유, 밀가루

가지와 기름은 서로 궁합이 좋아 맛이 깊어지고 감칠맛이 더해진다. 기름에 튀기는 경우도 있지만, 여기서는 기름에 구워 먹음직스런 색을 냈다. 대나무 꼬치가 쏙 들어가거나 손가락으로 눌렀을 때 폭신하면 다 익은 것이다.

조리의 포인트

1. 덴가쿠미소는 약불에서 타지 않게 갠다.
2. 가지의 껍질에 칼집을 넣는다.
3. 기름을 많이 두르고 가지를 진득하게 굽는다.
4. 작은 나베에 시로덴가쿠미소와 가지, 그 외의 재료를 담고 오븐에서 굽는다.

만드는 방법

시로덴가쿠미소를 만든다

❶ 냄비에 덴카쿠미소의 재료인 시로미소, 달걀노른자, 설탕, 미림, 청주를 순서대로 넣고 고루 섞는다. 타지 않도록 약불에서 나무 주걱으로 냄비 바닥부터 긁어가며 젓는다. 나무 주걱을 들어올리면 천천히 흘러 떨어질 농도가 될 때까지 갠 후 체에 내린다.

❷ 볼에 ❶의 미소와 네리고마, 생크림을 넣고 잘 섞는다.

가지를 준비한다

❸ 가지의 꼭지를 자르고, 먹기 편하게 껍질에 1cm 간격으로 칼집을 넣는다. 칼턱을 가지의 끝 부근에 넣고, 가지의 휜 모양에 맞추어 꼭지 방향으로 칼집을 넣는다. 2.5cm 두께로 동그랗게 자른다.

❹ 물에 담가 살짝 씻은 후 물기를 제거한다.

가지 이외의 재료를 손질한다

❺ 닭다릿살은 필요 없는 껍질을 잘라내고, 칼등으로 연육해놓는다. 세로로 반을 자르고, 결 방향과 반대로 1cm 두께로 포를 뜬다.
· 작은 새우는 대가리와 등에 있는 내장을 제거한다. 끓는 물에 살짝 데치고 냉수에 넣어 식힌 후 껍질을 벗긴다.
· 만가닥버섯은 밑동을 자르고 세로로 2등분하여 물에 살짝 씻은 후 물기를 제거한다.
· 아스파라거스는 밑에서부터 ½지점의 질긴 껍질을 벗기고 3cm 길이로 자른다.

가지를 굽는다

❻❼ 프라이팬에 식용유를 듬뿍 붓고 달군다. 가지를 넣고 약한 중불에서 천천히 구워낸다. 양면이 노릇하게 구워지고 속까지 익었다면 건져낸다. 먹기 편한 크기로 자른다.

그 외의 재료를 굽는다

❽ 프라이팬에 식용유를 조금 붓고 ❺의 만가닥버섯과 아스파라거스를 중불에서 볶는다.

❾ 닭다릿살에 밀가루를 묻힌 후, 여분의 밀가루는 탁탁 떨어낸다. 프라이팬에 식용유를 약간 붓고 중불에서 굽는다.

오븐에서 구워 완성한다

❿ 1인용 데쓰나베에 시로덴가쿠미소를 약간 깔고, 조리한 재료를 올린 다음 시로덴가쿠미소를 끼얹는다. 180~200도로 예열한 오븐에 넣고 부글부글 끓어올라 표면이 살짝 노릇해질 때까지 굽는다.

가지각색의 재료를 섞은 달걀 겐친을 밑간한 연어 위에 올려 굽는다. 사방을 감싸주듯 열을 전달하고, 형태를 망가트리지 않는 오븐의 위력을 이용한 야키모노다.

구와이

재료(4인분)
- 연어 ·············· 320g
- 쓰케지
  - 청주 ·············· 100㎖
  - 미림 ·············· 100㎖
  - 진간장 ·············· 100㎖
- 백합근 ·············· ¼개(60g)
- 목이버섯(불린 것) ·············· ¼개(15g)
- 당근 ·············· ⅛개(30g)
- 은행 ·············· 8알
- 생표고버섯 ·············· 4개
- 핫포다시
  - 다시 ·············· 300㎖
  - 국간장 ·············· 15㎖
  - 미림 ·············· 30㎖
  - 소금 ·············· 소량
- 달걀 겐친
  - 달걀 ·············· 3개
  - 설탕 ·············· 1작은술
  - 소금 ·············· 소량
  - 미림 ·············· 15㎖
  - 국간장 ·············· 10㎖
  - 다시 ·············· 50㎖
- 구와이 ·············· 4개
- 우마미시오 ·············· 적량(184쪽 참조)

※ 소금, 튀김용 기름

연어 겐친 야키
鮭のけんちん焼き

조리의 포인트
1. 겐친에 들어가는 재료는 모두 같은 크기로 자른다.
2. 달걀 겐친은 반숙 정도로 익힌다.
3. 200도로 예열한 오븐에서 연어를 굽기 시작한다.
4. 80% 정도 익으면, 달걀 겐친을 얹고, 노릇해질 때까지 굽는다.

오븐을 사용하는 간접구이에서는 굽는 도중에 뒤집거나 움직이기가 쉽지 않다. 그래서 구워진 정도를 가늠하기가 어려운데, 사진과 같은 상태가 되면 거의 익었다고 봐도 좋다. 꺼내어 달걀 겐친을 얹는다.

만드는 방법

연어를 준비한다
❶ 누키이타 위에 소금을 뿌리고 연어를 놓은 후 약 30cm 높이에서 엷은 소금을 뿌린다.
❷ 약 1시간 놓아두면 연어 표면에서 수분이 나온다. 이 수분에서는 생선 특유의 냄새가 나므로 살짝 씻어낸 뒤 물기를 제거해놓는다.
❸ 쓰케지 재료를 섞는다. 연어를 약 2cm 두께로 포를 뜨고 쓰케지에 약 20분간 담가놓는다.

달걀 겐친을 만든다
❹ 겐친의 재료(사진 위에서부터 시계 방향으로)인 백합근, 목이버섯, 당근, 은행, 생표고버섯을 각각 가로세로 3mm로 자르고, 시오유데한다.
❺ 핫포다시에 ❹를 살짝 넣고 끓인 뒤 체에 밭쳐 빠르게 식힌다.
❻ 냄비에 달걀 겐친의 재료를 넣고 약불로 가열한다. 나무 주걱으로 저어가면서 반숙 정도로 익힌다.
❼ 반숙이 되면 ❺의 재료를 넣고 신속하게 섞는다.
❽ 김발 위에 펼쳐 빠르게 식힌다.

연어를 굽는다
❾ 연어를 쓰케지에서 건져서 물기를 제거한다. 오븐 트레이에 오븐용 종이를 깔고 연어를 나란히 놓는다. 200도로 예열한 오븐에 넣어 구워 익힌다. 사진 같은 색이 나면 오븐에서 꺼낸다.
❿ 각각의 연어 조각 위에 ❽의 달걀 겐친을 얹는다. 230도로 예열한 오븐에 넣고 겐친에 노릇한 색이 날 때까지 굽는다.

구와이를 준비한다
아시라이로 사용하는 구와이는 연어와 거의 동시에 완성되도록 준비한다. 싹의 얇은 껍질을 벗기고, 싹의 끝부분을 비스듬하게 잘라낸다. 알뿌리는 담았을 때 바로 서도록 바닥을 평평하게 자르고, 롯포무키해 세로로 2등분한다. 물에 씻은 후 물기를 제거한다. 160도로 가열한 기름에 구와이를 넣고 스아게한 후 우마미시오를 뿌린다.

그릇에 담는다
그릇에 ❿을 담고 구와이를 곁들인다.

소고기 등심을 주인공으로 하여, 만가닥버섯, 곤약, 백합근, 은행을 각각 익히고, 네리미소를 목련잎 위에 깔고 그 위에 재료를 얹어 굽는다. 목련잎과 구운 미소의 향이 구수하게 소재를 감싼다.

말린 목련잎

재료(4인분)

소고기 등심(덩어리)	250g
커다란 만가닥버섯	4개
곤약	120g
백합근(큰 잎)	8장
은행	12개
대파(잎 부분)	½단
쓰케지	
・다시	400㎖
・미림	50㎖
・소금	소량
・국간장	30㎖
네리미소	
・신슈미소	100g
・아카미소	30g
・모로미미소	50g
・달걀노른자	1개
・미림	30㎖
・설탕	2큰술
・청주	80㎖
・대파(흰 부분)	1뿌리

※소금, 후추, 식용유, 청주, 튀김용 기름

소고기와 말린 목련잎 미소야키
牛肉朴葉味噌焼き

여기에서 사용한 네리미소는 3종류의 미소를 섞어 맛이 부드럽고, 자극적이지 않은 감칠맛을 끌어낸다. 또 목련잎 위에서 굽기 때문에 목련잎의 향과 구운 미소의 구수함이 합쳐져 독특한 맛을 즐길 수 있다. 재료는 날것 상태로 올리면 익지 않는다. 재료가 익을 때까지 구우면 미소가 타버리므로, 사전에 익혀두거나 밑간을 해놓는 등 미리 손질을 한다.

조리의 포인트

1 말린 목련잎은 물에 불린다.
2 소고기 등심은 강불에 표면을 구워 코팅한다.
3 네리미소는 중탕으로 해서 재료를 섞어준다.
4 목련잎에 준비해둔 재료를 담고 석쇠에 얹어 화로에서 굽는다.

만드는 방법

목련잎을 준비한다.
목련잎은 마른 상태에서 불에 닿으면 바로 타버리므로 약 20분간 물에 담가 불린다.

재료를 준비한다
❶ 소고기 등심은 상온에 꺼내놓았다가 쓴다. 스지나 불필요한 지방을 제거하고, 소금과 후추를 뿌려놓는다. 프라이팬에 식용유 30㎖를 넣고 강불로 가열하여 소고기를 표면을 코팅하듯 굽는다. 7mm 두께로 포를 떠놓는다.
❷ 만가닥버섯은 밑동을 잘라내고, 물에 살짝 씻어 건진 후 물기를 제거한다. 청주를 뿌려 석쇠에서 굽는다. 버섯갓에 칼집을 넣어 손으로 찢는다.
❸ 곤약은 촘촘한 격자 모양으로 칼집을 넣고, 가로 2cm, 세로 3cm 길이로 자른다. 소금을 듬뿍 묻혀 문질러놓는다. 끓는 물에 넣어 3분 삶은 후 체로 건져 식힌다. 냄비에 넣고 그대로 볶아서 물기를 날린다.
❹ 쓰케지 재료를 섞어 끓인 후 식힌다. 쓰케지 절반을 덜어 곤약을 넣고 약불로 가열해 약 5분간 조린다. 볼에 옮겨 그대로 식힌다.
❺ 백합근은 갈색 부분과 얇은 부분을 떼어낸다. 끓는 물에 소금을 넣어 데친 후 물에 담가 식힌다. 건져서 물기를 제거하고, 쓰케지에 담근다.
• 대파 잎 부분은 4~5cm 길이로 자른다. 세로로 칼집을 넣어 벌려 여러 장을 겹친다. 결을 따라 얇게 채를 썬다. 행주로 싸서 물에 담근 후 문질러 점액질과 냄새를 제거한다.
❻ 은행 알맹이는 데바보초의 등으로 두드려 껍질을 부숴 꺼낸다. 약 160도로 가열한 기름에 스아게 한다.

네리미소를 만든다
❼ 대파의 흰 부분은 굴려가면서 칼끝으로 결을 따라 칼집을 낸다.
❽ 끝에서부터 송송 썬다.
❾ 대파 흰 부분을 제외한 네리미소의 재료를 섞어 중탕한다. 나무 주걱으로 퍼올리면 천천히 떨어질 정도의 농도가 될 때까지 갠다. 식으면 잘라놓은 대파를 넣고 섞는다.

그릇에 담는다
❿ 물기를 닦아낸 목련잎에 네리미소를 깔고 재료를 담고 대파 채를 올린다. 숯을 피워넣은 화로에 석쇠를 얹고 목련잎을 올린다.

77

슈토

이타나마후

재료(4인분)

전복(350g)	2개
영귤(동그랗고 얇게 슬라이스)	2개

슈토지
- 슈토 ············ 50g
- 청주 ············ 150㎖
- 미림 ············ 5㎖
- 국간장 ············ 5㎖

기모다레
- 전복 내장 ············ 2개 분량
- 도사조유 ············ 15㎖
- 알코올 날린 청주 ············ 50㎖
- 알코올 날린 미림 ············ 10㎖
- 슈토지 ············ 15㎖
- 물에 녹인 칡전분 ············ 1큰술
- 영귤즙 ············ 1개분

오이 ············ ½개
잎새버섯 ············ 35g
이타나마후 ············ 25g

쓰케지
- 다시 ············ 200㎖
- 미림 ············ 25㎖
- 소금 ············ 소량
- 국간장 ············ 20㎖

고마시라즈
- 두부 ············ 50g
- 네리고마 ············ ½큰술
- 설탕 ············ ¼큰술
- 소금 ············ 소량
- 국간장 ············ ¼작은술
- 식초 ············ ¼큰술
- 다시 ············ 적량

베니타데 ············ 적량
다시마 ············ 적량

※소금

전복 이시야키
あわび石焼き

뜨겁게 달군 돌에 선도가 아주 좋은 어패류를 살짝 굽는 조리법인 이시야키. 가쿠시 아지를 이용해 슈토지, 영귤의 산미를 가미한 기모다레를 곁들인다. 아시라이는 오이, 잎새버섯, 이타나마후를 넣은 깨와 두부, 식초를 가미한 무침 고마시라즈 아에모노로 한다.

조리의 포인트

1. 돌을 뜨겁게 달군다.
2. 전복 표면에 칼집을 넣는다.
3. 곁들임인 고마시라즈 아에모노는 제공 직전에 무친다.

전복은 살이 단단하므로 부드럽게 먹기 위해선 살짝 굽거나 부드러워질 때까지 장시간 익혀야 한다. 뜨겁게 달군 돌에 표면만을 살짝 익혀 회 같은 식감, 향, 풍미를 맛볼 수 있다. 질기지 않고 다레가 잘 묻어나도록 표면에 칼집을 넣어둔다.

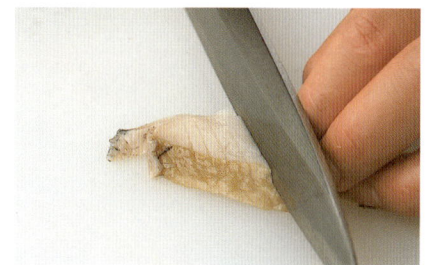

만드는 방법

고마시라즈 아에모노를 준비한다

❶ 두부는 행주로 싸서 작은 트레이 위에 올려두고, 같은 크기의 트레이를 얹어 눌러놓는다. 약 30분간 두면 손으로 뚝뚝 떼어낼 수 있을 정도로 물기가 빠진다.

❷ 오이는 소금을 뿌려 이타즈리하고, 이로다시한다. 냉수에 담가 식힌 후 물기를 닦고, 세로로 2등분한다. 씨를 제거한 뒤 얇게 어슷썰기한다. 다시마를 넣은 다테지오(소금 3%)에 약 10분간 절인다. 숨이 죽으면 건져 물기를 짠다.

❸ 쓰케지를 한번 끓인 후 식힌다.
• 잎새버섯은 잘게 찢어, 끓는 물에 소금을 넣고 살짝 데친다. 물에 담가 식힌 후 건져 물기를 제거한다. 쓰케지의 절반을 부어둔 그릇에 담가놓는다.
• 이타나마후는 남은 절반의 쓰케지에 살짝 삶아 그대로 식힌다. 3cm 길이, 5mm 폭으로 자른다.

❹ 고마시라즈를 만든다. ❶의 두부를 체에 내린 후, 절구에 네리고마와 넣고 곱게 간다. 조미료와 다시를 순서대로 넣으며 곱게 갈아준다. 다시 한번 체에 내린다.

전복을 준비한다

❺ 전복은 미즈아라이한다(195쪽 참조). 끓는 물에 전복 내장을 넣고 약 2분간 삶아 냉수에 넣고 식힌 후 체에 내린다.

❻ 전복 살은 약 5mm 두께로 비스듬히 썬다. 전복 양면에 2~3mm 간격의 칼집을 넣는다.

슈토지와 기모다레를 만든다

❼ 청주 100㎖에 슈토를 살짝 씻어 소금기를 연하게 한 뒤 체에 밭쳐 물기를 뺀다. 냄비에 남은 청주와 그 외의 재료를 섞어 약불로 가열하여 감칠맛을 끌어낸다. 체에 내려 식힌다.

❽ 냄비에 전복 내장, 도사조유, 알코올 날린 청주, 알코올 날린 미림을 넣고 가열한다. 끓어오르면 물에 녹인 칡전분을 넣어 점성을 높인다. 다시 끓여 전분 냄새를 날리고, 얼음물에서 재빨리 식힌다. ❼의 슈토지 15㎖와 영귤즙을 넣어 간을 맞춘다.

고마시라즈 아에모노를 만들어 완성한다

❾ ❷와 ❸의 물기를 빼서 고마시라즈로 버무린다. 그릇에 담고, 베니타데를 덴모리한다.

❿ 이시야키 전용의 돌은 직화로 약 1시간 구워 호로쿠에 넣는다. 전복과 영귤을 번갈아서 담고 슈토지를 끼얹는다. 전복을 돌에 살짝 구워 기모다레를 묻힌다. 다레에 묻혀 구워도 좋다.

오리가슴살 가오리야키
合鴨むね肉の香り焼き

오리가슴살 껍질에 칼집을 넣고 프라이팬에 구워 기름을 뺀 후, 오븐에 넣어 안쪽을 익힌다. 굽는 방식을 바꿔 2단계에 걸쳐 익히는 요리다. 신맛과 단맛이 적당한 발사믹소스와 함께 제공한다.

오리가슴살

재료(4인분)

오리가슴살(600g)·················· 1장
다레
- 꿀 ······························· 65g
- 머스터드 ························· 25g
- 진간장 ·························· 15㎖
- 흑후추 ·························· 적량

발사믹소스
- 다시 ··························· 200㎖
- 발사믹 식초 ······················ 50㎖
- 포트와인(포르투갈의 주정강화 와인) ······ 50㎖
- 레드와인 ························ 50㎖
- 진간장 ·························· 10㎖
- 물에 녹인 칡전분® ············· 1작은술
아스파라거스(30g)··················· 1대
대파(흰 부분)······················ 1뿌리

※소금, 후추
® 칡전분을 동량의 물에 녹인다

조리의 포인트

1 프라이팬을 가열하여, 약불에 껍질을 굽고, 색이 나면 뒤집어서 살을 살짝 굽는다.
2 어느 정도 익었는지를 확인해보고 휴지시킨다.

오리고기를 오븐에서 꺼낸 직후 곧바로 자르면 육즙이 빠져버린다. 또 겉만 익고 안쪽은 아직 날것에 가깝다. 그래서 육즙이 안정되고, 중심부에도 열이 전달되어 옅은 붉은색이 될 때까지 휴지시켜야 한다. 휴지시키는 시간은 구운 시간과 동일하며, 따뜻한 곳에 놓아둔다.

만드는 방법

오리가슴살과 다레를 준비한다

❶❷ 오리가슴살 주위의 불필요한 기름기를 잘라낸다. 스지(힘줄) 부분을 잘라낸다.
❸ 껍질에 1cm 간격으로 살 근처까지 칼집을 낸다.
❹ 트레이에 소금과 후추를 뿌리고, 가슴살을 올린다. 가슴살 위로도 소금과 후추를 뿌려 손으로 전체에 고루 문지른다.
· 다레의 재료를 잘 섞어놓는다.

오리가슴살을 프라이팬에 굽는다

❺ 프라이팬을 달궈 오리가슴살의 껍질이 밑으로 가게 올린다. 약불로 천천히 구워 불필요한 기름을 빼낸다. 껍질이 노릇해질 때까지 굽는다. 여기서 확실하게 구워야 다레가 잘 묻는다.
❻ 구우면서 빠진 기름은 모조리 버린다.
❼ 뒤집어서 살을 살짝 구운 뒤 건져서 표면의 기름기를 페이퍼타월로 닦아낸다. 오븐플레이트에 껍질을 위로 가게 놓고 다레를 바른다.
❽❾ 200도로 예열한 오븐에 넣고 약 10분간 구운 후 꺼내서 가슴살 정가운데에 쇠 꼬치를 찔러 5초간 기다린 뒤 꼬치를 빼서 입술 밑에 대어본다. 약간 따뜻하게 느껴지면 중심까지 익은 것이다.
❿ 구워진 오리가슴살을 석쇠 위에 올려놓고 알루미늄포일로 덮어 구운 시간과 같은 시간 동안 휴지시킨다.

발사믹소스를 만든다

물에 녹인 칡전분을 제외한 재료를 냄비에 넣고 소스가 30~40% 남을 때까지 조린다. 국자로 저어가면서, 물에 녹인 칡전분을 넣어 점성을 높인다. 다시 한번 끓여 칡전분의 전분 냄새를 날린다.

아시라이를 준비한다

아스파라거스는 2mm 두께로 얇게 자른다. 끓는 물에 소금을 넣고 살짝 데쳐 얼음물에 넣어 식힌다. 건져서 물기를 제거한다. 대파의 흰 부분은 얇게 채를 썬다(71쪽 참조).

그릇에 담는다

오리가슴살을 3~4mm 두께로 자르고 그릇에 담는다. 아스파라거스와 채 썬 대파를 섞어 곁들이고, 발사믹소스를 끼얹는다.

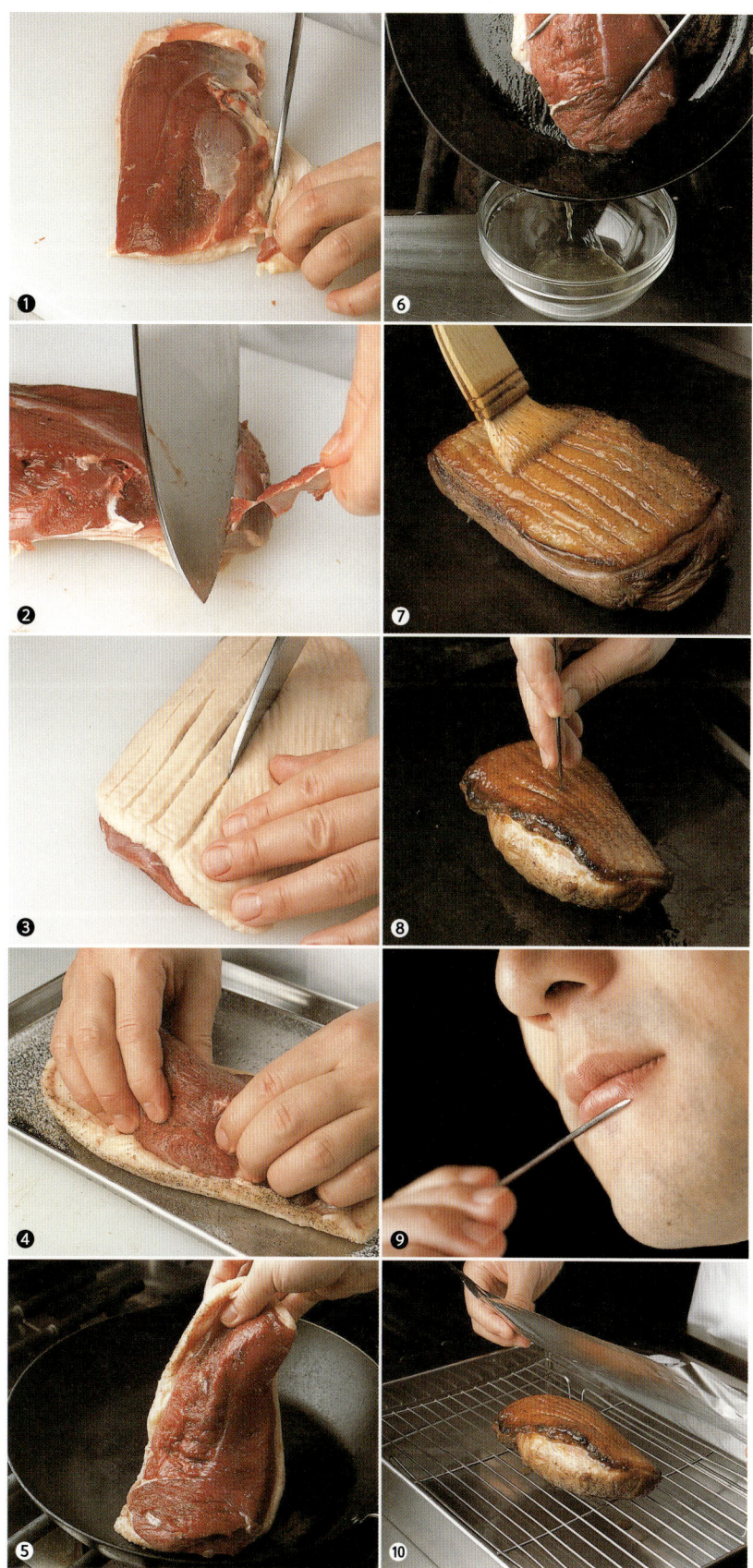

꼬치고기 이치야보시
かます一夜干し

사카시오에 담근 꼬치고기를 그늘에 말려 살짝 굽는다. 수분을 적당하게 빼고, 감칠맛을 응축시켜, 마지막에 가케지로 수분과 풍미를 보충해 구워낸다.

식용 국화

재료(4인분)
꼬치고기(200g) ······························ 2마리
사카시오
· 청주 ·· 250㎖
· 물 ··· 250㎖
· 소금 ·· 20g
· 다시마 ··· 10g
가케지(완성용)
· 다시 ·· 100㎖
· 청주 ·· 100㎖
· 국간장 ·· 20㎖
· 미림 ··· 20㎖
· 다시마 ··· 2g
은행 ··· 12개
식용 국화(자주색, 노란색) ············· 각각 3송이
아마즈
· 식초 ·· 100㎖
· 물 ··· 100㎖
· 설탕 ·· 45g
· 소금 ·· 소량
유자(동그랗게 자른 것) ··················· 1개
※소금, 식초

이치야보시는 수분을 빼고 감칠맛을 응축시키기 위해 소금을 뿌려 하룻밤 말린 생선을 말한다. 소금을 고르게 뿌리기 어려운 작은 생선은 소금물에 담가 전체에 고루 간을 들이고 적당히 그늘에서 말린다. 살이 얇기 때문에 장시간 건조시키면 바짝 말라버리므로, 표면의 수분이 날아가고 쫀득한 상태가 될 때까지 말린다.

조리의 포인트

1 꼬치고기를 사카시오에 약 30분 담가 소금기를 줘 감칠맛을 더한다.
2 3시간 동안 그늘에서 말린다.

만드는 방법

사카시오와 가케지를 만든다
- 볼에 청주, 물, 소금을 넣고, 고루 저어서 소금을 녹인다. 다시마는 물기를 꽉 짠 젖은 행주로 훑어준 후 넣는다. 1시간 놓아둔다.
- 볼에 다시마를 제외한 가케지 재료를 넣고 섞는다. 다시마를 넣고, 1시간 놓아둔다.

꼬치고기를 준비한다
❶ 꼬치고기를 다이묘오로시(188쪽 참조)하고, 갈비뼈를 떠낸다. 사카시오에 꼬치고기를 담가 약 30분간 절인 후 건져 물기를 제거한다.
❷ 지아이에 박힌 가시를 뽑아낸다. 가시를 확인하고, 살을 누르면서 뽑아낸다.
❸❹ 꼬리 부분에 쇠 꼬치를 꿰어 약 3시간 그늘에서 말린다.
❺ 표면이 살짝 말라 있고, 젖지 않은 손으로 만져봤을 때 끈끈한 느낌이 들 때까지 말린다.

꼬치고기를 굽는다
❻❼ 꼬치고기를 3조각으로 자른다. 석쇠를 구이 화구에 얹어 강불로 하고 불에서부터 멀리 떨어뜨려 껍질부터 굽기 시작한다. 노릇해지면 뒤집는다.
❽ 살이 노릇해지면 가케지를 꼬치고기의 양면에 조리용 붓으로 바른다. 소스가 마를 정도로 불을 쬐서 구워낸다.

은행을 볶는다
❾ 은행은 뾰족한 부분을 위로 가게 놓고, 데바보초 등으로 두드려 껍질을 부순다. 다테지오(소금 3%)에 담가 약 20분간 둔다. 냄비에 소금 적량과 은행을 넣고 중불에서 가라이리한다. 껍질에 색이 나면 건져내고, 껍질과 속껍질을 벗긴다.

국화꽃 아마즈즈케를 만든다
❿ 아마즈를 만든다(157쪽 참조). 끓는 물에 식초를 약간 넣어 식용 국화 꽃잎을 30초간 데친다. 체에 밭쳐 흐르는 물에 넣고 3분간 씻어낸 후 건져 물기를 제거한다. 꽃잎을 소량의 아마즈로 씻은 후 물기를 짠다. 남은 아마즈에 담가 맛을 들인다.

그릇에 담는다
꼬치고기와 유자를 교차로 겹쳐 담는다. 볶은 은행을 뿌리고, 식용 국화 아마즈즈케를 곁들인다.

83

제4장 / 煮物 조림
니모노

니모노란 재료를 물이나 다시, 조미료 등과 함께 가열하여 본연의 맛을 살려 맛있게 변화시키는 요리다. 식당의 주방에서 조림을 담당하는 니카타煮方는 주방장에 버금가는 중요한 위치이다. 어떻게 보면 평범한 업무일 수도 있다. 쓰쿠리를 담당하는 무코이타向板처럼 화려하지는 않지만, 요리사로서 갖추어야 할 재료에 대한 안목, 재료를 조합하는 방법과 자르는 방법, 익히는 정도, 간, 담음새까지, 요리에 없어서는 안 되는 종합적인 지혜와 기술, 감이 필요한 것이다. 니모노는 이렇듯 어렵고 내공이 필요한 업무라 할 수 있다.

니모노는 깊은 내공이 필요한 만큼 종류도 굉장히 많다. 생선 니쓰케, 아라니, 무시니, 기미니, 하카타니, 오로시니 등 조리 방법에 각각 차이가 있는 조림과 구소쿠니나 가쿠니, 사와니 같은 소재를 자르는 방법이나 완성된 모습에 특징이 있는 조림, 미소니, 스니, 미쓰니 등 사용되는 조미료에 따라 분류되는 조림 등 나열하면 끝이 없을 정도이다.

그중에서도 조림 기술의 기본이라 불리는 것은 다키아와세이다. 어패류나 채소, 건어물 등 궁합이 좋은 2종류 이상의 재료를 각각 조려 한 개의 그릇에 함께 담는다. 색, 형태, 향, 식감을 균형 있게 조합해야 한다. 봄의 미역과 죽순을 뜻하는 와카다케若竹, 가을의 갯장어와 자연송이를 뜻하는 하모마쓰はもまつ처럼 상승효과를 불러일으켜 계절의 걸작품으로 완성시켜야 한다.

앞에서 나열한 대부분의 니모노 맛을 결정하는 중요한 요소가 바로 '다시'다. 다시마와 가다랑어로 뽑은 1번 다시, 2번 다시, 쇼진 다시, 재료에서 추출한 다시 등은 재료나 목적에 맞게 조미료를 첨가하여 각각 다르게 사용한다. 다시뿐만 아니라 불 조절, 조미료, 타이밍 등 냄비 속에서 복잡하게 뒤엉키는 여러 요소가 있지만, 맛있는 니모노가 완성되는 건 그것을 얼마나 잘 컨트롤할 수 있는지에 달려 있다.

조리의 포인트

Point 1
재료의 준비를 꼼꼼하게

토란 같은 단단한 재료는 떫은 맛을 머금고 있는 점액질을 제거하고 미리 삶아 부드럽게 해두면 조릴 때 부서지지 않고 속까지 맛을 충분하게 들일 수 있다. 이파리가 있는 채소는 이로다시하고 냉수에 담가 퇴색되는 것을 막는다. 이렇게 하면 너무 익어 물러지지 않고, 색감 좋게 완성할 수 있다. 어패류는 시모후리하면 비늘과 피, 점액질을 씻겨 비린내가 제거되고, 니지루가 탁해지는 것을 방지할 수 있다. 조리기 전에 이러한 수고를 더하면 잡미 없이 깔끔한 맛으로 완성할 수 있다.

Point 2
냄비의 크기와 재료의 양, 오토시부타 활용을 고민

조림에 사용하는 냄비는 열이 전체에 고르게 전해져 불을 꺼도 천천히 식는 두꺼운 것이 좋다. 쉽게 타지 않고, 재료 속까지 확실하게 맛을 들일 수 있기 때문이다. 냄비의 크기는 재료의 크기나 양에 따라서 선택한다(사진 Ⓐ). 니지루를 재료에 충분히 퍼지게 하려면 오토시부타를 사용한다. 나무와 종이 재질 중 목적에 맞게 고르면 된다. 일반적으로 적당한 무게의 나무 재질을 사용하지만 재료가 매우 부드럽거나 니지루가 적어 표면이 마르기 쉬운 경우엔 종이 재질을 사용한다.

시타니나 시모후리로 냄새나 불순물을 제거한다

니모노의 재료는 냄새나 불순물을 사전에 제거해야 한다. 토란 같은 단단한 재료는 불순물을 포함한 점액질을 제거, 미리 삶아 부드럽게 해두면 조릴 때 부서지지 않고 재료 속까지 간을 들일 수 있다.

냄비의 사이즈는 재료의 크기와 양을 보고 선택한다

재료에 비해 냄비가 너무 크면(사진 Ⓑ), 니지루가 많이 필요하게 되고, 반대로 재료에 비해 냄비가 너무 작으면, 재료가 겹쳐져 조릴 때 부서질 수 있다. 둘 다 요리하기에 좋지 않다.

Point 3
조미료를 넣는 순서는 '사 시 스 세 소'

사, 시, 스, 세, 소는 '설탕砂糖, 소금塩, 식초酢, 간장しょうゆ, 된장みそ'을 말하는 것으로, 이 순서대로 넣으면 간이 고루 든다고 알려져 있다. 이것은 조미료를 구성하는 분자량과 관계 있다. 소금처럼 분자량이 작은 것이 먼저 침투하면 재료가 조여져 분자량이 큰 설탕은 침투하기 어려워진다. 또, 간장이나 된장 같은 양조품은 장시간 가열하면 풍미가 날아가므로 되도록 마지막 단계에 넣는다. 정확한 분량을 넣어도 타이밍에 따라 맛이 변한다는 걸 알아두자.

Point 4
불 조절과 간은 재료에 맞게 임기응변

불의 세기는 보통 니지루가 끓을 때까지는 강불로, 그 후에는 표면에 가볍게 거품이 일 정도로 줄인다.

생선을 조릴 경우, 흰살 생선은 강불에 살짝 익혀 본연의 맛을 살리고, 특유의 향이 있는 등푸른 생선은 시간을 들여 조금 진한 맛으로 완성한다. 냄비 속의 상태나 조리의 목적에 맞게 미세하게 조절할 필요가 있다.

가자미 니쓰케

鰈の煮つけ

시모후리한 가자미를 끓는 니지루에 넣어서 단숨에 조린다. 따뜻하고 폭신한 살에 감칠맛이 나는 니지루를 적셔 맛보는 생선 조림이다.

재료(4인분)

가자미(400~500g)	2마리
니지루	
ㆍ청주	400㎖
ㆍ물	100㎖
ㆍ미림	100㎖
ㆍ설탕	2큰술
ㆍ진간장	60㎖
대파(흰 부분)	2뿌리
생강	40g

생선을 시모후리하면 냄새가 제거되고, 미즈아라이 과정에서 남을 수 있는 비늘, 피, 점액질을 제거할 수 있다. 행여나 물이 너무 뜨거우면 껍질이 터져 조리가 어려워진다. 따라서 끓는 물에 사시미즈를 넣고, 비늘이 잘 벗겨질 정도인 80도로 낮춘 물을 끼얹는다. 표면이 약간 하얗게 변하면 찬물에 담근다. 물의 온도가 너무 낮으면 비늘과 피가 잘 떨어지지 않고 점액질도 남아 버린다.

조리의 포인트

1. 끓는 물에 물을 부어 온도를 낮춘 후 시모후리한다.
2. 비늘과 점액질을 흐르는 물에 씻어낸다.
3. 가자미에 칼집을 넣는다.
4. 적당한 크기의 냄비를 고른다.
5. 니지루가 끓어오를 때 가자미를 넣는다.
6. 생선 비린내가 밸 수 있으므로 냄비 뚜껑 대신 오토시부타를 덮는다.
7. 오토시부타의 주변으로 니지루가 계속해서 끓어오를 만큼 불을 유지한다.
8. 단시간에 조려낸다.

만드는 방법

아시라이를 준비한다
대파(흰 부분)는 뿌리를 잘라내고 3cm 길이로 자른다. 생강은 껍질을 벗기고, 결을 따라 얇게 저며 채를 썬다. 물에 씻은 뒤 물기를 제거한다.

가자미를 손질한다
❶ 가자미 비늘은 바라비키한다(43쪽 참조). 아가미 덮개를 잡고, 아가미를 따라 뼈에 닿을 때까지 깊게 칼집을 넣는다.
❷ 대가리의 방향을 바꾸지 않고 뒤집어, ❶의 칼집에 맞추어 그대로 칼을 넣는다. 대가리와 내장을 함께 잡아당겨 잘라낸다. 물에서 씻은 후 물기를 제거한다. 뼈가 붙은 채로 2등분한다.
❸❹ 가자미를 시모후리한다. 냄비에 물을 끓여 사시미즈한다(약 80도). 가자미를 볼에 넣고, 오토시부타를 덮는다. 가자미에 뜨거운 물이 직접 닿지 않도록 조심히 붓는다. 살이 하얗게 변하면, 바로 흐르는 물에 담가 충분히 식힌다.
❺ 남아 있는 비늘과 피, 점액질을 살펴가면서 손가락으로 닦아낸 후, 물기를 완전히 제거한다.
❻ 생각하지 못한 방향에서 살이 찢어지는 것을 방지하고, 고루 익도록 칼집을 넣는다.

가자미를 조린다
❼ 냄비에 니지루를 넣고 끓기 직전까지 가열한다. 가자미를 낼 때 보일 면을 위로 가게 놓고, 겹치지 않도록 넣는다.
❽ 물에 적셔놓은 오토시부타를 덮고, 오토시부타의 위로 니지루가 살짝 끓어오르도록 불 조절하여 약 10분간 조린다.
❾ 거품을 걷어낸다. 니지루가 오토시부타 위로 올라오지 않을 만큼 졸아들면 오토시부타를 치운 뒤 니지루를 끼얹어가면서 광택이 날 때까지 조린다.
❿ 불을 끄기 전에 대파를 넣는다. 대파의 표면이 니지루로 엷게 물들고 숨이 죽을 때까지 약 2분간 조려서 완성한다.

그릇에 담는다
그릇에 가자미와 대파를 담고, 니지루를 듬뿍 끼얹는다. 채를 썬 생강을 덴모리한다.

차가운 놋페이
冷やしのっぺい

토란, 단호박, 곤약은 맛이 푹 들게 조리고, 오크라는 데쳐서 국물에 담가 간을 들인다. 각각의 재료가 가진 맛을 끌어내 배합한 차가운 다키아와세로 칡전분을 풀어 걸쭉하게 완성한다.

재료(4인분)

단호박	¼개(400g)
단호박 니지루	
· 다시	400㎖
· 설탕	2큰술
· 미림	50㎖
· 국간장	50㎖
· 게즈리가쓰오	5g
토란	12개
토란 니지루	
· 다시	500㎖
· 설탕	1작은술
· 미림	45㎖
· 소금	½작은술
· 국간장	15㎖
· 게즈리가쓰오	5g
곤약	½판
곤약 니지루	
· 다시	300㎖
· 설탕	1큰술
· 미림	60㎖
· 진간장	45㎖
오크라	4개
오크라 쓰케지	
· 다시	200㎖
· 미림	20㎖
· 소금	소량
· 국간장	15㎖
물에 녹인 칡전분※	적량
청유자	½개
쌀뜨물	적량

※ 소금
❋ 칡전분과 동량의 물에 녹인다.

조리의 포인트

1 단호박은 조릴 때 부서지지 않게 가미부타를 덮는다.
2 가쓰오부시를 추가로 더 넣어 조린다. ▶
3 조려지면 그대로 식혀 맛을 들인다.
4 토란은 씻어 말린 후에 껍질을 벗긴다.
5 토란은 점액질을 씻어낸 후 쌀뜨물에 넣고 삶는다.
6 곤약은 가라이리하여 수분을 날린다.
7 오크라는 끓여서 식힌 쓰케지에 넣고 맛을 들인다.
8 단호박과 토란의 니지루를 거른 후 합쳐 요리로 낼 때의 국물로 쓴다.
9 니지루에 물에 녹인 칡전분을 넣고 한소끔 끓여, 전분 냄새를 날린다.

재료를 다시에 조려 맛을 들일 때, 가다랑어의 감칠맛과 풍미를 한층 더 가미하기 위해 게즈리가쓰오를 거즈에 싸서 니지루에 넣고, 함께 조린다. 이것을 오이가쓰오, 또는 사시가쓰오라고 한다. 단호박이나 토란은 또렷한 감칠맛을 내기 위해 오이가쓰오하여 조린다.

만드는 방법

단호박을 조린다

❶❷ 단호박은 씨를 제거하고, 가로세로 2cm으로 자른다. 안쪽에 씨가 붙어 있던, 조릴 때 부서지기 쉬운 부분을 잘라낸다. 녹색 부분을 살짝 남긴다는 생각으로 얇게 껍질을 벗기고 멘토리한다.

❸ 끓는 물에 소금과 단호박을 넣고 오토시부타를 덮는다. 대나무 꼬치가 간신히 들어갈 정도로 데친다. 찬물에 담가 식힌 다음 건진다. 물기를 제거한다.

❹ 냄비에 단호박과 다시를 넣고, 단호박이 부서지지 않게 가미부타를 덮어 조린다. 끓어오르면 설탕, 미림, 거즈로 감싼 게즈리가쓰오를 넣는다(오이가쓰오). 약불에서 약 5분 더 조린다.

❺ 국간장을 넣고 약 10분간 더 조린다.

❻ 불에서 내려 그대로 식히고, 식으면 냉장고에 넣어 맛을 들인다.

토란을 조린다

❼ 토란에 붙어 있는 흙을 씻어내고, 말린 후에 껍질을 벗긴다. 젖은 상태로 벗기면 점액질 때문에 다루기가 어렵다. 양쪽 끝을 잘라내고 토란 모양을 따라 세로로 롯포무키한다.

❽ 물을 듬뿍 받아서 토란을 서로 비벼 씻어 점액질을 제거한다. 점액질에도 불순물이 포함되어 있으므로 이 단계에서 할 수 있는 만큼 제거해둔다. 쌀뜨물에 넣고 오토시부타를 덮어 삶는다. 토란이 가볍게 춤출 정도로 불을 조절하여, 대나무 꼬치가 스윽 들어갈 정도로 부드럽게 삶는다.

❾ 불에서 내려 토란이 부스러지지 않게 오토시부타 위로 물을 조금씩 흘려 물이 투명해질 때까지 씻어낸다. 이렇게 하면 불순물과 쌀뜨물의 냄새가 빠진다. 단호박과 마찬가지로 조린다. 그대로 식혀서 냉장고에 넣고 맛을 들인다.

곤약을 조린다

❿ 곤약의 표면에 촘촘한 격자 모양으로 칼집을 넣고 가로세로 2cm로 자른다. 소금을 뿌려 문지른다.

89

⓫ 끓는 물에 넣고 약 3분간 삶아 체에 건진다. 냄비에 곤약을 넣고 그대로 가열하여 표면이 마를 정도로 가라이리한다. 불을 끄고 여열을 날린다.
⓬ 냄비에 곤약, 다시, 설탕, 미림, 진간장을 넣고 끓인다. 약불로 약 10분간 조린다. 그대로 식혀서 냉장고에 넣고 맛을 들인다.

오크라를 쓰케지에 담근다
⓭ 오크라는 가지가 붙어 있던 부분을 잘라내고 꼭지 주변을 한 바퀴 돌려깎아 벗겨낸다.
⓮ 열이 고르게 전해지도록, 꼭지의 단단한 부분에 열십자로 칼집을 넣는다.
⓯ 살짝 물에 씻고 소금을 듬뿍 묻혀 표면의 잔털을 문질러 제거한다.
⓰ 그 상태로 소금을 넣은 끓는 물에 넣고 데친 뒤 냉수에 담가 식혀서 물기를 제거한다.
⓱ 쓰케지를 끓여 식힌 후 오크라를 담가 맛을 들인다. 냉장고에 넣고 식힌다.

앙을 만든다
⓲ 단호박의 니지루와 토란의 니지루를 면포에 걸러 각각 200㎖씩 냄비에 넣어 섞는다. 가볍게 끓어오르는 상태에서 니지루를 저어가며 물에 녹인 칡전분을 조금씩 넣어 점성을 높인다. 농도는 걸쭉하게 흘러떨어질 정도면 된다.
⓳ 다시 한번 저어가면서 끓여 칡전분의 냄새를 날린다. 투명해지면 냄비째 얼음물에 받쳐 식힌다.

그릇에 담는다
⓴ 단호박, 토란, 곤약, 2cm 길이로 자른 오크라를 그릇에 담는다. ⓳의 앙을 끼얹고, 청유자 껍질을 강판에 갈아 자센을 사용해 뿌린다.

도미 가부라

鯛かぶら

도미 뼈의 감칠맛을 순무의 고급스러운 은은한 맛과 합쳐 담백하게 조려낸 조림이다. 머위의 색과 유자의 향으로 강조한다.

순무

재료(4인분)

도미(1.5kg) 뼈	1마리
순무(중)(300g)	2개
니지루	
· 물	1.3ℓ
· 청주	150㎖
· 미림	80㎖
· 소금	½작은술
· 국간장	60㎖
· 진간장	10㎖
· 생강즙	적량
머위	1대
머위 쓰케지	
· 다시	400㎖
· 미림	30㎖
· 소금	소량
· 국간장	25㎖
유자	1개
산초잎	20장
쌀뜨물	적량
※소금	

조리의 포인트

1 순무는 껍질을 두껍게 벗기고 멘토리한다.
2 쌀뜨물에 삶고, 물에 씻어낸다.
3 도미 뼈를 시모후리하여 비늘, 점액질, 핏덩어리 등을 제거한다.
4 단맛이 나는 조미료를 먼저 넣고, 염분이 들어간 조미료를 나중에 넣는다.

도미 가부라는 도미에서 감칠맛을 뽑아내, 순무에 흡수시키는 요리다. 같은 개념의 요리로 '방어 다이콘'이 있으나, 이것과 비교하기엔 은은한 맛이므로 도미에 비린내나 불필요한 것들이 남아 있지 않도록, 시모후리하여 정성스럽게 손질할 필요가 있다.

만드는 방법

순무를 준비한다

❶ 순무는 잎을 잘라내고, 빗 모양으로 8등분한다. 껍질 안쪽에 질긴 섬유층이 있으므로 껍질을 두껍게 벗긴다.

❷ 조릴 때 부서짐을 방지하기 위해 멘토리한다.

❸ 물에서 약 10분간 씻어서 불순물을 뺀다.

❹ 냄비에 순무, 쌀뜨물을 넣고 오토시부타를 덮어 가열한다. 끓어오르면 표면이 가볍게 끓어오를 정도로 불을 조절해 삶는다.

❺ 대나무 꼬치를 찔러 중심부에 약간 심이 남아 있을 때 불에서 내린다. 순무는 너무 익히면 부서지기 쉽고, 마지막에 다시 한번 더 익히므로 완전히 익기 전에서 불을 끈다.

❻ 오토시부타 위로 물을 조금씩 흘려 식힌다. 이렇게 하면 남은 열로 인해 순무가 완전히 익는 것을 막고, 쌀뜨물의 냄새를 뺄 수 있다. 건져서 물기를 제거한다.

도미 뼈를 준비한다

❼ 도미는 미즈아라이하여 대가리에 가마를 붙여서 자른다. 대가리를 세로로 2등분한 뒤 사진처럼 4개의 부위로 잘라 나눈다(188쪽 참조).

❽ 가마 부분은 지느러미를 짧게 자르고, 살이 두꺼운 부분에 칼집을 넣는다.

❾ 중골에 붙은 지느러미를 잘라버리고, 4~5조각으로 나눈다.

❿ 볼에 도미 뼈를 넣고, 오토시부타를 덮는다. 사시미즈하여 온도를 낮춘 약 80도의 뜨거운 물을 오토시부타 위로 듬뿍 부어 시모후리한다. 생선에 뜨거운 물이 직접 닿으면 껍질이 터져버리거나 살이 찢어지므로 주의한다.

⑪ 곧바로 젓가락으로 천천히 저어준다.
⑫ 뼈가 하얗게 되면 찬물에 넣는다. 남은 비늘이 있는지 손으로 만져보면서 제거하고, 점액과 핏덩어리를 씻어낸다.

머위를 준비한다
⑬ 머위는 냄비에 들어갈 길이로 잘라 정돈하고, 소금을 묻혀 이타즈리하고 약 5분간 둔다.
⑭ 소금을 넣은 끓는 물에 머위를 그대로 넣고, 오토시부타를 덮어 약 3분간 삶는다.
⑮ 냉수에 넣고 식혀서 양쪽 끝부터 질긴 껍질을 당겨 벗겨낸다.
⑯ 머위는 젓가락 정도의 두께로 잘라 정돈한다. 쓰케지 재료를 섞어 끓인 후 식혀 머위를 약 30분간 담가 맛을 들인다.

도미 뼈와 순무를 조린다
⑰ 냄비에 도미의 뼈와 순무를 넣는다. 니지루 재료인 물과 청주도 붓는다. 오토시부타를 덮어 강불로 가열한다.
⑱ 끓어오르면 약중불로 바꾼다. 보글보글 완만하게 끓도록 불 조절하여 거품을 걷어가면서 조린다.
⑲⑳ 도미 눈이 완전히 하얗게 되면 미림을 넣고 약 5분간 조리다가 소금, 국간장, 진간장을 넣고 약 5분 더 조린다. 마지막에 생강즙을 넣고 불을 끈다.

그릇에 담는다
유자 껍질을 벗겨 껍질 안쪽의 흰 부분을 제거하고 얇게 채를 썬다. 물에 살짝 씻은 뒤 물기를 제거한다.
그릇에 도미와 순무를 담고 ⑯의 머위를 따뜻하게 데워 4cm 길이로 잘라 곁들인다. 도미와 순무의 니지루를 끼얹고, 채 썬 유자 껍질과 산초잎을 섞은 것을 덴모리한다.

이세에비 기미니
伊勢えび黄身煮

이세에비에 내장란을 넣은 노른자옷을 입혀 튀긴 후 조린다. 달걀노른자와 기름의 감칠맛이 더해진 아름답고 호화로운 조림이다. 땅두릅의 흰 색감과 아삭한 식감을 더했다.

재료(4인분)

- 이세에비(400g) ········· 2마리
- 기미니 니지루
  · 다시 ················ 800㎖
  · 청주 ················ 100㎖
  · 미림 ················ 150㎖
  · 소금 ··········· ⅔작은술
  · 국간장 ··············· 60㎖
- 내장란 ················· 4개
- 달걀노른자 ············· 6개
- 생강 ·················· 10g
- 땅두릅 ················ ⅔줄
- 땅두릅 니지루
  · 다시 ················ 400㎖
  · 미림 ················· 15㎖
  · 소금 ··········· ½작은술
  · 국간장 ·············· 5㎖
- 산초잎 ················ 12장
- 칡전분 ················· 적량

※ 소금, 튀김용 기름

땅두릅

조리의 포인트

1 옷이 잘 묻도록 이세에비에 칡전분을 버무린다.
2 160도 기름에서 살짝 튀겨 튀김옷의 수분을 뺀다.
3 조용하게 끓어오르는 니지루에 이세에비를 조린다. ···▶

기미니는 재료에 노른자옷이 잘 묻어나지 않기 때문에 녹말이나 칡전분을 묻힌 다음 튀김옷을 입힌다. 또 니지루 속에서 튀김옷이 벗겨질 수 있으므로, 사진 정도로 끓도록 불조절한다.

만드는 방법

땅두릅을 준비한다

❶ 땅두릅은 껍질을 벗겨 지름 1.5cm 정도, 4cm 길이로 자른다. 양 끝에서 중앙까지 교차로 칼집을 넣어 속까지 잘 익고 맛이 잘 배어들게 해놓는다. 갈변되지 않게 자르면 바로 찬물에 담근다.

❷ 끓는 물에 소금을 넣고 땅두릅을 넣어 투명해질 정도로 삶는다. 찬물에 담가 식힌 후 물기를 제거한다.

❸ 땅두릅 니지루의 재료를 섞어 한번 끓이고 땅두릅을 넣는다. 보글보글 완만하게 끓을 정도로 불을 조절해 조린 후 불을 끈다. 그대로 식혀 맛을 들인다.

이세에비 기미니를 만든다

❹ 이세에비의 살을 껍질에서 분리한다(195쪽 참조). 냉수에 살짝 씻어 불순물을 제거하고, 물기를 닦아 놓는다. 세로로 2등분하여 살의 접힌 주름에 맞춰 2cm 폭으로 잘라 나눈다.

❺ 조리용 붓을 사용해 칡전분을 빈틈없이 묻히고, 여분의 가루는 털어낸다.

❻ 볼에 노른자를 넣고 내장란을 더한다. 내장란은 대나무 꼬치로 찔러 구멍을 내어 내용물을 짜낸다. 내장란을 더함으로써 노란색이 진해지고 감칠맛도 증가하며 이세에비의 살에도 잘 버무려지게 된다. 생강 껍질을 벗겨 아주 잘게 다진 후 노른자에 합해 잘 저어 섞는다.

❼❽ 이세에비에 ❻의 옷을 묻혀 160도로 가열한 튀김용 기름에 넣고, 살짝 튀겨 튀김옷만 익힌다.

❾ 냄비에 기미니 니지루의 다시와 조미료를 넣고 섞어 끓인다. 끓기 직전의 자잘한 거품이 일 정도로 불을 조절한다.

❿ ❽의 튀긴 이세에비를 넣고, 오토시부타를 덮어 약 30분간 조린다. 안쪽 살은 덜 익은 정도로 완성한다.

그릇에 담는다

그릇에 이세에비를 담고 ❸의 땅두릅을 데워 곁들인다. 이세에비의 더듬이를 물에 삶아 장식하고, 기미니 니지루를 끼얹는다. 산초잎을 덴모리한다.

둥근가지 아게니
丸なすの揚げ煮

가지를 껍질째 튀기고 나서 다시 조린다. 조림 국물에는 건새우의 감칠맛을 더하고, 작은 홍고추의 매운맛도 살짝 들인다. 가지의 감색이 아름다운, 여름에 어울리는 차가운 일품요리다.

재료(4인분)
- 둥근가지(200g) ··············· 2개
- 가지 니지루
  - • 다시 ··············· 800㎖
  - • 미림 ··············· 60㎖
  - • 설탕 ··············· 1.5큰술
  - • 국간장 ··············· 80㎖
  - • 건새우 ··············· 30g
  - • 작은 홍고추 ··············· 1개
- 생유바 ··············· ½묶음
- 유바 니지루
  - • 다시 ··············· 300㎖
  - • 미림 ··············· 30㎖
  - • 설탕 ··············· ½작은술
  - • 소금 ··············· 소량
  - • 국간장 ··············· 30㎖
- 만간지고추 ··············· 2개
- 만간지고추 쓰케지
  - • 다시 ··············· 150㎖
  - • 미림 ··············· 45㎖
  - • 설탕 ··············· 3큰술
  - • 진간장 ··············· 90㎖
- 양하(동그랗게 송송 썰어서) ··············· 2개
- ※ 튀김용 기름, 식용유

조리의 포인트
1. 칼의 쇳내를 빼기 위해 자른 가지를 물에 살짝 씻는다.
2. 가지의 물기를 확실하게 제거한다.
3. 가지는 색이 짙어지고 젓가락으로 잡았을 때 살짝 우그러들 정도로 튀긴다.
4. 끓는 물을 부어 기름을 씻어낸다.
5. 약불로 살짝 조려 니지루에 담가 맛을 들인다.

가지와 기름은 궁합이 좋아 튀기면 기름의 깊은 맛이 더해져 맛있다. 그러나 튀긴 가지를 그대로 조리면 느끼해지므로, 끓는 물을 부어 기름기를 살짝 씻어낸다. 이를 아부라누키라고 한다.

만드는 방법

가지를 튀긴다

❶ 가지의 꼭지를 잘라내고, 세로로 6등분한다. 물에 살짝 씻는다. 이것은 칼의 쇳내로 인해 잘린 면이 변색되는 것을 막기 위한 것으로 살짝 담갔다 빼면 된다. 수분이 남아 있으면 기름이 튀므로 물기는 확실하게 닦아 제거한다.

❷ 가지를 165도로 달군 튀김용 기름에 넣고 튀긴다. 처음엔 커다란 거품이 일어나지만, 점점 거품이 작아진다.

❸ 가지가 노릇해지고, 젓가락으로 잡았을 때 살짝 우그러들면 건져올린다. 기름에 튀기면 수분이 빠짐과 동시에 맛이 깊어지며 가지의 색이 쉽게 변하지 않게 된다.

❹ 체에 밭치고 뜨거운 물을 끼얹어 기름을 씻어낸다. 물기를 제거해놓는다.

가지를 조린다

❺ 건새우는 끓는 물에 살짝 데쳐 체에 밭친다. 작은 홍고추의 꼭지를 자르고 씨를 빼낸다. 냄비에 니지루 재료를 넣고 끓인다. ❹의 가지를 넣고 가미부타를 덮어 약 3분간 니지루가 조용하게 보글보글 끓도록 유지해 조린다.

❻ 냄비째 냉수에 담가 재빨리 식힌다. 조림 국물에 담근 채로 냉장고에서 식혀 맛을 들인다.

생유바를 조린다

❼ 유바를 3cm 길이로 자른다. 냄비에 니지루를 섞어 끓인 후 유바를 넣고 약 2분간 조린다. 그대로 식혀서 냉장고에 넣고 차게 보관하여 맛을 들인다.

만간지고추에 맛을 들인다

❽ 만간지고추는 꼭지를 제거하고 3cm 길이로 잘라 젓가락으로 씨를 비틀어 빼낸다.

❾ 프라이팬에 식용유 소량을 넣고 가열하여, 만간지고추를 볶는다.

❿ 냄비에 쓰케지를 섞어 끓여 식힌다. 만간지고추를 담가 냉장고에 넣고 식혀 맛을 들인다.

그릇에 담는다

그릇에 가지, 유바, 만간지고추를 담는다. 가지 니지루를 끼얹고, 양하를 덴모리한다.

방어 오로시니

鰤おろし煮

기름이 오른 방어에 소금을 뿌리고, 밀가루를 묻혀 노릇하게 튀겨 조린다.
진한 맛이 나는 방어 아게니를 강판에 간 무로 산뜻하게 완성한다.

재료(4인분)

방어(뱃살)	500g
니지루	
· 다시	1ℓ
· 미림	30㎖
· 설탕	2큰술
· 국간장	50㎖
· 진간장	60㎖
· 무	500g
대파(중간 크기)	4뿌리
시치미	적량

※ 소금, 밀가루, 튀김용 기름

조리의 포인트

1 방어 살에 엷은 소금을 뿌리고, 약 30분간 절인 후 씻는다.
2 강판에 간 무는 집어올렸을 때 수분이 떨어지지 않을 정도로 물기를 짠다.
3 튀김 전체에 골고루 색이 나면 건져올린다.
4 튀긴 방어 살은 단시간에 조린다.
5 완성 단계에서 강판에 간 무와 대파를 넣고 한소끔 끓인다.

오로시니는 니지루에 강판에 간 무(혹은 순무)를 넣어, 기름기가 많은 등푸른 생선 등을 담백하게 맛볼 수 있는 조림이다. 강판에 간 무는 장시간 조리면 좋은 풍미가 날아가버리므로 완성되기 직전에 넣고, 따뜻하게 데워지면 불을 끈다.

만드는 방법

방어를 준비한다
❶ 방어는 2.5cm 두께로 잘라 엷은 소금을 뿌려 약 30분간 놓아둔다. 소금을 뿌려두면 냄새가 빠지고 조릴 때 부서지지 않는다. 물로 살짝 씻고, 물기를 제거한다.

파와 무를 준비한다
❷ 파는 뿌리를 잘라내고, 4cm 길이로 자른다.
❸ 다이콘오로시를 만든다. 무는 껍질을 벗긴다. 트레이 위에 김발을 깔고, 그 위에 강판을 놓고, 무를 간다.
❹ 김발로 겹쳐 수분을 짠다. 손으로 집어올렸을 때 수분이 떨어지지 않는 정도가 좋다.

방어를 튀긴다
❺ 방어 살을 각각 반으로 잘라 밀가루를 듬뿍 묻힌 후 여분의 밀가루는 떨어낸다. 밀가루를 묻히면 노릇한 튀김색이 나며, 감칠맛이 빠져나가는 것을 방지하는 효과를 얻을 수 있다.
❻ 약 180도로 가열한 튀김용 기름에서 튀긴다. 방어를 튀기면 비린내가 누그러지고, 조릴 때 부스러짐도 방지할 수 있다.
❼ 거품이 작아지고 전체에 연한 튀김색이 돌면 건져올린다.

방어를 오로시니한다
❽ 냄비에 니지루 재료인 다시와 조미료를 섞어 끓인다. ❼의 방어 살을 넣는다.
❾ 오토시부타를 덮고 보글보글 끓는 정도로 불을 조절해 약 4~5분 조린다.
❿ 파와 간 무를 넣고 오토시부타를 덮어 한소끔 끓인 후 불을 끈다.

그릇에 담는다
방어와 파를 그릇에 담고, 갈은 무가 듬뿍 들어간 니지루를 끼얹은 뒤 시치미를 뿌린다.

99

전복 무시니

あわびの蒸し煮

찐 뒤 천천히 익혀 맛을 들인 전복에 도톰하게 잘라 아삭아삭한 식감을 살린 흰토란대를 곁들인다.

재료(4인분)

전복(400g) ···················· 2마리
전복 니지루
· 다시 ······················ 600㎖
· 청주 ······················ 400㎖
· 설탕 ······················ 5큰술
· 국간장 ···················· 20㎖
· 진간장 ···················· 70㎖
· 산초열매 쓰쿠다니 ········· 30㎖
흰토란대 ····················· ¼대
흰토란대 쓰케지
· 다시 ······················ 300㎖
· 미림 ······················ 30㎖
· 소금 ······················ ⅓작은술
· 국간장 ···················· 10㎖
※식초, 소금

무시니란 부드러운 재료, 형태를 망가뜨리지 않고 조리고 싶은 재료, 통상적인 조림 방법으로는 질겨져버리기 쉬운 재료를 장시간 가열해야 할 때 쓰는 조리법이다. 직화에서 장시간 조리면 니지루가 졸아버리지만, 무시니하면 염려하지 않아도 된다. 또, 섬세한 불 조절을 할 필요도 없다. 전복은 장시간 가열하면 부드러워지는 재료이므로, 이 방법을 사용한다. 느긋하게 일정한 증기가 오를 정도로 불 조절하고 찌는 도중에 끓는 물을 보충하는 걸 잊어서는 안 된다. 증기가 맺혀 니지루에 떨어져 간이 연해지지 않도록 용기를 밀폐해서 찌도록 한다.

조리의 포인트

1 토란대를 씹는 식감이 남을 정도로 데친다.
2 찜기에 김발을 깔고, 가열하여 증기를 올린다.
3 전복을 약 2시간 무시니한다.
4 전복을 니지루에 담가 10~12시간 두어 맛을 들인다.

만드는 방법

흰토란대를 준비한다

❶ 냄비에 흰 토란대 쓰케지 재료를 섞어 한소끔 끓인 후 식힌다. 흰토란대의 껍질을 양 끝부터 칼로 벗겨낸다. 약 1cm 각의 두께로 하여 세로로 찢는다.

❷ 물 1ℓ에 식초 약 30㎖를 섞은 식초 물에 약 15분간 담근다. 오토시부타를 덮어 떠오르지 않도록 눌러놓는다. 식초 물은 흰토란대의 불순물을 빼주고 변색을 방지한다.

❸ 토란대는 벗겨둔 껍질로 묶어 정돈해서 끓는 물에 소량의 식초를 넣고 오토시부타를 덮어 삶는다. 식초는 흰토란대의 변색을 막기 위해 넣는 것이다.

❹ 토란대가 숨이 죽으면 냉수에 담근다. 식으면 수분을 짜낸다. 토란대는 아삭아삭한 식감이 남아 있어야 한다.

❺ ❶의 쓰케지를 소량 덜어 토란대를 씻는다. 이를 다시아라이라고 한다. 물기를 짠 후, 쓰케지에 30분쯤 담가 맛을 들인다.

전복을 무시니한다

❻ 전복을 미즈아라이한다(195쪽 참조). 전복 내장은 약 2분간 삶아 익히고, 냉수에 넣어 식힌다. 식으면 건져서 물기를 제거한다. 냄비에 전복 니지루의 재료를 섞고 한번 끓인다. 전복을 넣은 용기에 니지루를 옮겨 담고, 알루미늄포일로 빈틈없이 덮어준다.

❼ 증기가 오른 찜기에 김발을 깔고, 전복이 들어 있는 용기를 넣어 약불에서 약 2시간 찐다.

❽ 전복 중앙에 대나무 꼬치를 찔러 부드러워졌는지 확인한다. 찜기에서 용기째 꺼내어 그대로 식힌다.

❾ 니지루에서 전복을 건져낸다. 니지루를 냄비에 옮겨 담고 10% 정도 조린 후 맛을 보고 식힌다. 전복을 다시 니지루에 넣고, ❻에서 삶아놓은 전복 내장을 넣는다. 10~12시간 그대로 담가 맛을 들인다.

그릇에 담는다

❿ 전복은 세로로 2등분하여, 8mm~1cm 두께로 자른다. 전복 내장은 7mm 두께로 자른다. 토란대는 물기를 살짝 떨어내고, 5cm 길이로 자른다.
그릇에 전복을 담고, 토란대와 전복 내장을 앞쪽에 담은 뒤 전복 니지루를 붓는다.

동아 하카타니
冬瓜博多煮

서로 다른 재료를 후쿠오카 하카타에서 생산하는 견직물 모양처럼 포개는 작업을 '하카타'라고 한다.
열을 가하면 부서지기 쉬운 동아와 민물장어를 포개어, 민물장어의 감칠맛을 동아에 고루 스미게 한다. 젓가락이 스윽 들어갈 정도로 부드럽게 완성한다.

동아

재료(4인분)

동아	500g
민물장어(시라야키)	1마리
니지루	
・다시	600㎖
・청주	50㎖
・미림	70㎖
・소금	½작은술
・국간장	45㎖
・게즈리가쓰오	5g
물에 녹인 칡전분◈	적량
양하(동그랗게 잘라서)	2개
생강(강판에 갈아서)	10g
칡전분	적량

※소금, 청주
◈ 칡전분과 동량의 물에 녹인다.

동아는 본연의 맛이 담박하므로, 감칠맛이 농후한 민물장어와 조합해 하카타로 하여 조려서 간을 들인다. 포갠 재료 모두 똑같이 부드러워지도록 가열하는 것이 하카타니의 중요한 포인트. 조릴 때 부스러지기 쉬우므로, 거즈에 싸서 약불로 조려 간을 들인다.

조리의 포인트

1 동아의 껍질을 얇게 벗긴다.
2 부드러워질 때까지 삶은 후 조려 맛을 들인다.
3 칡전분을 듬뿍 묻혀 접착력을 준다.
4 포개어 찌고 식은 후에 자른다.
5 거즈로 감싸 약불에서 조려 간을 들인다.

만드는 방법

동아를 준비한다

❶ 동아는 나가시칸(11×14cm)의 크기에 맞춰 자르고 껍질을 얇게 벗긴다.

❷ 끓는 물에 소금을 넣고 ❶을 넣어 대나무 꼬치가 스윽 들어갈 정도로 부드러워지면, 냉수에 넣어 식힌다. 식으면 건져서 물기를 제거한다.

❸ 냄비에 니지루의 다시와 조미료를 섞고 끓기 시작하면 ❷의 동아와 거즈에 싼 게즈리가쓰오(오이가쓰오)를 넣는다. 가미부타를 덮고 약불에서 10분쯤 조린 후, 그대로 식혀 맛을 들인다.

동과와 민물장어를 하카타한다

• 초벌구이한 민물장어에 청주를 뿌려 김이 오른 찜기에 넣고 약 3분간 찐다. 부드러워지면 칼의 측면으로 가볍게 두드려 살의 두께를 고르게 만든다. 이렇게 해두면 살이 풀어져 동아와 잘 붙는다.

❹ 동아를 7mm 두께로 자르고, 표면의 물기를 제거한 후, 틀에 빈틈없이 늘어놓는다. 조리용 붓으로 칡전분을 바른다.

❺ 민물장어를 틀의 크기에 맞추어 자르고, 동아 위에 껍질이 닿게 포갠다.

❻ 같은 요령으로 칡전분을 바르고 동아를 올린다.

❼ 김이 오른 찜기에 넣고 약중불에서 약 10분간 찐다. 다 쪄졌으면 꺼내어놓고 그대로 식힌다.

❽ 틀에서 꺼내어 4등분으로 자른다. 완전히 식은 상태가 아니면 자를 때 으스러져버린다.

❾ 각각을 거즈에 싸서 얇게 찢은 대나무 껍질로 묶는다. 니지루에 넣고 조용하게 끓어오르게 불 조절하여 약 10분간 조린다. 그대로 식혀 맛을 들인다.

❿ 거즈를 벗기고 2등분으로 잘라 그릇에 담는다. 그대로 김 오른 찜기에 넣고 뜨겁게 쪄낸다.

구즈앙을 만들고, 그릇에 담는다

❾의 니지루 적량을 체에 걸러 끓인다. 물에 녹인 칡전분으로 점성을 약간 높인다. 다시 한번 끓여 투명감을 내고 칡전분의 냄새를 날린다. ❿에 앙을 끼얹고 생강과 양하를 섞어 덴모리한다.

103

돼지고기 미소니
豚の味噌煮

콩비지와 함께 삶아 돼지고기 삼겹살의 기름을 빼고, 시간을 들여 입에서 녹아내리듯 부드럽게 완성한 미소를 넣은 조림이다.

재료(4인분)
돼지고기 삼겹살	600g
생강	20g
콩비지	200g
니지루	
· 다시	600㎖
· 설탕	5큰술
· 미림	30㎖
· 아카미소	70g
리크	½줄
점보 피망(녹색)	1개
리크와 점보 피망 니지루	
· 다시	600㎖
· 미림	45㎖
· 소금	⅓작은술
· 국간장	45㎖
겨자가루	적량

돼지고기 삼겹살을 부드럽게 삶아, 다시와 설탕, 미림으로 맛을 들이고, 마지막에 미소를 넣는다. 미소는 니지루에 푼 것을 2회로 나누어 넣는다. 염분 농도가 진한 조미료를 단번에 넣으면 육질이 단단해지므로, 간을 연하게 하여 육질이 단단해지지 않은 상태로 조리고, 나중에 남은 미소를 넣어 생각했던 맛으로 완성한다.

조리의 포인트

1 돼지고기 삼겹살을 생강, 콩비지와 함께 많은 양의 물에 넣고 삶는다.
2 흐르는 물에 넣고 콩비지를 씻어낸다.
3 다시 한번 삶고, 흐르는 물에 씻어서 콩비지의 냄새를 완전히 빼낸다.
4 돼지고기 삼겹살에 다시와 단맛이 있는 조미료를 넣고 조려 맛을 들인다.
5 미소를 2회에 걸쳐 나누어 넣는다.

 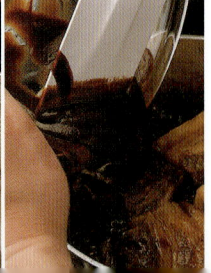

만드는 방법

돼지고기 삼겹살을 삶는다

❶ 돼지고기 삼겹살을 4등분한다. 냄비에 물을 듬뿍 받아 삼겹살, 칼로 때려 으깬 생강, 콩비지를 넣고 오토시부타를 덮어 강불로 가열한다. 물의 표면 한 두 곳이 보글보글 완만하게 끓어오르면 불을 줄여서 2시간 더 삶는다. 도중에 물이 졸아들면 뜨거운 물을 보충한다.

❷ 돼지고기 삼겹살에 얇은 쇠꼬챙이를 찔러 스윽 부드럽게 통과하면, 냄비를 불에서 내린다.

❸ 오토시부타의 위로 물을 흘려, 콩비지를 씻어낸다. 물이 투명해질 때까지 헹군다.

❹ 다른 냄비에 물을 듬뿍 받고 삼겹살을 넣어, 오토시부타를 덮는다. 강불로 가열해서 끓어오르면, ❶처럼 불 조절하여 약 20분간 삶는다. 다시 흐르는 물에 씻어 콩비지의 냄새를 완전히 제거하고 물기를 닦아낸다.

삼겹살을 조린다

❺ 냄비에 ❹의 삼겹살과 다시를 넣고 가미부타를 덮어 강불로 가열한다. 끓어오르면 불을 줄이고, 설탕과 미림을 넣고 10분 조린다.

❻ ❺의 니지루 70㎖를 덜어, 아카미소를 풀어 녹인다. ❺의 냄비에 미소의 ⅔를 넣고 가미부타를 덮어 약불에서 조린다.

❼❽ 니지루 ⅓ 정도가 되면 남은 미소를 넣고 삼겹살에 니지루를 끼얹어가며 조린다. 니지루가 걸쭉해지기 시작하면 삼겹살에 고루 묻혀 완성한다.

아시라이를 준비한다

❾ 냄비에 리크와 점보 피망 니지루 재료를 넣어 끓인다. 점보 피망은 강한 직화에 껍질이 탈 때까지 굽는다.

❿ 물에 담가 탄 껍질을 씻어낸다. 세로로 2등분하여 씨를 제거하고, 가로세로 3cm로 자른다.

❾의 니지루의 절반을 덜어 끓인 후, 피망을 넣고 약 30초간 조린다. 냄비째 냉수에 담가 식힌 후, 그대로 두어 맛을 들인다.

• 리크는 2cm 길이로 자른다. 리크를 남은 니지루에 넣고 약 5분간 조린 후, 그대로 식혀 맛을 들인다.

그릇에 담는다

겨잣가루를 뜨거운 물로 갠 뒤 랩을 씌워 식힌다. 삼겹살, 리크, 점보 피망을 데워 그릇에 담고, 갠 겨자를 곁들인다.

영계 이타메니

若鶏炒め煮

닭다릿살과 곤약, 채소를 손질하여 볶고 조린다. 재료에 기름 막이 있으면 조릴 때 부서지지 않고 감칠맛도 더해진다. 기름을 효과적으로 이용하는 지쿠젠니다.

재료(4인분)

닭다릿살(정육 300g)	1장
건표고버섯	6개
곤약	½판
우엉	80g
당근	80g
연근	80g
피망	2개
작은 홍고추	1~2개

니지루
- 다시 ··············· 600㎖
- 건표고버섯 불린 물 ··· 100㎖
- 청주 ··············· 50㎖
- 설탕 ··············· 4큰술
- 미림 ··············· 30㎖
- 진간장 ············· 70㎖

※ 소금, 식용유

채소에 대나무 꼬치를 찔렀을 때 약간 단단한 느낌이지만 스윽 들어갈 정도로 부드러워지면, 먼저 설탕과 미림 같은 단맛을 넣는다. 간장 같은 것은 염분이 빠르게 침투하고 재료가 단단해지게 하므로 먼저 넣으면 단맛의 조미료가 잘 스며들지 않는다. 그래서 시간차를 두어 나중에 소금과 간장을 넣는 것이다.

조리의 포인트

1. 각각의 재료를 같은 크기로 잘라 익는 시간을 맞춘다.
2. 기름이 재료에 고루 배어들게 한다.
3. 채소가 익으면 설탕, 미림 등의 단맛을 더한다. ⋯▶
4. 냄비 안쪽에 튄 니지루를 수시로 닦아낸다.
5. 피망은 마지막에 넣고, 냄비를 흔들어 니지루를 묻혀 익힌다.

만드는 방법

재료를 손질한다

❶ 건표고버섯은 듬뿍 받은 물에 약 30분간 담가 표면을 부드럽게 불린다. 물을 버리고 꼼꼼하게 씻어 지저분한 이물질과 흙을 제거한다. 물을 새로 듬뿍 받아 건표고버섯을 담고 오토시부타를 덮는다. 5~6시간 천천히 불린다. 부드럽게 불어난 표고버섯의 밑동을 잘라내고 약 5분간 삶은 후 물에 담가 식힌다. 물기를 제거하고 반으로 자른다.

❷ 곤약을 도마 위에 놓고 스푼으로 약 3cm 크기로 뜯어낸다. 칼로 잘라내는 것보다 뜯어내는 쪽이 표면적이 넓어져 맛이 잘 밴다.

❸ 소금을 버무려 문지른 후 2~3분 놓아둔다.

❹ 끓는 물에 넣고 약 3분간 데쳐 수분과 곤약 응고제 냄새를 빼고, 오카아게한다.

❺ 우엉은 비스듬하게 약 3cm 길이로 자른다. 잘린 면을 위로 똑바르게 놓고, 같은 각도로 다시 비스듬하게 약 3cm 길이로 자른다. 이를 란기리라고 한다.

❻❼ 물에 약 5분간 담가 불순물을 뺀다. 끓는 물에 넣고 살짝 데쳐 우엉 특유의 냄새를 뺀다. 갈변 방지를 위해 물에 담가 식힌다. 식으면 건져서 물기를 제거한다. 햇우엉은 데칠 필요가 없다.

❽ 당근과 연근은 껍질을 벗기고, 두꺼운 경우에는 세로로 2~4등분하여 우엉과 같은 크기로 란기리한다. 연근은 물에 담갔다가 건져서 물기를 제거해놓는다.
피망은 꼭지를 잘라내고, 세로로 2등분하여 씨를 제거한 뒤 가로세로 약 3cm로 자른다.

닭고기를 준비한다

❾ 닭다릿살의 불필요한 기름을 잘라낸다. 연골이 남아 있는 경우 잘라서 떼어낸다. 칼턱을 사용해 고기를 두드려 힘줄을 끊어준다.

❿ 껍질을 밑으로 가게 놓고 3cm 너비로 자른다.

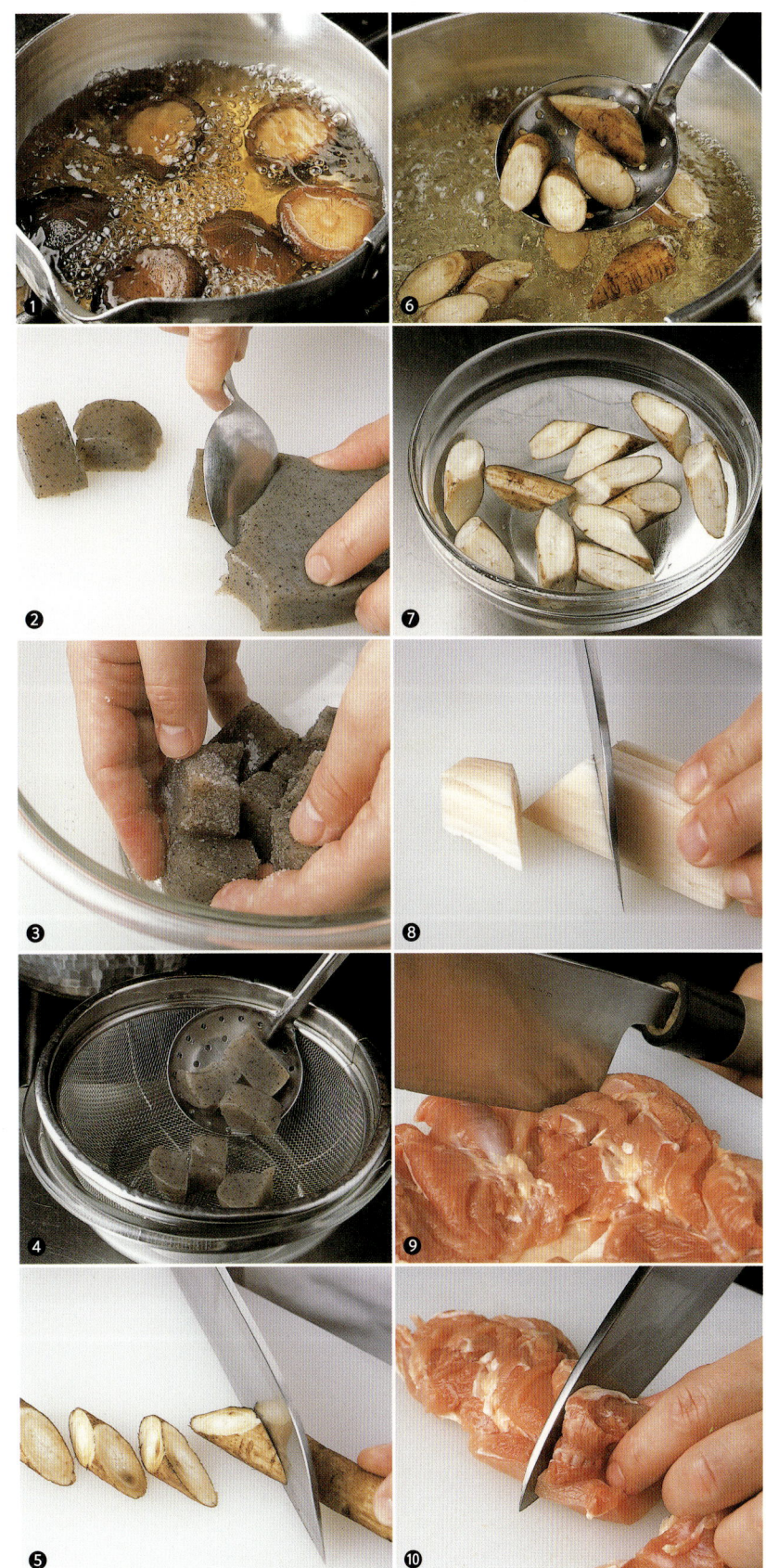

⑪ 왼쪽 앞부분부터 시계 방향으로, 닭다릿살, 곤약, 건표고버섯, 피망, 우엉, 당근, 연근이다. 손질된 모습이다.

이타메니를 완성한다

⑫ 냄비에 식용유 60㎖와 홍고추를 넣고, 약불로 볶아서 식용유에 홍고추의 향과 매운맛을 옮긴다. 홍고추가 검게 변하면 건져낸다. 냄비에 닭다릿살을 넣고 사진처럼 색이 날 때까지 표면을 익힌 후 건져 놓는다. 이렇게 하면 닭고기의 냄새가 빠지고, 닭고기에 기름의 감칠맛도 더해진다.

⑬ ⑫의 냄비에 곤약, 우엉, 당근, 연근, 표고버섯을 넣고 기름이 배어 채소에 광택이 날 때까지 확실하게 볶는다.

⑭ 냄비에 니지루 재료인 다시, 건표고버섯 불린 물, 청주를 넣고 끓어오르면 거품을 제거한다. 중불보다 약간 강한 불로 조절하여 니지루가 보글보글 끓도록 조린다.

⑮⑯ 우엉과 당근에 대나무 꼬치를 꽂았을 때 살짝 저항이 느껴지지만 스윽 들어갈 정도가 되면, 설탕과 미림을 넣는다.

⑰ 니지루가 ⅓로 졸아들면 ⑫의 닭다릿살과 진간장을 넣는다.

⑱ 오토시부타를 덮고 니지루가 보글보글 끓도록 불을 조절하여 맛을 들인다. 냄비 가장자리에 간장이 튀기 시작하면, 타서 눌어붙지 않도록 니지루를 수시로 닦아낸다.

⑲ 오토시부타 위로 니지루가 끓어올라오지 않게 되면 뚜껑을 빼고 냄비를 흔들어 니지루를 전체에 고루 묻힌다. 냄비 바닥에 니지루가 거의 남지 않았을 때 피망을 넣는다.

⑳ 다른 재료와 서로 섞어 익힌 후, 불을 끄고 그릇에 담는다.

야나가와풍 붕장어
あなごの柳川風

미꾸라지와 얇게 채 썬 우엉의 조합으로 알려진 야나가와나베를 부드럽게 조린 붕장어로 만들어본다.
스아게한 가지의 색과 식감을 더하고, 고추장을 약간 넣어 맛에 악센트를 준다.

재료(4인분)

붕장어(손질한 것, 120g) ··········· 2마리
붕장어 니지루
　· 다시 ·························· 200㎖
　· 청주 ·························· 300㎖
　· 미림 ··························· 50㎖
　· 설탕 ··························· 1큰술
　· 국간장 ·························· 50㎖
우엉 ······························ 90g
가지(90g) ·························· 2개
참나물 ··························· ½묶음

달걀 ······························ 4개
산초가루 ························· 적량
야나가와풍 니지루
　· 다시 ·························· 250㎖
　· 청주 ·························· 150㎖
　· 미림 ··························· 70㎖
　· 국간장 ·························· 20㎖
　· 진간장 ·························· 20㎖
　· 고추장 ························ 2작은술
※ 소금, 튀김용 기름

산초가루 야나가와나베

붕장어는 가열하면 부스러지기 쉽기 때문에 신중하게 다뤄야 한다. 니지루에 넣고 바글바글 격하게 끓지 않아야 하고, 오토시부터 위로 니지루 거품이 보글보글 끓어오르도록 불 세기를 유지한다. 조려지면 냄비째 급랭시켜 살을 굳히고, 사진처럼 젓가락으로 아슬아슬하게 들어올려지게 완성한다.

조리의 포인트

1. 붕장어의 점액질을 제거한다.
2. 붕장어를 부드럽게 조린다.
3. 니지루의 청주와 미림은 끓여서 알코올을 날린다.
4. 냄비에 준비한 재료를 넣고, 니지루를 부어 살짝 조린 후 달걀을 풀어넣는다.

만드는 방법

붕장어를 밑손질한다

❶ 붕장어가 부드럽게 움직이도록 도마를 물로 적신다. 그 위에 배를 가른 붕장어를 배를 가르기 전의 모습처럼 올리고, 대가리가 오른쪽, 등이 자신의 정면에 오게 놓는다. 왼손의 엄지와 검지에 소금을 묻혀 미끄러짐을 방지한다. 꼬리에서 등지느러미가 시작되는 지점에 살짝 칼집을 넣고, 그대로 왼손으로 등지느러미를 잡는다. 칼끝을 세워 대가리 방향으로 끌어당기고, 등지느러미를 왼쪽으로 당겨 잘라낸다.

❷ 대가리를 잘라내고, 갈비뼈를 떠낸다.

❸ 누키이타에 껍질면을 위로 가게 놓고, 약간 기울여 끓기 직전의 물을 붓는다.

❹ 껍질 표면이 하얗게 변하면 바로 냉수에 담가 식힌다.

❺ 껍질에 하얗게 붙은 것은 점액질이다. 비린내의 원인이므로 대가리에서 꼬리 방향으로, 칼날로 긁어 제거한다.

❻ 남은 점액질은 흐르는 물에서 정성껏 씻어내고, 물기를 제거해놓는다.

붕장어 조림을 만든다

❼ 냄비에 장어 니지루의 재료를 섞어 끓인다. 냄비의 크기에 맞추어 가로로 2등분한 붕장어를 넣는다.

❽ 끓으면서 떠오르는 거품을 제거한다.

❾ 오토시부타를 덮는다. 뚜껑 위로 거품이 끓어오르는 상태를 유지하며, 약 20분간 조린 후 불을 끈다. 냄비 바닥을 찬물에 담가 식히면서 맛을 들인다.

❿ 붕장어가 부드럽고 확실하게 간이 들었다.

⑪ 니지루를 빼고, 누키이타 위에 껍질을 밑으로 가게 늘어놓고, 휘지 않게 눌러 펼쳐놓는다.

우엉을 사사가키한다
⑫ 우엉은 솔로 문질러 깨끗하게 씻는다. 도마에 놓고 왼손으로 가볍게 굴려가면서 얇은 뿌리 쪽을 향해 연필을 깎듯이 한다. 깎인 것들은 조릿대잎 형태가 된다.
⑬ 우엉의 두꺼운 부분은 세로로 칼집을 여러 개 넣어 ⑫와 같은 요령으로 깎아낸다.
⑭ 깎아둔 우엉은 차례로 물에 담가 5~10분 씻어서 냄새를 빼고, 건져서 물기를 제거한다. 너무 오래 물에 담가놓으면 풍미가 사라지므로 주의한다.

가지와 참나물을 준비한다
⑮⑯ 가지의 꼭지를 잘라내고, 껍질을 얇게 벗겨낸다. 가지 껍질을 벗길 때는 가지를 왼손으로 잡고, 칼턱을 대고, 위에서 아래로 당기면서, 가지를 살짝 왼쪽으로 비틀듯이 움직여 얇게 벗겨간다. 옆에 물을 두고, 칼을 적셔가면서 벗기면 편하다. 가로로 4cm 길이로 자르고, 세로로 4등분한다. 쇳내를 물에 살짝 씻어내고, 물기를 제거한다.
참나물은 뿌리를 잘라내고, 잎을 떼어낸다. 참나물 줄기만 2cm 길이로 자른다.
⑰ 가지는 165도로 가열한 튀김용 기름에 넣고 튀긴다. 거품이 작아지고 표면이 선명한 녹색으로 변하면 건져올린다.

야나가와나베를 완성한다
⑱ 냄비에 연필깎기한 우엉을 간다. 야나가와풍 니지루의 재료인 청주와 미림을 끓여 알코올을 날린다. 다시와 다른 조미료, 고추장을 잘 녹여 니지루를 만든다.
⑲ 우엉 위에 가지, 3cm 너비로 자른 붕장어를 얹는다. ⑱의 니지루를 붕장어가 잠길 정도로 넣고 가열한다. 끓어넘치지 않을 정도로 불을 조절해 약 1분간 끓인다.
⑳ 달걀물을 만들어 풀어넣고, 참나물줄기와 산초가루를 뿌려 뚜껑을 덮는다. 불을 끄고 달걀이 반숙상태가 되도록 뜸 들인다.

독특한 감칠맛이 있는 오징어 내장을 볶아서 향을 끌어내고, 오징어와 조려놓은 토란을 고루 섞어 살짝 조린다.

오징어

재료(4인분)

오징어(300g)	1마리
오징어 니지루	
· 다시	300㎖
· 청주	50㎖
· 미림	30㎖
· 국간장	30㎖
· 진간장	15㎖
· 물에 녹인 칡전분※	4큰술
생강	30g
토란	12개
토란 니지루	
· 다시	500㎖
· 설탕	1작은술
· 미림	45㎖
· 소금	½작은술
· 국간장	15㎖
· 게즈리가쓰오	5g
기누사야	12장
쓰케지	
· 다시	100㎖
· 미림	10㎖
· 소금	소량
· 국간장	5㎖

※ 소금, 식용유

※ 칡전분을 동량의 물에 녹인다.

오징어와 토란 도모와타니
するめいか、子芋の共ワタ煮

조리의 포인트

1. 오징어를 미즈아라이해 껍질을 벗기고, 오징어 귀와 다리를 한입 크기로 자른다.
2. 내장과 생강채를 볶고 향을 끌어낸다. 오징어를 넣고 내장을 고루 묻힌다.
3. 니지루를 넣고 조려놓은 토란을 넣은 뒤 살짝 조린다.

오징어 내장과 생강 채를 같이 볶으면 내장 특유의 향은 살리고, 비린내는 억제할 수 있다. 오징어 도모와타니는 내장의 독특한 감칠맛을 토란에도 함께 묻히는 조림이다. 오징어가 질겨지지 않게 빠르게 조려내는 것이 중요하다.

만드는 방법

토란과 기누사야를 준비한다
토란의 껍질을 벗기고, 부드럽게 삶아낸 후 조려 맛을 들여놓는다(89쪽 참조).
• 기누사야는 질긴 줄기를 제거하고, 끓는 물에 소금을 넣고 데쳐 찬물에서 식힌 후 물기를 제거한다. 4cm 길이로 잘라, 끓여서 식힌 쓰케지에 담근다.

오징어를 준비한다
❶ 오징어 귀가 붙어 있는 쪽을 위로 향하게 놓고, 몸통 정가운데에 직선으로 얕게 칼집을 넣는다.
❷ 몸통 아래 부분을 열어 오른손으로 누르고, 왼손으로 다리를 잡아, 오징어 귀 방향으로 잡아당겨 내장째 떼어낸다. 몸통에 남아 있는 연골을 제거한다.
❸ 떼어낸 내장과 다리는 눈 위쪽을 잘라 나눈다.
❹ 내장에 있는 먹물 주머니는 터지지 않게 제거한다. 내장을 적당한 크기로 자른다.
❺ 눈과 눈 사이에 칼을 넣어 오징어 입과 눈동자를 제거한다.
❻ 다리 끝을 자르고, 긴 다리의 끝에 붙은 빨판을 껍질과 함께 살을 따라 잘라낸다.
❼ 오징어 귀와 몸체가 붙어 있는 지점에 손가락을 넣어 귀를 벗겨낸다. 마른 행주로 몸통의 껍질을 벗긴다. 몸통 겉면에 격자 모양의 칼집을 넣는다. 몸통과 귀를 각각 4cm 길이, 3cm 폭으로 자른다. 다리는 2개씩 잘라 나눈다.

도모와타니를 만든다
❽ 생강을 채 썰어 하리쇼가를 만든다. 냄비에 식용유 15㎖를 넣고 달구고, 채 썬 생강 ⅔와 내장을 넣고 볶는다. 내장이 충분히 익어 고소한 향이 나면, 오징어 살과 다리를 넣고 내장을 고루 묻히며 볶는다.
❾ 니지루의 재료인 다시와 조미료를 넣어 약 3분간 조린다. 완성 직전에 물에 녹인 칡전분을 넣고 걸쭉하게 하고, 다시 한번 끓여 칡전분의 냄새를 날린다.
❿ 토란을 넣고 니지루를 고루 묻혀, 약 2분간 조린다. 기누사야를 넣고 따뜻해질 정도로 조린다.

그릇에 담는다
그릇에 토란, 오징어, 기누사야를 담고, 오징어 니지루를 끼얹는다. 남은 생강 채를 덴모리한다.

제5장 / 揚げ物 튀김
아게모노

아게모노란 뜨겁게 달군 많은 양의 기름 속에서 재료를 익히는 요리로, 덴푸라가 대표적이다. '튀김옷은 바삭하고 고소하며, 속재료는 폭신하고 육즙이 남아 있게, 재료가 가진 맛을 살린다'라는 말에서 보듯이 능숙하게 튀긴 덴푸라의 맛은 누가 먹어도 맛있을 것이다. 이렇듯 한 개의 재료에서 다양한 식감이 탄생하는 것도 '기름에서 튀긴다'라는 조리법의 특징이라 할 수 있다.
'바삭한 식감과 고소함'은 기름에 의한 가열로 튀김옷과 재료에서 수분이 점점 빠져 가벼워지고, 기름의 풍미가 더해져 생긴다. 또 '속재료는 폭신하다'는 것은 기름의 힘으로 고온에서 단시간에 익기 때문인데 재료의 표면이 빠르게 굳어, 맛과 형태가 보존되고, 감칠맛이 응축되며, 영양소의 손실도 적은 장점도 있다.
아게모노는 재료에 아무것도 묻히지 않고 그대로 튀기는 '스아게', 재료에 밀가루나 전분을 직접 묻혀 튀기는 '가라아게', 덴푸라 같이 튀김옷을 묻혀 튀기는 '고로모아게'로 나뉜다. 각각 기름과 튀김옷의 종류, 튀기는 방법에 따라 다채로운 맛을 표현할 수 있다.
이런 기본적인 기법뿐만 아니라 재료의 밑간이나 튀김옷에 변화를 주어 튀긴 것을 '가와리아게'라고 부르며, 다양한 방법으로 즐길 수 있다. 예를 들어 간장으로 간을 한 쓰케지에 담가 튀기면 단풍 색처럼 튀겨지므로 단풍 명소의 이름을 따서 '다쓰타아게', 소면이나 소바를 묻혀 튀긴 '이가쿠리아게' 슈마이나 완탕피를 잘라 튀김옷으로 하면 '미노아게'라고 한다. 이런 이름의 유래에서 보듯이 아게모노에 변화를 추구하고자 한 요리인의 고심을 엿볼 수 있다.
아게모노는 메뉴에 아부라모노油物라고 쓰이기도 한다. 색감도 모습도 특별히 화려한 존재라고 얘기하긴 어렵지만, 담백한 맛이 계속되는 코스 요리의 구성에서 기름의 풍미를 느낄 수 있는 요리가 하나 더해지면서 강한 만족감을 준다. 제철 재료를 선택하여, 바삭하고 가볍게 튀기는 기술을 터득한다면, 계절의 표정도 음식에 함께 담아낼 수 있을 것이다.

조리의 포인트

Point 1
두께와 깊이가 있는 냄비가 필요

아게모노에서 중요한 것은 기름의 온도를 관리하는 것이다. 그래서 기름을 일정한 온도로 유지할 수 있는 두께와 재료가 넉넉한 기름 속에서 떠다니며 튀겨질 수 있는 깊이의 냄비가 필요하다. 냄비의 지름도 매우 중요하다. 단번에 튀길 재료의 양은 기름 표면적의 ½~⅓보다 많지 않게 주의해야 한다.

Point 2
찰기는 튀김의 적 튀김옷의 재료와 도구는 차갑게

덴푸라를 바삭하게 튀기기 위해서는 튀김옷의 찰기를 없애는 것이 중요하다. 밀가루는 찰기의 원인인 글루텐이 적은 박력분을 써야 한다. 글루텐은 휘젓거나, 열을 가하거나, 방치해놓으면 찰기가 나오므로, 튀김옷을 만드는 도구, 가루, 물, 달걀도 냉장고에 넣어 차게 해놓는다. 또, 이것들을 섞을 때는 두꺼운 젓가락이나 거품기로 재빠르게 섞어준다. 밀가루가 조금 덜 풀려도 문제가 되진 않는다.

스아게는 낮은 온도에서 천천히 튀겨 수분을 뺀다

스아게는 재료에 직접 기름이 닿아 급속하게 표면 온도가 올라가면서 색이 안정적으로 정착하므로 색이나 형태를 살리기 위한 재료에 적합하고, 수분이 많은 재료는 적합하지 않다. 고온에서 튀기면 표면이 타버린다. 사진의 가지 스아게는 약 165도에서 튀김을 시작하여, 가지에 색이 나고 수분이 빠져 중심부가 부드러워져 건져낸 것이다.

Point 3
적정 온도를 아는 방법을 습득

달궈진 기름의 온도는 기름 위에 손바닥을 펴서 대보거나, 젓가락으로 기름을 저어보면(저온은 약간 무겁게 느껴지고, 고온은 가볍게 퍼지는 느낌) 알 수 있다. 그러나 초심자는 덴푸라의 튀김옷을 기름에 떨어트려 판단하는 게 좋다. 채소류를 튀길 온도는 튀김옷이 바닥에 가라앉았다가 바로 떠오르는 상태(160~165도), 어패류는 중간까지 가라앉다 떠오르는 상태(170~175도)를 표준으로 한다. 덧붙여 설명하면 바닥에 가라앉았다 떠오르지 않는 온도는 150도 이하, 표면에 튀김옷이 퍼져버리면 180도 이상이라고 볼 수 있다.

Point 4
튀겨졌는지는 거품의 상태로 판단

튀김이 완성됐는지는 단단함, 무게, 색 등 종합적으로 판단해야 하지만 아게모노 전체에 공통적으로 적용할 수 있는 방법은 거품의 상태로 분류하는 것이다.
기름에 재료를 넣으면 처음엔 거품이 많이 나면서 소리도 격렬하게 난다. 이것은 재료에서 점점 수분이 빠져 나가고 있는 상태다. 이 거품이 점점 줄어들고 크기도 작아지면, 중심까지 익어가고 있다고 판단한다.

튀김옷은 찰기가 나오지 않게 저온에서 보관하고, 재빠르게 섞는다

고로모아게의 포인트는 튀김옷 만드는 방법에 있다. 재료는 모두 차게 해두고, 차갑게 해놓은 믹싱볼에 달걀노른자와 냉수를 넣은 뒤 체에 거른 밀가루를 넣는다. 오랜 시간 섞지 않기 위해 덴푸라 전용의 두꺼운 젓가락이나 거품기로 재빠르게 자르듯이 섞는다. 튀기기 직전에 만들어야 하고, 차갑게 보관해서 밀가루에 있는 글루텐의 찰기가 나오지 않게 해야 튀김이 잘 튀겨진다.

닭고기 미소를 끼얹은 가지 스아게

なす素揚げ鶏味噌がけ

가지의 껍질을 벗겨 스아게한다. 꽈리고추, 새송이버섯도 각각 스아게하여, 순한 맛의 닭고기 미소를 끼얹는다. 기름과 가지, 가지와 미소, 궁합이 좋은 재료를 조합하여 덴가쿠를 바른 듯한 모양으로 완성한다.

튀김 냄비

재료(4인분)

가지(70~80g)	4개
꽈리고추	8개
새송이버섯(큰 것)	2개
닭고기 미소	
· 다진 닭고기	100g
· 생강(곱게 다져서)	20g
· 아카미소	150g
· 시로미소	50g
· 달걀노른자	2개
· 설탕	4큰술
· 청주	150㎖
대파(흰 부분)	½뿌리

※식용유, 튀김용 기름

가지를 속까지 익히기 위해 약간 낮은 온도의 기름에 넣고 천천히 튀겨나간다. 최초에는 거품이 쉴 새 없이 일어나지만, 점점 거품이 잦아든다. 표면에 색이 나고 젓가락으로 집었을 때 살짝 우그러들면 익었다는 증거.

조리의 포인트

1 가지를 자르고, 칼의 쇳내를 빼기 위해 물에 살짝 씻어낸다.
2 기름이 튀기는 것을 방지하기 위해 수분을 닦아놓는다.
3 가지를 약 165도의 튀김용 기름에 넣고 튀긴다.

만드는 방법

닭고기 미소를 만든다

❶ 냄비에 식용유 15㎖를 넣고 가열하여 곱게 다진 생강과 다진 닭고기를 넣는다. 나무 주걱으로 풀어 헤쳐 확실하게 볶는다.

❷ 냄비를 불에서 내려 젖은 행주 위에 놓는다. 온도를 낮춰 노른자가 굳거나 미소가 타지 않게 한다. 다른 재료를 넣고 고루 저어 섞는다.

❸ 냄비를 약불로 가열한다. 나무 주걱으로 냄비 밑바닥부터 타지 않게 저어가면서 사진 정도의 농도로 개어서 완성한다.

가지를 준비한다

❹ 가지는 꼭지를 잘라버리고, 가로로 2등분한다. 껍질을 얇게 벗겨내고, 다시 반으로 자른다.

❺ 물에 살짝 씻어 칼의 쇳내를 날린다. 물에 씻지 않으면 불순물이 올라와 자른 면이 변색될 수 있다. 반대로 물에 너무 오래 담가놓으면 가지가 물을 흡수해 튀기는 도중에 기름이 튀거나 다 튀겼을 때 흐느적거릴 수 있으므로 주의한다.

❻ 수분을 확실하게 닦아놓는다.

그 외의 재료를 준비한다

• 꽈리고추는 꼭지를 자르고, 2개의 대나무 꼬치를 젓가락처럼 넣어 씨를 잡고 비틀어서 씨를 제거하고, 절반의 길이로 자른다. 새송이버섯은 결을 따라 약 5mm 두께, 4cm 길이로 자른다.

• 대파는 아주 얇게 채를 썬다(71쪽 참조).

재료를 스아게한다

❼ 약 165도로 가열한 튀김용 기름에 가지를 넣는다. 냄비의 크기, 기름과 가지의 양은 사진 정도로 한다.

❽ 거품 크기가 작아지고 튀김 젓가락으로 가지를 잡았을 때, 중심이 살짝 들어갈 정도가 되면 건져올린다.

❾ 꽈리고추도 약 165도 튀김용 기름에 넣고 튀긴다. 색이 선명해지고 약간 부드러워지면 건져올린다.

❿ 새송이버섯도 약 165도 튀김용 기름에 넣고 튀긴다. 거품이 줄어들고, 새송이버섯 가장자리가 연하게 노릇해지면 건져올린다.

그릇에 담는다

그릇에 가지와 ❾❿을 담고, 따뜻하게 데운 닭고기 미소를 끼얹은 후, 채 썬 대파를 덴모리한다.

에비이모 스아게
えび芋素揚げ

에비이모를 보리새우와 가쓰오부시로 조려 맛을 들인 후 스아게한다. 기름의 진한 맛과 풍미를 입어, 표면은 바삭하게, 속은 폭신폭신하게, 에비이모의 두 가지 식감을 즐길 수 있다.

에비이모

재료(4인분)
에비이모(400g) ························· 2개
조림 국물
· 다시 ································ 800㎖
· 미림 ································· 50㎖
· 설탕 ······························· 2작은술
· 국간장 ······························· 35㎖
· 게즈리가쓰오 ························· 10g
보리새우(30g) ························ 4마리
당근잎 ······························· ½개분
튀김옷
· 달걀노른자 ···························· 2개
· 물 ································· 200㎖
· 밀가루 ······························· 50g
· 옥수수전분 ··························· 50g
미조레다시
· 다시 ································ 250㎖
· 미림 ································· 50㎖
· 진간장 ······························· 50㎖
· 강판에 간 무 ························ 400g
쪽파(곱게 다져서) ···················· ½묶음
흑후추 ································· 적량
쌀뜨물 ································· 적량
※ 밀가루, 튀김용 기름

에비이모는 2가지 방법으로 튀길 수 있다. 스아게한 후에 조리거나 앙을 끼얹어 맛을 들이는 것과 사전에 조려서 간을 들인 후 튀기는 것이다. 여기에선 후자의 방법으로 조리한 것으로, 보리새우의 대가리와 가쓰오부시를 추가로 넣어 확실하게 밑간을 들여놓는다. 보리새우의 대가리를 구워서 비린내를 제거한다. 밑간을 들인 재료는 튀길 때 타버리기 쉬우므로 주의가 필요하다.

조리의 포인트
1 멘토리한 에비이모를 쌀뜨물에 삶는다. 위에서 물을 흘려 식힌다.
2 각각 거즈로 싼 보리새우의 머리와 오이가쓰오를 넣어 에비이모를 조린다.
3 그대로 식혀 맛을 들인다.
4 160도로 오른 기름에 넣어 노릇하게 튀긴다.

만드는 방법

에비이모를 준비한다
❶ 위아래를 평평하게 자르고, 가로로 2등분한다. 세로로 4등분하여 빗 모양으로 자르고, 곡선을 따라서 껍질을 벗긴다.
❷ 멘도리하고, 물에서 10~15분 씻어 전분질과 불순물을 제거한다.
❸ 쌀뜨물에 넣고 오토시부타를 덮어 중불에서 삶는다.
❹ 대나무 꼬치가 스윽 들어갈 정도로 부드러워지면 불에서 내린다.
❺ 오토시부타 위로 조금씩 물을 흘려 식을 때까지 씻어낸다.

에비이모를 조린다
❻ 보리새우 대가리는 등 쪽으로 당겨서 등에 있는 내장과 함께 떼어낸다. 살 쪽은 놓아둔다. 대가리 쪽에 붙은 등내장을 제거하고, 석쇠에 올려 노릇하게 굽는다.
❼ 냄비에 조림 국물 재료인 다시, 미림, 설탕을 넣고 섞어 가열한다. 에비이모, 거즈에 싼 ❻의 보리새우 대가리, 거즈에 싼 게즈리가쓰오를 넣는다. 완만하게 끓어오르도록 불을 조절해 약 5분간 조린 후, 국간장을 넣고, 다시 약 10분간 조린다. 그대로 식혀 맛을 들인다.

에비이모를 튀긴다
❽❾ 당근잎에 밀가루를 묻히고, 튀김옷(121쪽 참조)을 입혀서 165도의 튀김용 기름에 넣어 바삭하게 튀긴다. ❼의 에비이모의 물기를 잘 닦아놓는다. 160도의 튀김용 기름에 넣는다. 처음에는 거품이 쉴 새 없이 일어난다. 거품이 진정되고, 전체에 갈색빛이 돌면 건져올린다.
❿ 튀김용 기름의 온도를 180도로 올려, ❻에서 남겨둔 보리새우 몸통을 살짝 튀긴다. 껍질 색이 붉어지면 건져올린 후, 껍질을 벗긴다. 겉은 익고, 속은 절반 정도 익은 상태로 튀겨낸다.

미조레다시를 만든다
미조레다시 재료인 미림을 냄비에 넣고, 가열해 알코올을 날린다. 다시, 진간장을 넣고 한번 끓인 후, 강판에 간 무를 넣는다.

그릇에 담는다
그릇에 에비이모를 담고, 보리새우, 튀긴 당근잎을 곁들인다. 미조레다시를 끼얹고, 쪽파를 덴모리한 뒤 흑후추를 뿌린다.

고로모아게 3종
衣揚げ三種

가리비 관자 시소 쓰쓰미 / 보리멸 성게알 마키 / 오징어 요세아게

고네바시

재료(4인분)

가리비 관자(40g)	4개
실파(1cm 길이로 자른 것)	10g
잘게 자른 시오콘부	5g
시소잎	8장
보리멸(35g)	4마리
생성게알	8알
오징어회(3cm×3cm로 자른 것)	40g
생표고버섯(버섯갓을 3mm 폭으로 자른 것)	1개
참나물(1.5cm 길이로 자른 것)	¼묶음
말차	5g
튀김옷	
· 달걀노른자	1개
· 물	200㎖
· 밀가루	120g
· 옥수수전분	10g
덴다시	
· 다시	200㎖
· 미림	50㎖
· 국간장	25㎖
· 진간장	25㎖
· 게즈리가쓰오	2g
강판에 간 무	적량
시소 소금	
· 시소코센	2g
· 우마미시오	20g(184쪽 참조)

※ 밀가루, 튀김용 기름

가리비 관자는 칼로 다져 시소잎에 싸고, 보리멸은 성게알을 싸고, 오징어는 생표고버섯과 참나물과 함께 버무려 튀긴다. 같은 튀김옷을 사용하지만, 조금 더 궁리한 고로모아게 모둠이다.

조리의 포인트

1 튀김옷과 재료를 접착시키는 밀가루는 듬뿍 묻힌 뒤 여분의 가루는 떨어낸다.
2 튀김옷을 만드는 도구와 재료는 모두 차게 보관해놓는다.
3 적정 온도의 튀김용 기름에 넣고, 건져올려야 할 순간을 놓치지 않는다.

고로모아게로 만들 대부분의 재료에는 옷을 입히기 전에 밀가루를 묻힌다. 이것을 시타코(下粉)라고 하며, 튀김옷과 재료를 서로 붙이는 접착제 역할을 한다. 시타코는 빈틈없이 묻히고, 여분의 가루는 떨어낸다.

만드는 방법

튀김옷의 재료와 도구를 준비한다
튀김옷을 만들 볼, 달걀노른자, 물, 밀가루는 냉장고에 넣어 차게 해놓는다.

가리비를 준비한다
❶ 가리비 관자의 얇은 막과 하얗고 질긴 부분을 제거한다. 칼로 잘게 다져, 점성을 낸다. 단, 씹히는 식감도 남겨야 하므로 너무 곱게 다지지 말 것.
❷ ❶의 가리비, 실파, 잘게 자른 시오콘부를 볼에 넣고 섞는다.
❸❹ 시소잎 한 편에 밀가루를 묻히고, ❷를 적당량 올려 반으로 접는다. 겉면이 되는 시소잎에 밀가루를 묻히고, 여분의 가루를 떨어낸다.

보리멸을 준비한다
❺❻ 등에 칼을 넣어 손질(190쪽 참조)한 보리멸에 밀가루를 듬뿍 묻히고, 여분의 가루를 떨어낸다. 보리멸의 살에 생선계알을 얹어 돌돌 만다. 말린 끝부분에 이쑤시개를 꽂아 고정시키고, 전체에 밀가루를 묻힌다.

요세아게를 준비한다
❼ 오징어(194쪽 참조), 생표고버섯, 참나물을 볼에 넣고 섞고, 시타코를 전체에 엷게 뿌려 버무린다. 지름 5cm의 원반 형태로 모양을 잡는다.

튀김옷을 만든다
❽ 볼에 노른자와 냉수를 넣고 섞는다. 밀가루와 옥수수전분을 섞어 체에 거른다. 거른 가루를 볼에 붓고, 고네바시나 거품기로 고루 젓는다.

튀긴다
❾ 튀김용 기름을 휘이 저어 전체의 온도를 균일하게 해준다. 약 170도의 기름에 튀김옷을 입힌 시소잎에 싼 가리비 관자를 넣는다. 처음에는 기포가 쉴 새 없이 올라온다.
❿ 기포가 잦아들고 튀김옷은 바삭해져, 들어올렸을 때 가벼운 감이 들면 건져올린다. 보리멸도 같은 요령으로 튀긴다. 요세아게는 말차를 섞은 튀김옷을 입혀 같은 요령으로 튀긴다.

그릇에 담는다
그릇에 튀김 종이를 깔고, 고로모아게를 담는다. 별도의 그릇에 강판에 간 무(99쪽 참조)와 따뜻하게 데운 덴다시(123쪽 참조)를 넣는다. 시소 소금(184쪽 참조)을 곁들인다.

가키아게
かき揚げ

바지락과 새우, 맛과 식감, 색이 다른 채소를 조합해 튀긴다. 튀김옷은 재료가 간신히 붙어 있게 만드는 것이 포인트다.

재료(4인분)

바지락	500g
작은 새우	200g
감자(150g)	1개
셀러리	½대(40g)
화이트 아스파라거스(50g)	2대
참나물(3cm 길이로 자른 것)	½단(25g)
강판에 간 무	250g

튀김옷
· 달걀노른자 … 1개
· 냉수 … 200㎖
· 밀가루 … 110g
· 옥수수전분 … 10g

덴다시
· 다시 … 200㎖
· 미림 … 50㎖
· 진간장 … 25㎖
· 국간장 … 25㎖
· 게즈리가쓰오 … 2g

산초잎 소금
· 산초잎 … 20장
· 우마미시오 … 1큰술(184쪽 참조)

※소금, 청주, 밀가루, 튀김용 기름

조리의 포인트

1 튀김옷을 만들 볼, 달걀노른자, 물, 밀가루는 냉장고에 넣어 차게 보관한다.
2 가키아게하는 채소는 같은 크기의 막대 모양으로 자른다.
3 재료가 간신히 들러붙을 정도의 튀김옷을 넣는다.
4 냄비 벽을 따라 모이게 하여 170도로 가열된 튀김용 기름에 넣고 튀긴다.

대부분의 튀김은 튀김옷에 재료를 넣지만, 가키아게는 시타코를 버무린 재료에 튀김옷을 넣는다. 그 양은 재료가 간신히 들러붙을 정도이며 재료와 고루 섞어 옆으로 모았을 때, 볼의 밑바닥에 튀김옷이 고이지 않을 정도를 기준으로 삼는다.

만드는 방법

바지락과 작은 새우를 준비한다

❶ 바지락은 소금물(물 800㎖에 소금 1.5큰술보다 약간 적게)에 5~6시간 담가 완전하게 해감한다. 흐르는 물에 껍데기를 서로 비벼 지저분한 것들을 씻어낸다.
❷ 냄비에 바지락과 청주 100㎖를 넣고, 뚜껑을 덮고 가열한다. 껍데기가 벌어지면 바지락을 꺼내서 살을 발라낸다.
❸ 작은 새우는 대가리와 등에 있는 내장을 제거한다. 물에 살짝 씻고 물기를 제거한다.

다른 재료를 준비한다

❹ 감자는 껍질을 벗기고, 길이 5cm, 가로세로 3mm로 결을 따라 채 썬다. 물에 약 3분간 담가 씻고, 물기를 제거한다. 셀러리는 껍질을 벗기고, 감자와 같은 크기로 자른다.
❺ 화이트 아스파라거스는 밑동의 질긴 껍질을 벗기고 감자와 같은 크기로 자른다.

재료에 튀김옷을 입힌다

❻ 튀김옷(121쪽 참조)을 만든다.
❼ 차갑게 식힌 볼에 물기를 제거한 재료를 넣고, 밀가루를 전체에 엷게 뿌린다. ❻의 재료 전체를 묻힐 만큼만 튀김옷을 넣는다.

튀긴다

❽ 나무 주걱이나 스푼에 ❼의 재료를 얹어 형태를 잡는다. 170도의 튀김용 기름에 흩어지지 않게끔 냄비 벽에 기대어 집어넣는다. 70% 정도 익으면 뒤집어서 더 튀긴다. 거품이 잦아들고, 튀김에 살짝 색이 나면 건져올린다.

덴다시와 산초잎 소금을 만든다

• 냄비에 미림을 넣고, 가열하여 알코올을 날린다. 다시와 간장을 넣고 한번 끓여준다.
끓으면 가쓰오부시를 넣고 불에서 내린다. 가쓰오부시가 가라앉으면 면포에 거른다.
❾❿ 산초잎은 물로 씻고, 수분을 제거한다. 160도 튀김용 기름에 튀긴다. 페이퍼타월을 겹쳐 기름기를 닦아낸다. 절구에서 곱게 갈다가 우마미시오를 넣고 함께 간다.

그릇에 담는다

그릇에 튀김 종이를 깔고, 가키아게를 담는다. 종지에 강판에 간 무와 덴다시를 넣고, 작은 접시에 산초잎 소금을 넣어 곁들인다.

쑤기미 가라아게
おこぜのから揚げ

냄새가 적은 흰살 생선 쑤기미의 뼈, 지느러미가 붙은 가마, 살에 밀가루를 묻혀 가라아게로 만든다. 각각 고소하게 튀겨질 수 있도록 점점 기름의 온도를 높여 시간차를 두고 튀기는 것이 포인트다. 갓 튀겨진 튀김은 산뜻한 폰즈쇼유에 찍어먹는다.

작은 가지  　　　주키니

재료(4인분)

쑤기미(300g)	4마리
작은 가지	4개
주키니	1개
강판에 간 무	400g
고춧가루	소량
실파	적량
폰즈쇼유	적량

※ 튀김용 기름, 밀가루

가라아게는 튀김옷 자체에 맛을 들이지 않고, 밀가루나 칡전분, 녹말 등을 재료에 버무려 튀긴다. 감칠맛이 빠져나가지 않고 먹음직스런 갈색, 바삭한 식감으로 튀기기 위해서 튀김옷은 확실하게 묻히고, 여분의 가루는 붓으로 떨어낸다. 곧바로 튀기게 되면 튀김옷이 기름에 떨어져 버리므로 잠시 두었다가 재료의 수분으로 인해 튀김옷이 밴 후에 튀긴다.

조리의 포인트

1 살에 칼집을 넣는다.
2 살과 지느러미 붙은 가마, 중골에 밀가루를 빈틈없이 묻히고 2~3분 뒤서 밀가루가 스미게 한다.
3 160도의 튀김용 기름에 중골을 넣고, 점점 온도를 올려가면서 가마, 살의 순서로 튀긴다.

만드는 방법

쑤기미를 준비한다
❶ 쑤기미를 다이묘오로시한다(187쪽 참조). 중골의 정가운데 부분에 데바보초의 턱을 대고, 왼손으로 칼등을 두드려 잘라 2등분한다.
❷ 가마 근처에 칼을 눕혀서 집어넣고, 가마를 잡아 당기면서 꼬리 방향으로 칼을 세워서 밀어 껍질과 살을 분리한다.
❸ 지아이에 박혀 있는 가시를 호네누키로 뽑아내고, 골고루 익도록 4~5mm 간격으로 칼집을 너무 깊숙하지 않게 살의 중간 지점까지 넣고 2등분한다.

작은 가지와 주키니를 튀긴다
❹ 작은 가지는 꼭지를 잘라낸다. 가지를 싸고 있는 가지 꽃받침은 가지를 조금씩 돌려가면서 칼턱으로 동그랗게 도려 모양을 낸다. 칼턱을 밑에서부터 위로 움직여, 표면 전체에 5mm 간격으로 세로로 칼집을 얕게 넣는다. 165도의 튀김용 기름에 넣고 튀긴다.
❺ 주키니는 5cm 길이로 둥글게 자른다. 다시 세로로 6등분을 내고 씨가 붙어 있는 부분을 잘라낸다. 가지를 튀기고 있는 냄비에 넣고, 노릇하게 튀긴 후 건져낸다.
❻ 가지가 다 튀겨졌다면 건져서 기름을 뺀다. 세워서 꽃받침 주위를 잡고, 위에서부터 누르면서 비튼다.

쑤기미를 튀긴다
❼ 쑤기미의 중골, 가마, 살에 밀가루를 고루 묻히고, 여분의 가루는 붓으로 털어낸다. 밀가루는 생선살에 넣어놓은 칼집, 지느러미의 주름 사이에도 빈틈없이 묻혀야 한다. 2~3분간 놓아두어 밀가루가 스미게 한다.
❽❾ 160도로 가열한 튀김용 기름에 뼈를 넣고 튀기기 시작해 점차적으로 기름의 온도를 높인다. 최종적으로 175도 정도까지 올린다. 뼈에 색이 나기 시작하면, 가마를 넣는다. 기포의 양이 적어지면 뼈가 다 튀겨지기 직전에 살을 넣고 살짝 튀긴다.
❿ 살과 가마와 뼈를 동시에 건져올린다.

그릇에 담는다
그릇에 튀김 종이를 깔고, 쑤기미, 가지, 주키니를 담는다. 폰즈에 고춧가루를 묻힌 다이콘오로시와 곱게 다진 실파를 넣어 곁들인다.

영계 다쓰타아게
若鶏の竜田揚げ

재료에 밑간을 하여 두 번 튀겨낸다. 첫번째로 튀길 때는 저온에서 시간을 들여 속까지 튀기고, 바로 이어 두번째로 튀길 때는 고온에서 단시간에 표면을 바삭하게 튀기는 게 포인트다.

재료(4인분)

닭다릿살(정육, 350g) ·················· 1장
닭고기 밑간
· 청주 ······································ 15㎖
· 미림 ······································ 15㎖
· 진간장 ·································· 30㎖
· 생강(다져서) ······················ 1큰술(5g)
· 마늘(다져서) ······················· 1개(2g)
· 유즈코쇼 ······························· 2g
튀김옷
· 쪽파 ····································· 25g
· 달걀물 ··································· ½개
· 녹말 ····································· 80g
밤 ·· 4개
우마미시오 ······················· 적량(184쪽 참조)
※튀김용 기름

니도아게는 재료가 잘 익지 않고 타버리기 쉬운 재료에 적합하다. 먼저 160도의 기름에서 70~80%, 중심부까지 익힌 후 건져올린다. 그런 다음 180도로 높인 기름에 넣고 단시간에 표면을 바삭하고 노릇하게 굳힌다. 이렇게 하면 안은 촉촉하고 겉은 바삭하고 고소한 튀김이 된다.

조리의 포인트

1 닭고기는 힘줄을 자른 뒤 먹기에 편하고 잘 익을 수 있는 크기로 자른다.
2 닭고기를 조물조물하여 밑간을 하고 약 10분간 두어 맛이 들게 한다.
3 160도의 튀김용 기름에 넣고 튀긴다. 일단 건져놓고 기름 온도를 180도로 높여 2번 튀겨낸다.

만드는 방법

닭고기를 준비한다

❶ 닭다릿살 주변에 붙은 불필요한 기름을 잘라내고, 칼턱으로 가볍게 두드려 힘줄을 끊는다.
❷ 먹기 편하게 한입 크기인 가로세로 2.5cm로 자른다.
❸ 볼에 닭다릿살을 넣고, 밑간의 재료를 넣은 뒤 손으로 주무른다. 그대로 약 10분간 두어 맛을 들인다.

밤 센베를 만든다

❹ 잠시 물에 담갔을 때 떠오르는 밤은 벌레가 먹은 것이므로 선별해낸다. 겉껍질이 부드러워지면, 데바보초로 밑부분을 잘라내고, 그 틈을 칼로 들어올리듯이 잡아당겨, 겉껍질 전체를 벗겨낸다. 우스바보초로 바꿔잡고, 속껍질을 밤의 형태에 따라 벗겨낸다. 세로로 2mm 두께로 얇게 슬라이스한다. 흐르는 물에 담가 표면의 전분질을 씻어낸다.
❺ 수분을 제거하고 행주 위에 펼쳐서 표면을 반건조시킨다.
❻❼ 160~165도의 튀김용 기름에 밤을 넣고 스아게한다. 밤에서 수분이 빠져나가면서 기포는 점점 작아지게 된다. 거품이 거의 나지 않고, 밤이 가벼워졌다면 건져올려, 튀김 종이에서 기름을 뺀다. 뜨거울 때 우마미시오를 뿌린다. 그래야 남은 열로 인해 소금이 녹아 맛이 든다.

닭다릿살을 튀긴다

❽ ❸의 닭다릿살이 담긴 볼에 달걀물, 녹말, 잘게 자른 쪽파를 넣고 섞는다.
❾ 160도의 튀김용 기름에 닭다릿살을 넣고, 중불을 유지한다. 온도가 낮은 편이라 닭다릿살은 일단 바닥에 가라앉지만, 잠시 후에 기름의 중간 높이까지 떠오른다. 처음엔 거품이 격렬하게 일어나지만, 점점 진정된다. 70~80% 익은 것들은 표면으로 떠오르게 된다. 거품이 적어지면 일단 건져낸다.
❿ 기름의 온도를 180도로 올려 ❾의 닭다릿살을 집어넣고, 색이 진해지면 바로 건져올린다. 이 단계에서 표면을 바삭하고 노릇한 갈색으로 완성한다.

그릇에 담는다

그릇에 튀김 종이를 깔고, 갓 튀긴 닭고기와 아시라이인 밤 센베를 담는다.

가와리아게 3종
変わり揚げ三種

새우 미노아게
연근 크래커 튀김
아스파라거스 오카키아게

슈마이피를 얇게 채 썰어 보리새우에 묻히고, 연근은 연어와 포개어 크래커를, 아스파라거스는 오카키를 부숴서 묻힌다. 의외의 튀김옷과 재료의 컬래버레이션이다.

재료(4인분)
보리새우(40g)	4마리
달걀흰자	2개
슈마이피	16장
연근	120g
훈제연어(슬라이스)	적량
크래커(플레인)	40g
아스파라거스(50g)	2대
오카키(간장맛)	50g
레몬	½개
우마미시오	적량(184쪽 참조)

※ 밀가루, 튀김용 기름

조리의 포인트

1 보리새우는 오그라들지 않게 배 부분에 칼집을 넣고 손으로 눌러 펴놓는다.
2 아스파라거스는 질긴 껍질을 벗긴다.
3 채소류는 비교적 낮은 온도인 165도에서 튀긴다.

새우류는 가열하면 힘줄이 수축해 동그랗게 말려버린다. 곧게 튀겨내야 하는 경우엔 칼집을 넣어 뽀득거리는 감촉이 느껴지도록 손가락으로 눌러 힘줄을 펴놓아야 한다. 들어올렸을 때 사진처럼 밑으로 처지면 가열해도 거의 오그라들지 않는다.

만드는 방법

보리새우를 준비한다

❶ 보리새우의 대가리를 등쪽으로 꺾으면서 당겨 대가리와 등에 있는 내장을 함께 제거한다. 꼬리 부분을 남기고 껍질을 벗긴다. 꼬리 끝을 잘라 모양을 낸다.
❷ 배에 5~6군데, 중간 깊이까지만 칼집을 넣는다.
❸ 도마 위에 놓고, 등 쪽에서 뿌득 하는 소리가 날 때까지 손가락으로 가볍게 눌러 힘줄을 끊은 뒤 똑바로 편다.
❹ 보리새우를 2등분하여 밀가루를 듬뿍 묻히고, 여분의 가루를 붓으로 떨어낸다.
슈마이피는 1장씩 떼어내어 2cm 길이로 얇게 채 썬다. 잘 풀어놓은 흰자에 적신 슈마이피로 새우를 감싸듯이 눌러 잘 달라붙게 한다.

연근을 준비한다

❺ 크래커를 잘 찢어지지 않는 비닐에 넣고, 밀대 같은 것으로 가볍게 두드려 부순다. 단, 입자는 거친 것이 좋다.
❻ 연근은 껍질을 벗기고, 약 2mm 두께의 원형으로 자른다. 물에 담가 표면의 전분질을 씻어낸 후 물기를 제거한다. 훈제연어는 연근과 같은 크기로 자른다. 연근, 연어의 순서로 5겹으로 쌓는다. 밀가루를 듬뿍 묻히고, 여분의 가루를 붓으로 떨어낸다. 흰자에 넣고 굴린 후 ❺의 크래커를 확실하게 묻힌다.

아스파라거스를 준비한다

❼ 아스파라거스 밑동의 질긴 부분 껍질을 얇게 벗기고, 약 5cm 길이로 자른다. 오카키를 잘 터지지 않는 비닐에 넣고 밀대 등으로 거칠게 부숴놓는다. 붓으로 아스파라거스의 ⅔지점까지만 밀가루를 묻히고, 잘 풀어섞은 흰자에 적셔 오카키를 고루 묻힌다. 오른쪽 위부터 시계 방향으로 보리새우, 아스파라거스, 연근.

튀긴다

❽❾ 연근과 아스파라거스는 165도로 가열한 튀김용 기름에 넣고 튀긴다.
❿ 170도로 가열한 튀김용 기름에 튀김옷을 묻힌 보리새우를 조심스레 넣는다. 기포가 적어지고 튀김옷이 바삭해졌다면 건져올린다.

그릇에 담는다

그릇에 튀김 종이를 깔고 보리새우, 연근, 아스파라거스를 담고, 레몬과 우마미시오를 곁들인다.

병어 가와리아게
まながつおの変わり揚げ

병어에 구루마후를 부숴, 볶은 깨를 섞은 튀김옷에 묻혀 튀긴다.
바삭바삭하고 고소한 가와리아게에, 폰즈쇼유, 시바쓰케, 실파를 넣은 일본풍 타르타르소스를 곁들인다.

구루마후

재료(4인분)
덕자병어 살(여기서는 덕자병어를 사용) ········ 200g
구루마후 ··· 50g
볶은 깨 ··· 3큰술
달걀흰자 ·· 1개
일본풍 타르타르소스
　· 마요네즈 ··· 50g
　· 폰즈쇼유 ·· 30㎖
　· 양파 ·· ¼개(75g)
　· 온천 달걀 ··· 1개
　· 시바쓰케 ··· 50g
　· 실파 ··· 1묶음(15g)
피망 ··· 1개
※소금, 밀가루, 튀김용 기름, 청주

가와리아게는 튀김옷에 여러 가지 재료를 섞거나, 튀길 재료에 손을 대어 변화를 준 것을 말한다. 이 요리에서는 튀김옷에 구루마후와 볶은 깨를 섞어서 변화를 주었다. 씹는 식감과 향의 차이를 즐길 수 있으나, 타버리기 쉬우므로 일반 어패류를 튀기는 온도보다는 비교적 낮은 온도에서 튀기는 것이 좋다.

조리의 포인트

1 병어에 엷은 소금을 뿌린다.
2 온도타마고는 상온에 꺼내놓은 달걀을 사용한다.
3 밀가루와 달걀흰자를 묻힌 다음 구루마후와 볶은 깨를 섞은 튀김옷을 확실하게 묻힌다.
4 170~175도의 기름에 넣고 갈색이 나게 튀긴다.

만드는 방법

병어를 준비한다

❶ 덕자병어는 산마이오로시하여(187쪽 참조), 갈비뼈를 제거한다. 엷게 소금을 뿌려 약 1시간 놓아둔다. 소금이 배면 물에 넣어 살짝 씻고 물기를 제거한다. 1cm 두께로 먹기 편하게 포를 뜬다.

❷ 병어에 밀가루를 묻히고 여분의 가루는 붓으로 떨어낸다.

❸ 구루마후는 잘 터지지 않는 비닐에 넣고, 밀대 같은 것으로 두드려 빵가루 정도의 크기로 부순다. 볶은 깨와 섞어 튀김옷으로 만든다.

❹ ❷의 병어를 잘 풀어놓은 흰자에 적시고, ❸의 튀김옷을 듬뿍 묻힌다.

병어를 튀긴다

❺ 튀김옷을 묻힌 ❹의 병어를 170~175도로 가열한 튀김용 기름에 넣는다. 최초엔 격렬하게 기포가 일어난다.

❻ 튀김옷이 옅은 갈색이 나고 거품이 잠잠해지면 건져올린다.

일본풍 타르타르소스를 만든다

❼ 온도타마고를 만든다. 달걀은 상온에 꺼내놓는다. 냄비에 물을 끓인다. 약불로 하여 65~70도를 유지한다. 달걀을 체에 넣고, 조심스레 물에 담가 20~25분 익힌다. 냉수에 넣어 식힌다. 껍질을 벗겨 흰자를 제거한다.

❽ 양파는 곱게 다져 소금 소량을 뿌리고 거즈에 싼 뒤 물에서 비비면서 씻는다. 시바쓰케는 곱게 다져 청주 소량으로 씻고, 물기를 짜놓는다. 실파는 뿌리를 잘라내고 잘게 썬다. 볼에 일본풍 타르타르소스의 재료를 넣고 고루 섞는다.

피망을 준비한다

❾ 피망은 세로로 2등분하고 씨를 제거하여 4cm 길이로 자른다. 안쪽의 과육은 쓴맛이 나고, 냄새가 있으므로 저며낸다.

❿ 결 방향으로 아주 얇게 채를 썰고, 냉수에 씻어 건진 후 물기를 뺀다.

그릇에 담는다

튀긴 병어에 일본풍 타르타르소스를 얹어 그릇에 담고, 채 썬 피망을 덴모리한다.

게 가와리아게
蟹の変わり揚げ

꽃게의 살과 알을 넣은 반죽을 라이스페이퍼로 싸서, 비교적 저온의 기름에 넣어 튀긴다. 껍질은 바삭하고 내용물은 통통하게 부풀어 부드럽다. 이런 대비되는 맛도 가와리아게가 가진 특유의 재미다.

재료(4인분)
- 꽃게(400g) ··········· 2마리
- 반죽
  - 흰살 생선 스리미 ··········· 50g
  - 산마(강판에 간 것) ··········· ½큰술
  - 소금 ··········· 소량
  - 달걀흰자 ··········· ¼개
  - 다마고노모토 ··········· 1큰술
  - 달걀노른자 ··········· 1개
  - 식용유 ··········· 60㎖
- 물에 녹인 칡전분◈ ··········· ½큰술
- 미림 ··········· 5㎖
- 곤부 다시 ··········· 20㎖
- 라이스페이퍼 ··········· 2장
- 영귤 ··········· 2개
- 우마미시오 ··········· 적량(184쪽 참조)

※ 튀김용 기름
◈ 칡전분과 동량의 물에 녹인다.

꽃게

이 요리는 게가 주인공이다. 스리미와 달걀흰자, 다마고노모토 등을 섞어 라이스페이퍼로 감싸 속까지 익는 데 시간이 걸린다. 타지 않도록 다른 튀김보다는 낮은 온도의 기름에 넣고 천천히 튀겨야 하며, 껍질은 바삭하게 하고 속까지 익혀야 한다.

조리의 포인트

1 게살이 부서지지 않게 고루 섞는다.
2 165도의 기름에 넣고 천천히 튀겨낸다.

만드는 방법

꽃게를 준비한다
꽃게를 삶아(196쪽 참조) 껍질을 벗기고 살과 알을 발라낸다.

다마고노모토를 만든다
❶ 볼에 노른자를 넣고 식용유를 얇은 실처럼 조금씩 흘려넣어 거품기로 섞는다.
❷ 분리되지 않게 확실하게 저어 마요네즈 상태로 만든다. 다마고노모토를 넣는 것으로 반죽에 진한 맛이 나게 된다.

꽃게 반죽을 만든다
❸ 산마는 껍질을 두껍게 벗겨서 물에 하룻밤 담가 불순물을 뺀다. 물기를 제거하고, 강판에 간다. 절구에 스리미를 넣고 간 뒤 산마를 넣고 한번 더 곱게 갈아 섞는다. 소금, 달걀흰자, ❷의 다마고노모토, 물에 녹인 칡전분, 미림, 곤부 다시를 순서대로 넣고 곱게 갈아서 섞으며 맛과 농도를 조절한다.
❹ 게살을 ❸의 반죽에 넣고 고루 섞는다.

라이스페이퍼로 만다
❺❻❼ 라이스페이퍼를 반으로 잘라, 물기를 꽉 짠 젖은 행주에 1장씩 포개어 불린다. 라이스페이퍼의 앞쪽 ⅓지점에 ❹의 반죽의 ¼(1인분)을 펼친다. 중앙에 꽃게의 알을 놓고, 앞에서부터 돌돌 만다.

튀긴다
❽ 165도로 가열한 튀김용 기름에 돌돌 만 라이스페이퍼를 넣고, 천천히 튀긴다.
❾ 겉에 옅은 갈색이 나면 건져올린다.

영귤을 준비한다
❿ 영귤의 중간을 띠 모양으로 껍질을 벗기고, 그 부분에 가로로 칼을 넣어 2등분한다. 씨를 빼낸다.

그릇에 담는다
그릇에 튀김 종이를 깔고, ❾를 한입 크기로 자른 후 담는다. 영귤을 곁들이고, 작은 접시에 우마미시오를 넣어 제공한다.

일본식 크로켓
和風コロッケ

일본식 크로켓 반죽은 토란, 게살, 은행, 버섯을 넣고 만든다. 생빵가루를 묻혀 따뜻해 질 정도로 튀겨, 토마토베이스에 간장을 살짝 넣은 소스를 끼얹는다.

재료(4인분)

반죽
- 토란·······················500g
- 곤부 다시················400㎖
- 생크림······················25㎖
- 소금·····················½작은술
- 후추·························적량

은행·····························8개
대게 다릿살(삶은 것)··········50g
생표고버섯(슬라이스)··········2개
잎새버섯(찢어서)·············¼팩
달걀·····························2개
생빵가루·······················적량

일본식 소스
- 토마토························1개
- 토마토케첩················100㎖
- 우스터소스··················30㎖
- 진간장·······················30㎖
- 청주··························15㎖
- 설탕························1큰술

경수채(3cm 길이)··············½단
당근(3cm 길이의 채)···········20g

시오콘부 드레싱
- 시오콘부(곱게 다져서)········8장
- 유자즙·······················30㎖
- 식용유·······················50㎖
- 생강······················1작은술

※식용유, 소금, 후추, 밀가루, 튀김용 기름

조리의 포인트

1. 토란은 삶아서 점성이 날 때까지 가라이리한다.
2. 생크림은 맛이 날 듯 말 듯하게 넣는다.
3. 170도의 기름에 넣고 중심부가 따뜻해지도록 튀긴다.

일반적으로 크로켓을 만들 때는 감자를 쓰지만 여기에서는 토란으로 만든다. 감칠맛을 더하기 위해 곤부 다시에 넣어 삶고, 부드럽게 삶아지면 밍밍해지지 않도록 삶은 물을 버린다. 가라이리하여 점성이 나올 때까지 한번 더 수분을 날린다.

만드는 방법

일본식 크로켓의 반죽을 만든다

❶ 토란의 껍질을 벗기고 5mm 두께로 잘라 약 5분 간 물에 담가 씻는다.
❷ 물기를 제거하고 곤부 다시를 부어 삶는다. 대나무 꼬치가 스윽 들어갈 정도가 되면, 삶은 물을 따라 버린다. 나무 주걱으로 토란을 으깨가면서 가라이리 한다.
❸ 수분이 날아가고 토란의 점성이 나와 묵직한 감이 들면, 생크림과 소금, 후추를 넣는다. 반죽을 트레이에 펼쳐 식히고, 랩으로 감싸 냉장고에 넣고 충분히 식혀 쉽게 뭉쳐지도록 만든다.
❹❺ 은행은 뾰족한 부분을 위로 향하게 놓고 데바보초의 등으로 두드려 껍질을 부순 뒤 알맹이를 꺼낸다. 물을 소량 끓여 은행을 넣고, 구멍 뚫린 국자의 뒷면으로 문지르듯 해서 얇은 껍질을 벗긴다. 세로로 2등분한다.
❻ 게 다릿살을 발라낸다. 프라이팬에 식용유 소량을 넣고 가열한다. 표고버섯과 잎새버섯을 볶고, 소금, 후추로 간을 한 후 식힌다. 볼에 ❸의 토란, ❺의 은행, 게살, 표고버섯, 잎새버섯을 합쳐 섞는다. 소금, 후추로 간을 한다.

일본식 크로켓을 튀긴다

❼ 볼에 달걀을 풀고, 식용유 20㎖를 넣어 잘 섞는다. ❻의 반죽을 8등분하여, 동그랗게 모양을 잡는다. 밀가루를 엷게 묻히고, 달걀물을 묻힌다. 생빵가루를 듬뿍 묻힌다. 위아래를 가볍게 눌러 평평하게 한다.
❽ 170도의 튀김용 기름에 크로켓을 튀긴다. 거품이 줄어들고, 튀김옷에 옅은 갈색이 나면 건진다.

일본식 소스를 만든다

❾❿ 토마토는 꼭지를 제거하고, 뜨거운 물에 껍질째 넣고 데쳐서 일어난 껍질을 벗긴다. 그다음 1cm 두께로 동그랗게 슬라이스한 뒤 씨를 빼내고, 다시 가로세로 1cm로 자른다. 냄비에 식용유 15㎖ 넣고 가열하여 토마토를 볶는다. 토마토가 으깨지기 시작하면 그 외의 재료를 넣고, 한번 더 끓여 소금으로 간을 한다. 불에서 내려 체에 거른다.

시오콘부 드레싱을 만든다

유자즙에 시오콘부를 넣고, 20분간 불린다. 식용유와 생강을 넣고 섞는다.

그릇에 담는다

경수채와 당근을 볼에 넣고 시오콘부 드레싱을 뿌려 버무린다. 그릇에 일본식 크로켓과 함께 담고, 일본식 소스를 끼얹는다.

제6장 / 蒸し物 찜
무시모노

무시모노란 끓는 물에서 발생한 증기의 열로 재료를 익히는 요리이다. 재료에 열을 직접 가해 익히는 대신 증기의 열로 간접적으로 익힌다. 대부분 찜기나 세이로 밑에 물을 받아 끓여서 증기를 내고, 위에 둔 재료 주변 공간부터 따뜻하게 만들어 겉부터 익히는 방법을 쓴다. 찜기 속은 증기가 대류하며 재료 전체를 감싸 골고루 열이 가해진다. 형태가 망가지기 쉬운 재료도 그대로 익힐 수 있고, 감칠맛과 영양분이 손상되지 않으며, 타버릴 일도 적다. 또 수증기로 수분이 보충되므로 재료의 표면을 촉촉하고 부드럽게 완성할 수 있는 뛰어난 가열법이다. 무시모노라고 하면 먼저 자완무시의 부드러움과 따뜻한 이미지가 떠오르는 것은 이러한 열의 전달 방법 때문이라고 할 수 있겠다.

그러나 찜기를 능숙하게 사용하기 위해선 나름대로의 기술과 주의가 필요하다. 가열 중엔 찜기 속의 상태를 볼 수 없고, 간을 한다거나 불순물을 제거할 수 없다. 그렇기에 재료의 좋고 나쁨이 바로 드러난다. 재료의 선도에 관계없이, 미리 철저하게 손질하지 않으면 안 된다. 또한, 서로 다른 재료를 같은 그릇에 담아서 찔 때에는 시간차를 두는 등의 방법도 생각할 필요가 있다. 그리고 또 증기 조절에 주의를 기울이지 않으면 '구멍'이 생긴다거나 퍽퍽해지기 때문에 맛있게 완성되기까지의 벽은 높다.

세심한 화력과 증기 조절, 시간 관리가 필요하여 감각에만 의존할 수 없고, 경험을 바탕으로 많은 것을 배우지 않으면 안 되는 것이다.

날씨가 추워지면 사카무시, 지리무시, 가부라무시, 난젠지무시, 쓰쓰미무시 등 뜨거운 무시모노가 주로 상에 오르게 된다. 그러나 무시모노는 일반적으로 담백한 흰살 생선이나 불순물이 적은 채소류에 적합한 조리법이므로 제철 재료를 사용한다면 어느 계절에 내도 좋을 것이다. 여름에는 차게 식혀 내면 맛있는 음식이 될 수 있다.

조리의 포인트

Point 1
재료의 선도와 밑손질이 중요

무시모노는 재료가 가진 맛을 그대로 살려내는 장점이 있는 반면, 도중에 손을 쓸 수 없어 필요하지 않은 냄새나 불순물까지 그대로 남아버리는 단점도 있다. 그래서 반드시 재료는 선도가 좋은 것을 선택해야 한다. 술과 소금을 뿌리거나 시모후리해서 수분과 비린내를 제거하고, 개성이 강한 채소는 살짝 데쳐서 쓰는 등 밑손질도 매우 중요하다.

Point 2
재료를 넣는 타이밍은 증기가 충분히 생겼을 때

찜기에 재료를 넣는 타이밍은 반드시 충분한 증기가 올라오고 나서부터. 레시피에서 말하는 '찌는 시간'은 증기에 싸여 있는 시간이므로 주의하자. 증기가 충분히 올라오지 않으면 가열 시간이 필요 이상으로 길어져 채소의 색이 바란다거나 생선 살에 비린내가 남게 된다.

물은 듬뿍 넣고 부족해지면 끓는 물을 보충한다

찜기는 바닥이 평평하고 넓으며 어느 정도는 깊이가 있는 것을 사용한다. 물은 밑단 냄비에 70~80% 정도 듬뿍 채워서 증기가 계속 나올 수 있도록 가끔씩 확인하여 부족해지면 반드시 뜨거운 물을 부어 보충한다.

Point 3
재료에 적합한 증기 조절

화력을 유지하는 것으로 증기를 일정하게 할 수 있고, 증기의 양과 세기를 바꿔 재료나 요리에 적합하게 가열할 수 있다. 기본적으로 고기나 생선은 단시간에 강불에서 찌고, 달걀을 사용한 반죽이나 신조 같은 생반죽은 약불에서 시간을 들여 찐다. 바닥이 평평한 찜기에 넣고 찔 때는 김발을 깔아 증기가 닿는 면적에 조정해 준다거나 젓가락 2개를 놓고 그 위에 재료를 올려 밑에 생긴 공간으로 증기를 통하게 하는 것 같은 준비도 필요하다.

Point 4
시간차를 두어 동시에 쪄내기

'대구 지리무시'를 예로 들면, 대구와 쑥갓처럼 다른 재료를 함께 찌는 경우, 익는 타이밍이 다르기 때문에 미리 데쳐놓는 등, 가장 좋은 상태로 찜이 완성될 수 있게끔 준비해야 한다. 푸른 채소 같은 것은 색이 날아가지 않게 데쳐놓은 것을 최종 단계에 넣는 등 완성 상태에서 역산하여 시간차를 두고 찜기에 넣어야 한다.

뚜껑은 가급적 열지 말고 열 때에는 반드시 건너편부터

찌고 있는 도중에 뚜껑을 열면 온도가 급격히 떨어지기 때문에 꼭 필요할 때만 연다. 증기가 물방울이 되어 재료에 떨어질 염려도 있으므로 사진과 같이 마른 행주로 싸놓는다. 또 뚜껑을 열 때에는 반드시 먼 쪽부터 열어야 한다. 앞쪽에서 열면 뜨거운 증기가 쏟아져서 얼굴이나 팔에 화상을 입을 수 있으므로 반드시 주의를 기울여야 한다.

대구 이리 자완무시

鱈の白子の茶碗蒸し

자완무시는 강불에서 표면을 굳히고, 약불로 바꿔 증기를 약간 뺀 뒤 시간을 들여 쪄서 완성한다. 대구의 이리와 달걀물의 배합이 하나가 되어 녹아내리는 듯 부드러운 식감이다.

대구 이리

재료(4인분)

대구 이리······················ 200g
달걀 배합
· 달걀······················ 3개
· 다시······················ 600㎖
· 미림······················ 10㎖
· 소금······················ ⅓작은술
· 국간장···················· 20㎖
백합근······················ ½개
니지루
· 다시······················ 200㎖
· 미림······················ 25㎖
· 국간장···················· 10㎖
· 소금······················ ¼작은술
유자························ ¼개
※ 소금

레시피에 적혀 있는 찌는 시간은 어디까지나 표준으로서 화력과 그릇의 크기에 따라 차이가 생길 수 있다. 반드시 눈으로 확인하고, 너무 오래 찌지 않도록 주의하며 대나무 꼬치로 찔러 확인한다. 그릇의 중앙 부분에서 투명한 국물이 배어나면 다 쪄진 것.

조리의 포인트

1 선도 좋은 대구 이리와 달걀을 고른다.
2 이리 비린내의 원인이 되는 점액질과 혈관을 제거한다.
3 달걀 배합은 고루 저어 섞은 후 체에 거른다.
4 증기가 확실하게 올라온 찜기에 넣는다.
5 강불로 3분쯤 찌다가 표면이 하얗게 변하면 약불로 바꿔 약 12분간 찐다.

만드는 방법

재료를 준비한다
❶ 대구 이리에 묻어 있는 지저분한 것들과 점액질은 다테지오(소금 3%)에서 씻어낸다.
❷ 혈관과 검은 막을 꼬집어내어 잘라내고, 한입 크기로 자른다. 혹시 선도가 걱정된다면 끓는 물에 살짝 데쳐 찬물에 담가 식히고, 물기를 제거해놓는다.
❸ 백합근은 솔로 씻어 변색된 부분을 칼로 벗겨낸다. 1장씩 떼어내고, 크기가 큰 것은 가로세로 1cm로 자른다. 냄비에 니지루 재료를 넣고 끓인다. 백합근을 넣고, 끓어오르면 불을 끈다. 냄비 아래에 얼음물을 받쳐 식히면서 맛을 들인다. 백합근은 너무 오래 조리면 부서지기 쉽고 나중에 찔 때에도 열이 가해지므로, 이 단계에서는 약간만 익혀놓는다.

달걀 배합을 만든다
❹ 달걀을 제외한 나머지 재료를 섞는다.
❺ 달걀은 1개씩 깨서 선도를 확인하면서 넣는다. 잘 저어서 달걀의 끈기를 풀어준다. 달걀에 ❹를 조금씩 넣고 저어준다. 달걀과 다시의 비율은 1:3 또는 1:4가 기본이다.
❻ 체에 걸러 부드럽게 만든다.
❼ 그릇에 ❷의 대구 이리, 물기를 뺀 백합근을 넣고, 달걀 배합물을 천천히 따른다. 표면에 기포가 남아 있으면 쪄졌을 때 군데군데 구멍이 생길 수 있으므로, 스푼으로 떠내거나 대나무 꼬치로 찔러 터뜨린다.

찐다
❽ 달걀 배합물을 넣었으면 가능한 빨리 쪄야 한다. 그릇은 뚜껑을 덮어 김이 잘 오른 찜기에 넣는다. 강불로 약 3분간 쪄 전체에 고루 열이 퍼지게 하여 달걀과 다시가 분리되지 않도록 한다.
❾ 뚜껑을 열었을 때 사진처럼 달걀찜 표면이 하얗게 변해 있으면 약불로 바꿔 약 12분간 찐다.
❿ 중앙에 대나무 꼬치를 찔러 투명한 국물이 떠오르면 다 쪄진 것이다.

완성한다
유자 껍질을 벗겨 껍질 안쪽의 흰 부분을 저며낸다. 가로세로 5mm로 잘라 물에 살짝 씻은 후, 찜이 완성되었을 때 뿌려넣고, 뚜껑을 덮어 제공한다.

대구 지리무시
鱈のちり蒸し

대구에 소금을 치고 청주를 뿌려 강불에서 단숨에 찐다. 그다음 채소와 두부, 기리모찌를 곁들여 약불에서 쪄낸다. 한 접시에 담은 재료 그대로의 맛을 따뜻한 지리즈로 즐긴다.

재료(4인분)

대구 살(1조각 80g)	4조각
생표고버섯	4개
쑥갓	1단
연두부	½판
기리모찌	4조각
다시마(6cm 각)	4장
와리폰즈	
· 폰즈쇼유	100㎖
· 다시	300㎖
· 소금	소량
쪽파	적량
모미지오로시	
· 무	300g
· 작은 홍고추	5~6개

※ 소금, 청주

생선과 채소처럼 서로 다른 재료는 익는 시간이 다르다. 그래서 채소는 미리 삶거나 데치는 등의 준비를 한 뒤, 생선이 어느 정도 익으면 합쳐 최종적으로 전체가 가장 좋은 상태일 때 낼 수 있도록 고민해야 한다.

조리의 포인트

1 대구에 소금을 연하게 뿌린다.
2 끓는 물에 소금을 넣어 쑥갓을 데치고, 생표고버섯은 격자무늬로 칼집을 넣어 잘 익힌다.
3 대구 살에 청주를 뿌려 찐다.
4 김이 충분히 올라온 찜기에 넣는다.
5 아시라이는 완성 직전에 찜기에 넣는다.

만드는 방법

대구와 아시라이를 준비한다

❶ 대구 살에 엷은 소금을 뿌려 약 30분간 절인 후, 물에 씻어 물기를 제거해놓는다. 소금을 뿌리면 불필요한 수분이 빠지고 비린내가 제거된다.

❷ 생표고버섯은 밑동을 잘라내고 물로 씻는다. 버섯갓에 격자 모양으로 칼집을 넣는다. 이렇게 하면 잘 익을 뿐만 아니라 보기에도 좋다.

❸ 쑥갓은 1장씩 잎을 뜯어 나누고, 물에 깨끗하게 씻는다. 잘게 찢은 대나무 껍질로 묶어 끓는 물에 소금을 넣고 데친다. 찬물에 담가 식혀서 물기를 짠다. 4cm 길이로 자른다. 연두부는 4등분하고 기리모찌는 굽는다.

찐다

❹ 다시마는 물기를 꽉 짠 젖은 행주로 양면을 닦는다. 그릇에 다시마를 깔고 ❶의 대구 살을 올린 뒤 청주를 적당히 뿌린다. 청주는 생선의 냄새를 제거해주고, 풍미와 수분을 보충해준다.

❺ 증기가 충분히 오른 찜기에 넣고 강불에서 7분쯤 쪄서 단숨에 익혀낸다.

❻ 쪄지기 직전에 표고버섯, 쑥갓, 두부, 기리모찌를 넣고 약불에서 약 3분간 찐다.

야쿠미를 준비한다

❼ 쪽파를 준비한다. 쪽파는 뿌리쪽을 잘라내고, 잘린 단면에서부터 촘촘하게 자른다. 특유의 향과 점액질을 제거하기 위해 행주로 싸서 흐르는 물속에 넣어 문질러서 씻고, 물기를 제거한다.

❽ 모미지오로시를 만든다. 무의 단면에 젓가락으로 5~6군데 구멍을 낸다. 꼭지와 씨를 제거한 홍고추를 찔러넣고 잠시 놓아둔다.

❾ 홍고추가 부드러워지면 무의 껍질을 벗긴다. 트레이에 김발을 깔고 강판을 올려 원을 그리듯 무를 간다.

❿ 커다란 홍고추 파편은 골라낸다. 김발을 안으로 포개어 물기를 짜는데, 손가락으로 집어올렸을 때 즙이 떨어지지 않을 정도로 가볍게 짠다.

와리폰즈를 만든다

따뜻한 상태로 제공되는 게 좋으므로 찜의 진행 상황에 맞추어 만든다. 다시를 데워 소금과 폰즈쇼유를 넣는다.

완성한다

찜이 쪄지면 별도의 접시에 야쿠미를 담는다. 와리폰즈는 종지에 넣어 지리즈로 제공한다.

금눈돔 난바무시
金目鯛なんば蒸し

금눈돔에 청주를 뿌려서 찌고, 대파의 흰 부분과 잎 부분을 얹어 다시 한번 찐다. 파가 생선 냄새를 억제해주고, 기름 오른 감칠맛을 두드러지게 한다. 난바무시는 예전에 오사카의 난바 지역이 파의 산지였던 것에서 유래해 붙여진 요리명이다.

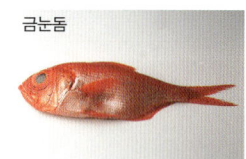
금눈돔

재료(4인분)

금눈돔(800g)	1마리
대파(흰 부분)	1뿌리
대파(중간 크기, 잎 부분)	½단
달걀흰자	2개
가케다시	
· 다시	400㎖
· 청주	15㎖
· 소금	¼ 작은술
· 미림	15㎖
· 국간장	15㎖
유자	½개
다시마(6cm 각)	4장
※ 소금, 청주	

조리의 포인트

1. 금눈돔에 얇게 소금을 뿌리고 약 20분간 두었다가 물에 살짝 씻는다.
2. 시모후리하여 비늘과 지저분한 것들을 씻어낸다.
3. 김이 오른 찜기에 넣고 강불에서 10분 정도 찐다.
4. 파를 얹어 다시 3분간 찐다.

생선과 채소는 익는 시간이 서로 다르다. 그래서 양쪽 모두 가장 좋은 상태로 쪄질 수 있도록 시간이 걸리는 생선을 먼저 어느 정도 익힌 다음에 채소를 곁들여 다시 찌는 요령으로 시간차를 둔다.

만드는 방법

금눈돔을 준비한다

❶ 금눈돔은 비늘을 긁어내고, 산마이오로시하여 갈비뼈를 제거한다(35쪽 참조). 엷게 소금을 뿌린 누키이타에 껍질이 아래로 가게 놓고, 위에 소금을 엷게 친다. 약 20분간 두고 불필요한 수분과 냄새를 제거한다.

❷ 지아이에 박혀 있는 가시를 호네누키로 뽑고(147쪽 참조), 물로 살짝 씻어낸다. 물기를 제거하고 생선을 각각 반으로 자른다.

❸ 볼에 넣고 오토시부타를 덮는다.

❹ 끓는 물에 찬물을 넣어 80도 정도로 낮춘 물을 오토시부타 위로 붓는다. 이렇게 하는 것은 물이 너무 뜨겁거나 열기가 강하면 껍질이 찢어져버릴 수 있기 때문이다.

❺ 젓가락으로 가볍게 휘이 저어 표면이 하얗게 되면 냉수에 넣는다(시모후리).

❻ 시모후리한 후에도 남아 있는 비늘과 응고된 피 등을 냉수 속에서 씻어낸 뒤 수분을 제거한다.

채소를 준비한다

❼ 대파(흰 부분)와 중파(잎 부분)는 각각 세로로 길게 몇 줄의 칼집을 넣어 1cm 폭으로 자른다. 물에 살짝 씻은 뒤 물기를 제거한다. 잘 풀어놓은 흰자와 섞는다. 흰자는 파의 수분을 보호하고 그릇에 담을 때 잘 모아지도록 접착제 역할을 해준다.
유자는 껍질을 얇게 벗겨 껍질 안쪽의 흰 부분을 저민 뒤 4~5cm 길이로 채 썬다. 물에 살짝 씻어 물기를 제거한다.

찐다

❽ 물기를 꽉 짠 젖은 행주로 양면을 닦은 다시마를 그릇에 깔고 금눈돔을 얹는다. 청주를 소량 뿌리고 김 오른 찜기에 넣는다.

❾ 수증기가 맺혀 물방울이 떨어지지 않도록 행주를 찜기 뚜껑에 싸서 약 10분간 강불에 찐다.

❿ 금눈돔 위에 ❼의 파와 흰자를 섞은 것을 담고, 중불에서 3분 동안 찐다.

가케다시를 만든다

냄비에 가케다시의 재료를 넣고 한소끔 끓인다.

그릇에 담는다

찐 금눈돔에 뜨거운 가케다시를 끼얹고, 유자를 덴모리한다.

민물장어 하스무시
うなぎのはす蒸し

민물장어 간장구이, 백합근 등을 연근 반죽에 섞고, 재료를 듬뿍 넣은 하스무시다. 연근의 풍미가 사라지지 않도록 신속하게 쪄서 벳코앙을 끼얹는다.

재료(4인분)

민물장어 간장구이	½마리(100g)
백합근	30g
은행	8개
건목이버섯	4g
연근	30g

쓰케지
- 다시 … 400㎖
- 미림 … 30㎖
- 소금 … 소량
- 국간장 … 25㎖

연근 반죽
- 연근 … 400g
- 달걀흰자 … ½개
- 소금 … ⅓작은술
- 다마고노모토 … 1큰술(133쪽 참조)

벳코앙
- 다시 … 200㎖
- 미림 … 25㎖
- 진간장 … 25㎖
- 물에 녹인 칡전분❋ … 2큰술

와사비 … ⅓뿌리

※소금
❋ 칡전분과 동량의 물에 녹인다.

조리의 포인트

1 미리 재료를 익혀서 밑간을 들여놓는다.
2 연근을 강판에 갈고 적당히 물기를 짠다. ▸
3 연근 반죽에 약간 거품을 낸 흰자를 섞는다.
4 김이 오른 찜기에 넣고 찐다.

김발 위에 강판을 놓고 연근을 간 뒤 김발을 포개서 물기를 짠다. 너무 많이 짜면 쪘을 때 텁텁해지므로 손가락으로 집어 살짝 눌렀을 때 수분이 배어나올 정도를 표준으로 삼는다.

만드는 방법

재료를 준비한다

❶ 백합근은 솔로 문질러 씻는다. 커다란 잎을 떼어 내고, 뿌리에 V자로 칼집을 넣어 1장씩 떼어낸다. 변색된 부분은 제거한다.

❷ 물에 씻어 가로세로 1~1.5cm로 자른다.

❸❹ 냄비에 쓰케지 재료를 섞어 한번 끓인 후 식힌다. 끓는 물에 찬물을 부어 온도를 낮춘 뒤 백합근을 넣고 조용히 삶는다. 찬물에 넣고 식힌 후 물기를 제거한다. 쓰케지에 담가 맛을 들인다.

❺ 은행은 딱딱한 겉껍데기를 깐 뒤 알맹이의 얇은 껍질을 벗긴다(135쪽 참조). 세로로 2등분하여 쓰케지에 담가 맛을 들인다.

❻ 건목이버섯은 물을 듬뿍 넣어 불린다. 밑동을 잘라내고 얇게 채 썰어 살짝 데친 후, 찬물에 담근다. 물기를 빼고 쓰케지에 담가 맛을 들인다.

❼ 연근은 껍질을 벗기고 가로세로 7mm로 자른다. 물에 담가 변색을 방지한다. 끓는 물에 소금을 넣고 아삭한 식감이 남을 정도로 데치고, 찬물에 담가 식힌 뒤 건져 물기를 제거한다. 쓰케지에 담가 맛을 들인다.

연근 반죽을 만든다

❽❾ 연근 껍질을 벗겨서 물에 담가놓는다. 트레이에 김발을 깔고 강판을 올려 연근을 간다. 김발을 접어 물기를 짜면 약 160g이 된다. 소금, 다마고노모토, 가볍게 거품을 낸 흰자를 골고루 섞는다.

찐다

❿ 민물장어 간장구이는 세로로 2등분하여, 2cm 폭으로 자른다. ❾의 연근 반죽에 민물장어, 물기를 뺀 백합근, 은행, 목이버섯, 연근을 섞어 그릇에 담는다. 증기가 충분히 오른 찜기에 넣고 약중불에서 10~12분 찐다.

벳코앙을 만든다

냄비에 다시와 조미료를 넣고 끓이다가 물에 녹인 칡전분을 풀어 농도를 입힌다. 다시 한번 끓여 칡전분의 냄새를 날린다.

완성한다

찐 ❿의 하스무시에 벳코앙을 끼얹고, 강판에 간 와사비(198쪽 참조)를 덴모리한다.

옥돔 유자향 무시

甘鯛の柚香蒸し

옥돔에 얇게 소금을 치고 청주를 뿌려 찐다. 완성 단계에 유자를 얹고 살짝 쪄서 향을 끌어낸 뒤 긴앙을 끼얹는다. 겨울에 잘 어울리는 찜이다.

옥돔

재료(4인분)

옥돔(1kg)	½마리
다시마(6cm 각)	4장
잎새버섯	½팩(60g)
경수채	½단(120g)

니지루
- 다시 ……………………………… 400㎖
- 미림 ……………………………… 40㎖
- 국간장 …………………………… 35㎖
- 소금 ……………………………… 소량

긴앙
- 다시 ……………………………… 400㎖
- 미림 ……………………………… 25㎖
- 소금 ……………………………… ½작은술
- 국간장 …………………………… 15㎖
- 물에 녹인 칡전분◈ …………… 적량

유자 ………………………………… 1개

※ 소금, 청주
◈ 칡전분을 동량의 물에 녹인다.

이 조리법은 찌고 있는 도중에 재료가 가진 불순물이나 냄새를 제거할 방법이 없다. 따라서 사전에 소금이나 청주를 뿌려두는 등 손질을 정성껏 해야만 한다. 청주를 뿌리면 생선의 냄새를 지우고 풍미를 더하며 표면이 마르는 것을 방지해 촉촉한 찜이 완성된다. 또한 습기가 생겨 더 잘 익고 다시마의 감칠맛까지 생선에 옮긴다. 결과적으로 가열과 동시에 맛을 내게 되는 것이다.

조리의 포인트

1. 옥돔에 소금을 얇게 치고 1시간 놓아둔다.
2. 그릇에 다시마를 깔고 청주를 뿌려 5~6분간 찐다. ▸
3. 아시라이인 잎새버섯과 유자를 곁들여 따뜻해질 정도로 찐다.

만드는 방법

옥돔을 준비한다

❶ 옥돔은 산마이오로시하여 갈비뼈를 제거한다(35쪽 참조).
❷ 누키이타에 소금을 엷게 뿌리고, 옥돔의 껍질이 누키이타와 닿게 놓는다. 위에서 엷은 소금을 친다.
❸ 누키이타를 살짝 기울인다. 1시간 동안 연한 소금간이 들며, 불필요한 수분과 냄새를 동시에 제거한다.
❹ 살을 가볍게 눌러가면서 지아이에 박힌 가시를 호네누키로 대가리 방향으로 당겨 빼낸다.
❺ 소금을 살짝 씻어내고, 물기를 제거해 4등분한다.
❻ 물기를 꽉 짠 젖은 행주로 다시마의 양면을 가볍게 닦아낸다. 그릇에 다시마를 깔고 옥돔을 올린다. 옥돔이 축축해질 정도로 청주를 뿌린다.

아시라이와 유자를 준비한다

❼ 잎새버섯은 잘게 찢어서 씻고, 끓는 물에 소금을 넣어 데친다. 찬물에 넣어 식히고 물기를 제거한다. 니지루의 재료를 섞어 끓인 후 식혀, 적당량을 덜어서 잎새버섯을 담가 맛을 들인다. 경수채는 4cm 길이로 자르고, 남은 니지루에 넣어 살짝 끓인다.
• 유자는 5mm 두께의 원형으로 자른 뒤 씨를 뺀다.

옥돔을 찐다

❽ ❻의 옥돔을 담은 그릇을 김이 오른 찜기에 넣고 강불에서 5~6분 찐다. ❼의 잎새버섯을 곁들이고 유자를 얹어 약불에서 따뜻해질 정도로 3분간 더 찐다. 유자는 오래 찌면 쓴맛이 나므로 주의한다.

긴앙을 만든다

❾ 냄비에 긴앙의 재료를 섞어 한번 끓인다. 보글보글 가볍게 끓고 있는 상태를 유지한 채로 냄비 속을 저어가면서 조금씩 물에 녹인 칡전분을 풀어 농도를 입힌다.
❿ 다시 한번 끓이면서 저어서 칡전분의 냄새를 날린다.

그릇에 담는다

옥돔에 니지루에서 두었던 경수채를 곁들이고, ❿의 긴앙을 듬뿍 끼얹는다.

굴 난젠지무시
かきの南禅寺蒸し

달걀에 굴과 두부를 섞어 혀에서 녹아내리는 듯 부드럽게 만든 반죽을 강불로 표면을 굳힌 뒤 약불에서 전체를 고루 쪄낸다. 두부 요리로 유명한 사찰 난젠지에서 유래한 요리명이다.

재료(4인분)
굴(깐 것)	100g
모찌	4개
생강	20g

달걀 반죽
· 달걀	3개
· 다시	200㎖
· 연두부	150g
· 미림	15㎖
· 소금	소량
· 국간장	5㎖

긴앙
· 다시	350㎖
· 청주	50㎖
· 미림	15㎖
· 국간장	15㎖
· 소금	⅓작은술
· 물에 녹인 칡전분※	3큰술

※소금
※ 칡전분과 동량의 물에 녹인다.

조리의 포인트

1 굴의 절반을 믹서에 넣고 간 뒤 체에 내려 페이스트처럼 만든다.
2 연두부의 수분을 빼고, 거즈를 덮은 체에 내려 거른다.
3 강불에서 약 3분, 약불에서 약 15분간 찐다.

난젠지무시는 체에 내린 두부를 달걀 반죽에 풀어서 찐 것을 말하는데, 이 요리의 제맛은 달걀 반죽과 두부의 부드러움에 있다. 먹었을 때 혀에서 녹아내리는 듯한 식감은 반죽의 재료를 정성껏 체에 내렸을 때 얻을 수 있다. 여기에선 체에 거즈를 붙여 물기를 뺀 두부를 이중으로 걸러 더욱 부드럽게 완성했다.

만드는 방법

굴을 준비한다

❶ 소금 또는 강판에 간 무에 굴을 넣고, 가볍게 주물러 불순물을 뺀다. 물에 씻고 물기를 제거한다. 굴의 절반을 믹서에 넣고 돌려 페이스트 상태로 만든다.
❷ 체에 내려 부드럽게 만든다.
❸ 남은 굴은 끓는 물에 살짝 데쳐낸다.
❹ 표면이 살짝 움츠러들면 바로 얼음물에 담근다. 이 작업은 굴 표면의 수분을 빼기 위한 것이다.

그 외의 재료를 준비한다

❺ 연두부는 마른 행주로 싸서 약 30분간 수분을 살짝 뺀다. 거즈에 물을 적셔 체에 붙이고, 이 체에 두부를 내려 부드럽게 만든다.
• 모찌는 반으로 잘라서 노릇한 색이 날 때까지 석쇠에서 굽는다. 생강은 껍질을 벗기고 강판에서 원을 그리듯이 간다.

반죽을 만든다

❻ 달걀 반죽을 만든다. 볼에 재료를 넣고 섞는다. 골고루 풀어놓은 달걀물을 넣고 잘 저어준다. 체에 내려 부드럽게 만들어놓는다.
❼ 다른 볼에 체에 내린 굴과 ❺의 두부를 섞어, ❻의 달걀 반죽과 합한다. 단단한 것부터 부드러운 것을 순서대로 넣으면 잘 섞인다.

찐다

❽ 그릇에 시모후리한 ❹의 굴, ❺의 구운 모찌를 넣고, ❼의 반죽을 붓는다. 표면에 기포가 있으면 스푼으로 떠낸다.
❾ 그릇의 뚜껑을 덮고, 충분하게 김이 오른 찜기에 넣는다. 처음에는 강불에서 약 3분간 쪄서 전체에 열을 고루 퍼지게 한다. 표면이 하얗게 변하면 불 조절을 하여 아주 약한 불에서 약 15분 동안 찐다.
❿ 대나무 꼬치를 찔러 투명한 국물이 배어나오면 찜이 완성된 것.

그릇에 담는다

다 찐 난젠지무시에 긴앙(146쪽 참조)을 끼얹고, 강판에 간 생강을 넣는다.

제7장 / あえ物·酢の物 무침

아에모노와 스노모노

아에모노와 스노모노란 밑손질한 어패류나 채소, 건어물 등을 별도로 완성해놓은 무침옷이나 조미초로 버무려서 내는 요리를 말한다. 또한 밑손질한 여러 가지 채소를 합쳐 쓰케지에 담가 맛을 들이는 히타시(히타시모노)도 넓은 의미로는 아에모노의 일종이라 할 수 있다.

아에모노는 주로 깨로 만든 고마아에나 두부를 사용한 시라아에, 가라시스미소, 기노메미소 등 조미료와 체에 거른 재료로 만든 무침옷으로 재료를 버무린다. 작은 그릇에 담아 사키즈케나 전채, 하시야스메로 쓸 수 있고, 소량을 담아 핫슨의 요리 구성으로 또는 야키모노의 아시라이 등에 사용할 수 있다.

스노모노는 아마즈나 산바이즈, 때로는 고마즈 등 산미를 살린 조미초를 재료에 끼얹거나 버무린 요리를 말한다.
그 산뜻함과 씹히는 식감은 식욕을 당기게 하며, 코스 요리가 진행된 후 고항모노(밥이나 면 종류)가 나오기 전에 입가심으로 제공되는 경우도 있다.

히타시를 포함해 아에모노와 스노모노는 이론이나 조리법이 비슷하다. 화려한 주인공은 아니지만, 다른 요리들을 돋보이게 하며, 코스의 흐름에 강약을 준다거나 맛의 변화를 일으키는 명조연의 역할을 한다.

아에모노에서 '아에和'의 사전적인 의미는 '화합을 이루다' '사이 좋게 한다' '잘 어울린다' 등이다. 이처럼 아에모노와 스노모노는 여러 재료가 조화롭게 무침옷이나 조미초와 혼연일체가 되는 것이 이상적이다. 각각의 적당한, 약간은 작은 것 같은 존재감이 상승효과를 일으킨다.

이런 결과를 얻기 위해선 궁합이 좋은 신선한 재료의 선택, 냄새나 불순물을 제거하는 손질, 적당한 밑간, 부드러운 식감의 무침옷이나 조미초가 필요한 것이다. 준비 과정부터 정성스럽게 함으로써 균형 잡힌 맛을 내는 요리라 말할 수 있다.

조리의 포인트

Point 1
재료는 적당히 수분을 뺄 것

아에모노와 스노모노를 만들 때 불필요한 수분은 금물이다. 완성했을 때 수분으로 인해 밍밍해져 맛이 손상되기 때문이다. 예를 들어 어패류에는 소금을 뿌려 불필요한 수분이나 냄새를 제거하고 무나 오이 등은 소금에 문질러 적당히 수분을 뺀 후 꽉 짜놓는다. 소금기가 적당히 배어 들어 수분이 빠져나간 재료는 감칠맛이 응축되어 씹는 맛도 살아나고, 무침옷이나 조미초도 잘 묻게 된다.

Point 2
일체감은 부드러운 무침옷으로

아에모노 맛의 특징 중 하나로 재료와 무침옷의 일체감을 꼽을 수 있다. 부분적으로 간이 진하거나 약하거나 하는 일 없이, 무침옷이 확실하게 고루 섞여야 한다. 또한 깨나 두부 같은 무침옷 재료는 믹서나 푸드 프로세서, 절구에 넣어 갈거나 체에 내려 부드럽게 해둔다.

니지루나 쓰케지의 국물도 적당히 제거한다

아에모노에 물기가 생기지 않게 하려면 재료에 있는 불필요한 수분을 제거해놓아야 한다. 밑간을 들이기 위해 졸이거나 쓰케지에 담가놓았다면 사진처럼 행주나 페이퍼타월로 적당히 닦아놓는다.

Point 3
재료와 무침옷, 조미초의 맛과 양을 조절하는 게 매우 중요

무침옷이나 조미초의 양을 너무 많이 넣으면 재료 본연의 맛을 느낄 수가 없고, 반대로 재료가 너무 많으면 무침옷이나 조미초의 특색이 없어져 뭔가 부족한 느낌을 준다. 즉 고루 버무려질 만큼 양을 조절하는 게 매우 중요하다.
무침옷이나 조미초는 단번에 다 넣지 말고, 조금씩 넣어 맛을 보면서 보충해야 한다. 재료의 밑간은 연하게 하는 것이 좋고, 맛이나 향이 너무 튀지 않게 하는 것이 바람직하다.

Point 4
그릇에 담기 직전에 재빨리 버무리고, 너무 많이 뒤섞지 말 것

아에모노나 스노모노는 완성한 후 시간이 지나면, 재료에서 점점 수분이 나와 간이 연해지고 맛의 균형이 깨지며 색도 나빠진다. 또 너무 많이 뒤섞으면 재료의 형태가 부서지므로, 무침옷이나 조미초를 고루 묻힌다고 생각하며 제공 직전에 신속하게 버무린다.

가열한 재료는 식혀서 사용한다

재료와 무침옷을 데치거나 졸이는 등 가열했다면 반드시 식혀서 사용해야 한다. 뜨거운 채로 섞으면 색이 바라거나 숨이 죽어버리고, 수분이 빠져나와 맛이 나빠지며 부패의 원인이 되기도 한다.

국수호박, 찐 성게알, 보리새우 산바이즈

金糸うり、蒸しうに、車えびの三杯酢がけ

국수호박, 오크라, 순채에는 밑간을 들이고, 생성게알과 보리새우는 살짝 익힌다. 맛, 식감, 색채 등 각 재료가 가진 본연의 맛을 살린 화려한 스노모노다.

재료(4인분)

국수호박	250g
생성게알	⅛상자
보리새우(30g)	4마리
오크라	4개
순채	적량
산바이즈	
·식초	100㎖
·다시	200㎖
·설탕	1큰술
·국간장	30㎖
국수호박과 오크라 쓰케지	
·다시	400㎖
·미림	30㎖
·소금	¼작은술
·국간장	30㎖
※소금	

조리의 포인트

1. 식초를 뺀 산바이즈 재료를 섞어 가열한다. 설탕이 녹으면 식초를 넣고 불을 꺼 급랭한다.
2. 그릇에 담기 직전에 국수호박과 순채를 식초에 씻는다.
3. 제공하기 직전에 산바이즈를 끼얹는다.

식초 이외의 재료를 섞어 가열하면 조미료의 날카로운 맛이 약해져, 맛을 부드럽게 완성할 수 있다. 식초를 넣고 빨리 식히는 것은 향과 산미가 날아가지 않게 하려는 것이다.

만드는 방법

산바이즈와 쓰케지를 준비한다

❶ 산바이즈를 만든다. 냄비에 식초 이외의 재료를 섞어 가열한다. 설탕이 녹으면 식초를 넣고 불을 끈다. 볼에 옮겨 담고, 얼음물에서 빨리 식힌다.
• 쓰케지를 만든다. 냄비에 쓰케지를 섞어, 한번 끓인 후 식힌다.

국수호박을 준비한다

❷ 씨를 제거한다.
❸❹ 끓는 물에 넣어 삶다가 손가락으로 눌릴 정도가 되면 찬물에 담가 식힌다. 실처럼 풀어헤쳐 행주로 물기를 제거한다.
❺❻ ❶의 쓰케지를 볼에 약간 덜어, 국수호박을 넣고 살짝 휘젓는다. 체에 받쳐 물기를 빼고, 쓰케지에 담가 맛을 들인다.

생성게알을 준비한다

❼ 트레이에 우스이타를 깐다. 생성게알을 1알씩 놓고 소금을 엷게 친다. 증기가 충분히 올라온 찜기에 넣고, 강불에서 약 2분간 찐 후 꺼내서 식힌다. 찔 때에는 트레이 밑에 김발을 깔아 증기의 순환을 좋게 해준다.

보리새우를 준비한다

❽ 대가리와 함께 등에 있는 내장을 당겨 떼어낸다. 뱃살과 껍질 사이에 노시구시한다.
❾ 끓는 물에 소금을 넣고 3분쯤 삶는다. 얼음물에 담가 식힌 후 건져 물기를 닦고 꼬치를 뽑는다. 껍질을 벗기고 2등분한다.

오크라와 순채를 준비한다

• 오크라는 손질(90쪽 참조)하여 데치고, 얼음물에 식혀 물기를 제거한다. ❶의 쓰케지에 담가 맛을 들인다. 2cm 길이로 자른다.
• 순채는 체에 넣은 뒤 소금을 넣은 끓는 물에서 살짝 데쳐 색을 내고, 바로 건져 얼음물에 식힌다. 이 과정을 이로다시라고 한다.

그릇에 담는다

❿ 국수호박과 순채의 물기를 빼고, 각각 소량의 산바이즈에 살짝 씻어 물기를 제거한다. 그릇에 국수호박, 보리새우, 성게알, 오크라를 담는다. 순채를 뿌리고, 산바이즈를 적량 끼얹는다.

153

굴 미조레즈가케
かきのみぞれ酢がけ

껍질을 깐 신선한 굴에 살짝 익혀 젤리처럼 만든 미조레즈를 끼얹는다. 부드럽고 농후한 감칠맛에 감귤류의 산미가 적당히 조화된 겨울에 어울리는 스노모노다.

영귤

재료(4인분)
굴(껍질째 300g)	8개
미조레즈	
・폰즈쇼유	100㎖
・다시	100㎖
・무	500g
・실파	적량
・판젤라틴	6g
영귤즙	2개
※소금, 청주	

사카이리한 굴은 바로 건져 부채로 빠르게 식힌다. 이것은 남은 열로 인해 굴이 너무 익으면 살이 쪼그라들고 질겨지기 때문이다. 굴은 표면만을 익히고, 속은 절반만 익혀 육즙이 남아 있도록 완성한다. 차갑게 식지 않으면 청량감도 사라진다.

조리의 포인트

1 굴은 껍데기를 까서 소금물에 재빨리 씻는다.
2 굴은 사카이리하여 급랭한다.
3 굴에 영귤즙을 뿌려 향을 입힌다.

만드는 방법

굴을 준비한다

❶ 굴은 껍데기를 열어 살을 꺼낸다(197쪽 참조). 다테지오(소금 3%)에 살짝 씻는다. 껍데기는 솔로 문질러 씻고, 파편이 있다면 제거한다. 물기를 닦아놓는다.
❷ 굴을 씻는 데는 또 다른 방법이 있다. 강판에 간 무와 굴을 볼에 넣고 섞어 지저분한 것을 갈은 무에 묻혀 제거한다. 흐르는 물에 간 무를 씻어내고 굴을 건진 뒤 물기를 제거한다.

굴을 익힌다

❸ 냄비에 청주 30㎖와 굴을 넣고 볶듯이 가열하여 표면만을 살짝 익힌다. 이를 사카이리라고 한다.
❹ 체에 밭쳐 부채로 신속하게 식힌다.
❺ 굴에 영귤즙을 버무려 향을 입힌다.

미조레즈를 만든다

❻ 판젤라틴을 많은 양의 냉수에 20분 동안 담가 부드럽게 불린다.
❼ 냄비에 다시를 넣고 가열한다. 끓기 직전에 불린 판젤라틴을 넣고 살살 저어 녹인다. 볼에 옮겨 얼음물에서 남은 열을 식혀주고, 폰즈쇼유를 넣는다.
❽ 무의 껍질을 벗기고, 트레이에 깐 김발 위에 강판을 놓고 무를 간다. 김발의 양끝을 들어올려 포개서 가볍게 눌러 물기를 짜 다이콘오로시를 준비한다. ❼에 다이콘을 넣는다.
❾ 실파를 단면에서부터 촘촘하게 썰고 ❽에 더하여 가볍게 휘익 젓는다. 굳힘틀에 넣고 냉장고에서 부드러운 젤리 상태로 굳힌다.

그릇에 담는다

굴을 씻어둔 껍데기에 담고, ❾의 미조레즈를 으깨서 끼얹는다.

순무와 연어 기미즈가케

蕪、サーモンの黄身酢がけ

연어를 소금과 설탕으로 절여 기름과 향신채로 마리네이드를 하고, 아마즈에 절인 순무와 고루 섞어 담아 기미즈를 끼얹는다. 중탕하여 갠 기미즈는 맛도 식감도 부드럽고 순하다.

재료(4인분)

순무(300g)	½개
노르웨이연어(냉장.횟감)	200g
· 설탕	20g
· 소금	20g
양파	100g
유자	1개
케이퍼	5알
다시마(연어에 사용)	5g
올리브유	100㎖
식용유	100㎖
참나물	½묶음

아마즈

· 식초	100㎖
· 물	100㎖
· 설탕	40g
· 소금	소량

기미즈

· 달걀노른자	3개
· 설탕	1큰술
· 미림	15㎖
· 소금	소량
· 국간장	5㎖
· 식초	20㎖
· 다시	60㎖
· 게즈리가쓰오	5g
다시마(순무에 사용, 5cm 각)	1장
※ 소금	

유자

조리의 포인트

1 연어를 소금과 설탕에 절여, 기름과 향신채로 마리네이드한다.
2 식초를 뺀 아마즈 재료를 섞어 가열한다. 설탕이 녹으면 식초를 넣고 바로 식힌다.
3 기미즈는 중탕으로 하여 자센을 사용해 부드럽게 갠다.
4 기미즈에 가쓰오부시를 넣고 거즈에 거른다.

기미즈를 만들 때 중탕은 반드시 약불에서 천천히 한다. 또 자센을 사용하면 냄비 바닥의 구석구석까지 저을 수 있어 배합한 반죽 전체에 균일하게 열이 전달된다. 단, 공들여 천천히 젓는 것이 매우 중요하다. 세게 저으면 공기가 들어가 기미즈가 하얗게 변하고, 끈끈한 상태도 사라지게 된다.

만드는 방법

연어를 마리네이드한다

❶ 연어에 설탕과 소금을 섞은 것을 고루 묻힌다. 소금만 묻히면 살의 표면이 단단하게 굳어버리기 때문에 양 조절이 필요하지만, 설탕을 섞어서 함께 문지르면 묻힌 양을 신경쓰지 않아도 될 뿐만 아니라, 소금에만 묻혔을 때보다 더 부드러워진다.
❷ 랩을 씌워, 냉장고에 넣고 약 6시간 둔다.
❸ 소금과 설탕으로 마리네이드하여 6시간 놓아둔 연어는 특유의 향이 약해지고, 불필요한 수분도 배어나온다.
❹ ❸의 연어를 물로 씻은 뒤 물기를 제거한다.
❺ 양파를 얇게 슬라이스한다. 유자를 절반으로 잘라, 반은 원형으로 슬라이스하고 나머지는 잠시 둔다. 잘 터지지 않는 비닐에 ❹의 연어, 양파, 유자 반개, 케이퍼, 다시마, 올리브유, 식용유를 넣고 밀폐한다. 냉장고에 넣고 약 6시간 마리네이드한다.

아마즈를 만든다

냄비에 식초 이외의 재료를 넣고 섞어 가열, 설탕이 녹으면 식초를 넣는다. 바로 불에서 내려 볼에 옮겨 담고, 얼음물에서 식힌다. 가열을 오래하면 식초의 풍미가 날아가므로 재빨리 식혀야 한다.

순무를 준비한다

❻ 순무는 껍질을 벗기고, 세로로 2등분한다. 좁은 면부터 3mm 두께로 슬라이스한다. 물에 살짝 씻어 다시마를 넣은 다테지오(소금 3%)에 담근다.
❼ 순무가 숨이 죽으면 손으로 가볍게 짜서 물기를 뺀다. 불필요한 수분을 빼야 이후에 아마즈가 흡수되기 쉽다.
❽❾❿ 볼에 소량의 아마즈를 덜어 담고, 물기를 짠 순무를 넣어 살짝 씻어낸다. 살짝 물기를 짜고 남은 아마즈에 담근다. 이것은 순무에 남은 수분으로 인해 아마즈의 간이 연해지는 것을 막는다.

참나물을 준비한다

참나물은 뿌리 쪽을 잘라내고 잎을 떼어낸 뒤 줄기만 살짝 데쳐 얼음물에 넣는다. 물기를 제거하고 2cm 길이로 자른다.

157

기미즈를 만든다

⓫ 냄비에 달걀노른자 등 기미즈 재료를 넣고 섞어, 약불에서 중탕하며 자센으로 천천히 갠다.

⓬ 농도가 생기고 마요네즈 같은 상태가 되면 게즈리가쓰오를 넣는다. 게즈리가쓰오는 기미즈에 가다랑어의 감칠맛을 더하고, 달걀 냄새를 약하게 한다.

⓭ 나무 주걱으로 가볍게 저어 섞고 불에서 내린다.

⓮ 체에 물기를 꽉 짠 거즈를 붙여, ⓭의 기미즈를 내려 부드럽게 만든다. 색이 변해버리거나 달걀 특유의 냄새가 밸 수 있기에 따뜻할 때 내려야 한다.

⓯ 볼째로 얼음물에 담가 식히고, 냉장고에 넣어 냉각한다.

연어를 완성한다

⓰ ❺에서 마리네이드해놓은 연어를 봉지에서 꺼내 물기를 닦는다. 껍질과 살 사이에 칼을 눕혀서 껍질을 벗겨낸다.

⓱ 지아이와 겹쳐 있는 살 부분을 잘라낸다.

⓲ 3~4mm 두께로 포를 뜬다.

하리유즈를 만든다

❺에서 남은 유자 반 개의 껍질을 벗기고, 껍질 안쪽의 흰 부분을 저민 뒤 채 썬다. 물에 살짝 씻어 쓴맛과 유분(기름기)을 제거하고, 물기를 뺀다.

그릇에 담는다

볼에 물기를 뺀 순무, 연어, 참나물, 유자를 넣고 전체를 고루 섞어 그릇에 담는다. 기미즈를 끼얹는다.

부드러운 단맛과 깊은 겨자 맛을 살린 스미소에, 조개와 쪽파, 콩을 묻힌 누타아에로, 각각의 조개가 가진 맛과 무침옷이 만들어내는 맛의 일체감이 좋다.

베니타데

조개 누타아에
貝のぬた和え

재료(4인분)
피조개(200g)	2개
새조개(데친 것)	2장
쪽파	8줄
대두	20g
베니타데	소량

대두 니지루
- 다시 … 200㎖
- 미림 … 20㎖
- 국간장 … 20㎖

시로네리미소(만들기 쉬운 분량)
- 시로미소 … 100g
- 달걀노른자 … 1개
- 청주 … 100㎖
- 설탕 … 14g
- 미림 … 20㎖

가라시스미소
- 시로네리미소(위 분량으로 만들어서) … 100g
- 겨자(갠 것, 105쪽 참조) … ½큰술
- 식초 … 15㎖
- 달걀노른자 … ½개
- 국간장 … 2.5㎖
- 다시 … 적량

※소금

조리의 포인트
1. 대두를 삶아 얇은 막을 벗기고 밑간을 한다.
2. 시로네리미소는 쉬지 않고 나무 주걱으로 냄비 바닥부터 저어 이긴다.
3. 쪽파는 약간 단단하게 데쳐 씹는 식감을 남긴다.
4. 먹기 직전에 재료를 섞고 가라시스미소로 무친다.

미소를 중탕할 경우 타버릴 염려가 없지만, 직화에 올리면 쉽게 타버리므로 주의할 것. 냄비 바닥에 눌어붙지 않게 쉬지 않고 저어, 사진처럼 나무 주걱에서 천천히 흘러떨어질 농도가 될 때까지 약불에서 갠다.

만드는 방법

피조개와 새조개를 준비한다

❶ 피조개는 미즈아라이한다(196쪽 참조). 살과 끈에 소금을 묻혀 가볍게 문질러 지저분한 것들을 제거한다. 물에 소금기를 살짝 씻어내고, 물기를 닦아놓는다.

❷ 살은 5mm 폭으로 자른다. 피조개끈도 살 크기에 맞춰 자른다.

❸ 새조개는 다데지오(소금3%)에 넣어 지저분한 것들을 씻어낸다. 물기를 닦고 5mm 폭으로 자른다.

대두를 준비한다

❹ 대두는 물에 살짝 씻어 먼지를 씻어내고, 물에 담가 상온에서 하룻밤 불린다. 오른쪽이 건조 대두이고 왼쪽이 불린 대두로 크기가 거의 2배 가까이 커진다.

❺ 불린 대두의 약 5배의 물을 넣고 가열한다. 대두가 가볍게 춤출 정도로 불 조절하여, 손으로 뭉갤 수 있을 만큼 부드러워질 때까지 삶는다.

❻ 물에 씻어 식히고 한 알씩 대두의 얇은 껍질을 벗긴다. 껍질을 제거하면 씹는 식감이 좋아진다.

❼ 냄비에 대두 니지루를 섞는다. ❻의 대두를 넣고, 10분쯤 보글보글 끓을 정도로 완만하게 불 조절하여 조린다. 그대로 식혀 맛을 들인다.

시로네리미소를 만든다

❽ 냄비에 재료를 넣고 잘 섞어준다.

❾ 고루 섞였으면 약불에서 나무 주걱으로 냄비 밑바닥부터 저어가면서 가열한다.

❿ 타지 않도록 쉬지 않고 저어 주걱으로 퍼올렸을 때 천천히 흘러떨어지도록 갠다.

⓫ 식힌 다음에 가는 체에 거른다.

가라시스미소를 만든다
⓬ 절구에 갠 겨자를 넣고 갈아, 향과 매운맛을 끌어낸다. 시로네리미소, 식초, 달걀노른자, 국간장을 순서대로 넣고 곱게 간다.
⓭ 다시를 적량 넣어 사진처럼 걸쭉하게 흘러내릴 만큼 농도를 조절한다. 냉장고에 넣고 2~3시간 숙성한다. 이렇게 하면 맛이 안정되고 부드러워진다.

쪽파를 준비한다
⓮ 쪽파는 뿌리 쪽과 잎 끝 쪽 ⅓을 잘라내고, 잘게 찢은 대나무 껍질로 묶는다. 물을 끓여 잘 익지 않는 뿌리 쪽부터 넣고 표면이 약간 투명해지면 잎 부분도 담가 살짝 데친다.
⓯ 심이 살짝 남은 정도, 젓가락으로 들어올렸을 때 사진처럼 휘어지면 건져올린다. 아삭아삭한 씹는 맛이 사라지지 않게 한다.
⓰ 대나무 껍질을 제거하고, 누키이타 위에 늘어놓고 엷은 소금을 뿌린다.
⓱ 부채로 부쳐 재빨리 식힌다. 이때 수분이 증발해 적당히 빠진다.
⓲ 식으면 흰 부분과 녹색 부분의 경계에 밀대를 놓고, 잎 끝을 향해 굴려 점액질을 밀어내듯 짜낸다.
⓳ 잎 끝으로 점액질이 나오면 행주로 닦아낸다. 2cm 길이로 자른다.

무쳐서 그릇에 담는다
⓴ 볼에 피조개, 새조개, 쪽파, 물기를 뺀 대두를 넣고 섞는다. 맛을 확인하면서 가라시스미소를 적량 넣고 무친다. 그릇에 작고 높게 스기모리하여, 베니타데를 덴모리한다.

161

감, 무, 금시당근, 오이, 스이젠지노리라는 5개 재료의 색과 맛을 살린 나마스를 산뜻한 아마즈와 진한 맛이 나는 참깨 크림으로 무친다.

재료(4인분)

감	¼개(60g)
무	130g
금시당근	20g
오이	½개(70g)
스이젠지노리(3cm 각)	2장
아마즈	
• 식초	100㎖
• 물	100㎖
• 설탕	45g
• 소금	소량
잣	5g
참깨 크림	
• 참깨 페이스트	3⅓큰술
• 알코올 날린 미림	10㎖
• 국간장	6㎖
• 다시	20㎖
※소금	

오색 나마스 참깨 크림 무침
五色なます胡麻クリーム和え

아에모노는 그릇에 담기 직전에 무치는 것이 원칙이다. 시간이 지나면 재료에서 수분이 나와 싱거워지고 감칠맛을 잃기 때문이다. 무침옷의 양은 너무 많으면 재료 본연의 맛을 살릴 수 없으므로 사진처럼 볼의 밑바닥에 남지 않는 정도, 재료 전체에 알맞게 묻는 정도가 좋다. 무침옷은 단번에 다 넣지 말고 맛을 확인해가면서 더한다.

조리의 포인트

1. 식초를 뺀 아마즈는 재료를 가열한다. 설탕이 녹으면 식초를 넣고 불을 꺼서 얼음물에 식힌다.
2. 무칠 재료는 비슷한 크기로 맞추어 자른다.
3. 참깨 크림은 절구에 넣고 갈아가면서 재료를 섞고, 다시로 농도를 조절해 완성한다.
4. 무와 당근은 아마즈에 담가 1차로 절이고, 감을 넣어 2차로 절인다.
5. 내기 직전에 아마즈의 물기를 뺀 재료에 참깨 크림을 버무린다.

만드는 방법

아마즈를 만든다
식초 이외의 아마즈 재료를 섞어 가열한다. 설탕이 녹으면 식초를 넣고 불을 끈다. 볼에 옮겨 담고 얼음 물에서 재빨리 식힌다.

재료를 준비한다
❶❷ 감은 껍질을 벗기고 씨를 빼서 2~3mm 두께로 자르고, 결을 따라 3cm 길이의 막대 모양으로 자른다. 다테지오(소금3%)에 약 10분간 담근다.

• 무, 당근은 감과 같은 요령으로 자른다. 무는 소금물에 약 10분간 담근다. 당근은 살짝 데쳐서 찬물에 담가 식혀 물기를 빼고, 소금물에 10분쯤 담가놓는다.

• 스이젠지노리는 5~6시간 물에 불린다. 살짝 데쳐 찬물에 넣고 건져 물기를 제거한다. 감과 같은 크기로 자른다.

❸ 오이는 소금을 문질러 이타즈리한다. 살짝 데쳐서 얼음물에 넣어 식힌다. 3cm 길이로 잘라 껍질을 두껍게 돌려깎기 하고, 씨 부분은 사용하지 않는다. 감과 같은 크기로 자르고, 소금물에 약 10분간 절인다. 각 재료의 물기를 가볍게 짜놓는다.

❹ 오른쪽 위부터 시계 방향으로, 무, 당근, 감, 스이젠지노리, 오이다.

❺ 잣은 빈 냄비에 넣어 약불에서 갈색이 날 때까지 볶는다. 칼로 큼직하게 다져놓는다.

참깨 크림을 만든다
❻ 참깨 페이스트에 조미료를 조금씩 넣어가면서 절구에 갈아 섞는다. 다시로 농도를 조절한다.

완성한다
❼ ❹의 무, 당근을 섞어 소량의 아마즈에 약 1시간 가리즈케한다. 물기를 짜놓는다.

❽ 감을 넣고, 남은 아마즈에 3~4시간 절인다. 감은 풍미를 살리기 위해 한번만 절인다.

❾ 오이와 스이젠지노리는 소량의 아마즈로 살짝 씻고 물기를 제거한다.

그릇에 담는다
❿ 제공하기 직전에 ❽의 물기를 빼고 오이, 스이젠지노리와 섞는다. 참깨 크림을 넣어 버무린다. 그릇에 담고 잣을 뿌린다.

봄 채소 야키비타시
春野菜の焼き浸し

누에콩, 죽순 등 봄채소를 석쇠구이하여 향긋함과 노릇노릇하게 색을 입힌다.
히타시지에 넣어 식히면서 맛을 들인다.
씹는 맛과 구수한 향을 즐길 수 있는 오히타시다.

재료(4인분)

누에콩	20알
죽순(삶은 것)	150g
생표고버섯	4개
장마	150g
히타시지	
· 다시	300㎖
· 청주	30㎖
· 미림	30㎖
· 소금	¼작은술
· 국간장	10㎖
산초잎	12장
이토하나가쓰오	적량

히타시지에 채소를 넣고 살짝 끓인 다음에 곧바로 냉수에 넣어 냄비째 식힌다. 이것은 채소의 씹는 맛을 살리기 위해 신속하게 히타시지의 온도를 낮추려는 것. 구운 채소는 어느 정도 수분이 빠져 있어 맛이 쉽게 밴다. 따라서 히타시지를 식히는 과정에서 한층 더 채소에 맛을 들게 할 수 있다.

조리의 포인트

1 누에콩은 껍질째 석쇠에서 굽는다.
2 다른 채소도 석쇠에서 구워 향과 색을 입힌다.
3 히타시지에 구운 채소를 담가 냄비째 식힌다.
4 누에콩은 색이 날아가지 않도록 식은 히타시지에 넣는다.

만드는 방법

누에콩을 굽는다

❶ 중불의 구이화구에 석쇠를 얹어, 누에콩을 껍질째 굽는다. 사진처럼 껍질에 확실한 구움색이 날 때까지 굽고, 불에서 내린다. 껍데기의 수분으로 인해 찐 것처럼 콩이 익는다.

❷ 껍질에서 콩을 빼내고 껍질을 벗긴다.

죽순, 생표고버섯, 장마를 굽는다

❸ 죽순은 삶아서 불순물을 빼고(15쪽 참조), 세로로 4cm 길이, 1cm 두께로 잘라 나눈다. 강불의 구이화구에 석쇠를 얹어 먹음직스런 색이나게 굽는다. 결을 따라 5mm 폭으로 자른다.

❹ 생표고버섯은 뒤집어서 갓 윗부분부터 천천히 익힌다. 갓 안쪽에 수분이 차오르면 된다. 5mm 두께로 자른다.

❺ 장마는 4cm 길이로 잘라 껍질을 벗긴다. 8mm 폭으로 결대로 자른다. 강불의 구이화구에 석쇠를 얹어 사진처럼 색이 나고 아삭한 씹는 맛이 남을 정도로 굽는다. 결 방향으로 5mm 두께로 자른다.

히타시지를 만든다

❻ 냄비에 재료를 섞어 가열한다. 구운 죽순, 표고버섯, 장마를 넣고 한번 끓인다.

❼ 냄비째 얼음물에서 식힌다. 식는 동안 히타시지의 맛이 스며든다.

❽ 어느 정도 차갑게 식으면 누에콩을 넣는다.

그릇에 담는다

산초잎은 물에 살짝 씻어 물기를 닦아내고, 칼로 두드려 다진다. 그릇에 채소를 담고 히타시지를 부은 뒤 다진 산초잎을 뿌린다. 이토하나가쓰오를 덴모리 한다.

제8장 / ご飯物 밥
고향모노

고향모노란 일본 요리의 코스에서 다양한 음식을 먹은 후 나오는, 배를 든든히 해주는 요리를 총칭할 때 많이 사용된다. 흰밥이 대표적이며 스시나 오카유, 조스이나 이이무시, 때로는 소바 같은 면 종류도 이 고향모노에 해당된다.

최근 일본 식당에서는 적은 인원을 위한 솥이나 질그릇 냄비를 준비해 손님의 식사 속도와 상황에 맞춰 즉석에서 밥을 짓는 가게가 늘고 있다. 코스 요리의 마무리로 은은한 밥 향기가 퍼지고, 갓 지어 윤기 나는 밥을 타이밍에 맞춰 먹으면, 마지막까지 젓가락을 놓지 않을 거라는 요리인의 마음가짐을 느낌과 동시에 만족감도 한층 높아진다. 이러한 밥에 대한 고집은 요즘 가정에도 조금씩 전해지고 있는 것 같다.

확실히 다키코미고향, 마제고향, 오카유, 조스이, 돈부리, 오차즈케, 스시, 오니기리 등 고향모노가 지닌 설명하기 어렵지만, 편안한 이 독특한 분위기는 식당에서 메뉴를 구성할 때 귀중하게 쓰이는데, 하시야스메나 오시노기에서 조금만 제공해도 위력을 발휘한다.

특히 죽순, 자연송이, 게 등의 제철 재료로 계절감을 연출하거나 성게알, 전복 같은 고가인 재료를 쓰는 등, 고민과 연구를 거쳐 화려하면서 대접받은 느낌을 주는 일품요리로도 낼 수 있다. 흰밥 만으로는 강한 인상을 줄 수 없을 때 다키코미고향이나 마제고향 등을 내서 만족도를 좀더 높이는 것이다.

어느 것을 내든 쌀과 물로 출발하는 '흰밥 짓는 법'이 기본이며, 쌀 씻는 방법, 물 조절, 불 조절, 뜸 들이기 등의 미묘한 조절이 밥의 맛을 끌어낸다. 일본인이 긴 시간 밥 짓기에 공들여온 기술의 기본으로 돌아가 확실하게 몸에 익히자.

조리의 포인트

쌀 씻는 방법

맨 처음에는 살짝 휘저어 섞고, 첫번째 쌀뜨물은 재빨리 버린다

❶ 쌀을 볼에 넣고 미리 받아놓은 물을 한번에 붓는다. 쌀이 많은 경우에는 이 방법은 더욱 효율적이다.

❷ 신속하게 문질러 탁해진 물을 바로 버린다.

❸ 손바닥으로 가볍게 누르고 손가락을 세워 고루 쌀알끼리 섞이도록 문지른다.

❹ 물을 받아 밑바닥부터 잘 섞고 물을 버린다. 이 작업을 물이 투명해질 때까지 2~3회 반복한다. 물을 버리고 쌀을 체에 받친다. 젖은 행주를 덮고 30분쯤 두어 수분을 충분히 흡수시킨다. 단, 이 이상 불리면 쌀 입자에 균열이 생겨 밥이 질어진다.

❺ 사진처럼 아래에 볼을 놓고 체를 올려서 흐르는 물에 씻는 방법도 있다.

Point 1

쌀은 재빠르게 씻어 물을 흡수시킬 것

쌀을 처음 씻을 때는 물과 닿는 시간을 줄이는 것은 매우 중요하다. 물에 오래 담가두면 건조되어 있던 쌀이 쌀겨 성분을 빠르게 흡수해 밥이 완성됐을 때 냄새가 날 수 있기 때문이다. 따라서 볼에 물을 미리 받아서 살짝 섞은 후 버린다. 또, 요즘 쌀은 깨끗하게 정미되어 나오기 때문에 박박 문질러 씻을 필요가 없고, 힘을 너무 많이 주어 씻게 되면 오히려 쌀이 부서져 밥이 질어지는 원인이 된다.

Point 2

물의 양 조절은 쌀의 상태와 요리법에 따라

밥을 할 때 물의 양은 고슬고슬한 밥이 좋은지 부드러운 밥이 좋은지 같은 취향과 묵은쌀인지 햅쌀인지, 만드는 요리가 무엇인지에 따라 조절하는 것이 좋으나, 씻어서 약 30분 이상 불리지 않는다고 생각하는 게 좋다. 일반적으로 물은 불린 쌀과 같은 양으로 하면 된다. 단, 다키코미고항같이 재료를 넣는 경우에는 그 재료에 함유되어 있는 수분도 고려하여 물의 양을 조절해야 한다. 스시의 밥도 배합초를 넣고 섞기 때문에 물의 양을 평소보다 살짝 줄여야 한다.

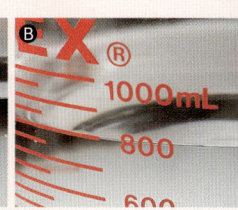

스시용 밥을 지을 때 물의 양은 평소보다 약간 줄인다

사진 ❹는 쌀 3컵을 짓기 위해 필요한 물의 양이다 (3컵의 생쌀을 씻어 불리면 4컵 조금 넘게 불어난다). 스시는 나중에 배합초를 섞을 걸 고려해 사진 ❺처럼 약 50ml의 물을 줄인다. 물의 양은 항상 일정하지 않고, 고항모노의 목적과 쌀의 상태에 맞춰 조절한다.

Point 3

불 조절은 강불에서 약불로 뜸 들이는 시간은 충분히

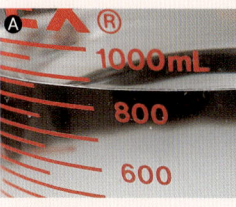

장작으로 불을 피워 하가마에 밥을 짓던 시대에는 '수분이 없어지고 탁탁 소리가 나기 시작하면 강불로, 뜸 들이고 있을 때는 아기가 울더라도 뚜껑을 열지 마'라는 말이 있을 만큼 뜸 들이기를 중요하게 생각했다. 이렇게 하면 맛있는 밥을 지을 수 있었다. 그러나 가스나 전기를 쓰고, 철, 동, 알루미늄, 질그릇 등의 재질이 다른 기구로 밥을 짓는 경우에는 각각의 열전도율에 맞는 불 조절이 필요하다. 예를 들어 도나베로 밥을 지을 때는 처음에는 강불로 하여 그릇 전체에 열을 골고루 퍼지게 해야 한다. 도나베는 열이 천천히 전달되기 때문에 강불로 가열해도 갑자기 고온이 되진 않는다. 끓기 시작하면 약불로 바꾼다. 같은 이유로 고온을 오래 유지할 수 있기 때문에 쌀의 심까지 열을 전달할 수 있고 온도도 천천히 떨어진다. 불을 끄고 뜸을 들이는데, 이때 남아 있는 수증기가 날아가므로 질지 않은 밥으로 완성되는 것이다.

주의1 이 책에서 쌀은 200㎖ 컵으로 계량했다.
주의2 고항모노에서 가장 신경 써야 하는 것이 불 조절이다. 중불이나 강불이라 하더라도 식당에서 사용하는 가스레인지의 중불이 가정용 가스레인지에서는 강불이 될 수도 있다. 또 냄비의 재질이나 두께, 깊이에 따라서도 불 조절과 밥 짓는 시간에 차이가 난다. 이 책에서의 시간과 불은 어디까지나 한 가지 예이다.

밤 고향
栗ご飯

씻어서 불린 쌀에 밤과 소금물을 넣고 맛을 더해주는 다시마를 1장 넣는다. 중불, 강불, 약불로 불을 조절해 밥을 짓는다. 구운 밤의 구수함이 더해진 심플한 다키코미고항이다.

재료(4인분)

밤	18개(500g)
쌀	3컵
· 물	800㎖
· 소금	1.5작은술
· 다시마	3g
· 청주(뜸 들일 때 사용)	30㎖
은행	12알
· 청주	100㎖
· 소금	적량

밤

다키코미고항이란 여러 가지 재료를 다시마, 조미료와 넣고 지은 밥을 말한다. 콩이나 밤 등 전분질이 많은 재료를 사용할 때 적합하며, 다시를 사용하지 않고, 담백하게 소금 간과 다시마만을 넣어 고급스러운 감칠맛을 더해 밥을 짓는 경우가 많다. 다시마는 물이 끓어오르면 건져서 비린내가 스며들지 않도록 한다.

조리의 포인트

1 밤은 물에 담갔다가 겉껍질이 부드러워지면 벗긴다.
2 속껍질을 벗기고 노릇하게 구워 색을 낸다.
3 솥에 씻은 쌀, 소금물, 밤, 다시마를 넣고 밥을 짓는다.

만드는 방법

밤을 준비한다

❶ 밤은 약 1시간 물에 담가 불려서 겉껍질을 부드럽게 만든다. 데바보초로 밤의 밑바닥을 잘라내고, 들어올리듯 잡아당겨 겉껍질을 전부 벗겨낸다. 우스바보초로 바꿔 속껍질을 밤의 생김새에 맞춰서 여섯 면으로 각지게 벗겨낸다. 가운데를 큼지막하게 벗겨내면 예쁜 형태로 완성이 된다.
❷ 물을 소량 받아놓은 트레이에 껍질을 벗긴 밤을 가지런히 놓고, 토치로 구워 사진처럼 색을 낸다. 이렇게 하면 구수한 향이 밥으로 옮겨진다.
❸ 4등분한다.
❹ ❸의 밤을 물에 넣어 전분질을 살짝 씻어내고, 물기를 제거한다.

은행을 준비한다

❺ 은행은 뾰족한 부분을 위로 향하게 놓고, 데바보초의 등으로 두드려 껍질을 깐 후, 알맹이를 빼서 얇은 막을 벗긴다(135쪽 참조). 냄비에 청주와 소금을 넣고 가열하여 끓인다. 은행을 넣고 볶듯이 익혀낸다. 녹색빛이 선명하게 나오면 체에 받치고 퇴색되지 않도록 부채로 부쳐 재빨리 식힌다. 세로로 얇게 자른다.

쌀을 준비한다

쌀은 씻어서 체에 받쳐 약 30분간 불린다.

밥을 짓는다

❻ 그릇에 물과 소금을 넣고, 저어서 소금을 녹인다. 밥솥에 씻은 쌀, 소금물, 밤, 다시마를 넣고 뚜껑을 덮어 가열한다.
❼ 중불로 가열하다가 끓기 시작하면 다시마를 꺼내고 강불로 바꾼다. 증기가 눈에 띄게 줄어들면 약불로 낮춰 5분간 가열한다.
❽ 밥이 다 되면 은행을 넣는다.
❾ 솥의 벽면과 밥 사이에 청주(30㎖)를 뿌리고 불을 끈다.
❿ 뚜껑을 덮고 약 10분간 뜸을 들인다. 수증기가 물방울로 맺혀 밥 위로 떨어지지 않도록 뚜껑에 마른 행주를 싸놓는다.

그릇에 담는다

갓 지은 밥을 그릇에 담는다.

대합 고항
蛤ご飯

대합 다시, 죽순, 표고버섯, 당근을 넣고 밥을 짓는다. 완성 단계에 대합 살, 유채를 잘 섞는다. 밥과 재료가 하나된 맛이 전해진다.

재료(4인분)
대합	16개
쌀	3컵
대합 다시	
· 물	1L
· 다시마	10g
밥짓기용 다시	
· 대합 다시	720㎖
· 미림	10㎖
· 소금	½작은술
· 국간장	40㎖
청주(뜸 들일 때 사용)	30㎖
유부	1장
유채	8줄기
유채 쓰케지	
· 다시	300㎖
· 미림	15㎖
· 소금	½작은술
· 국간장	10㎖
죽순	50g
표고버섯	4개
당근	30g
산초잎	12장
※ 소금	

도나베는 두께가 두껍기 때문에 열이 천천히, 그리고 균일하게 전달되며, 깊이가 있기 때문에 쌀을 품어 감싸듯 가열할 수 있다. 그러나 밥 지을 때 몇 가지 고민이 필요하다. 강불로 짓기 시작하여 끓기 시작하면 약불로 한다. 도나베는 보온력이 우수하므로, 약불로 해도 충분히 계속 끓게 할 수 있다.

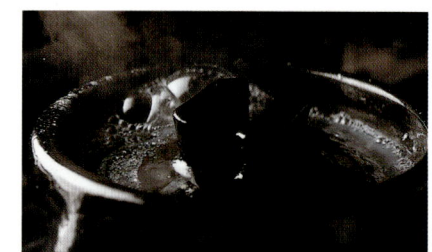

조리의 포인트

1 대합으로 다시를 내서 면포에 거른다.
2 도나베에 씻은 쌀, 취반용 다시, 유부, 죽순, 표고버섯, 당근을 넣고 강불로 밥을 짓기 시작한다.
3 불을 끄고 청주를 뿌린다. 대합과 유채를 넣고 뜸 들인다.

만드는 방법

대합 다시를 뽑는다
대합은 해감하고 껍데기에 묻은 지저분한 것들을 씻어낸다(25쪽 참조). 대합 다시를 뽑고(26쪽 참조), 면포에 거른다. 살은 껍데기에서 발라놓는다. 볼에 밥짓기용 다시를 섞어 식힌다. 대합에서 염분이 나오므로 맛을 확인해보고 조미료를 가감하여 넣는다.

쌀을 준비한다
쌀은 씻어서 체에 밭치고, 약 30분 불린다.

재료를 준비한다
❶ 유부는 아부라누키해 체에 밭친다.
❷ 행주로 감싸 물기를 제거하고 곱게 다진다.
❸❹ 유채 쓰케지를 만든다. 다시에 조미료를 넣고 한번 끓인 후 식힌다.
• 유채는 줄기의 질긴 부분을 잘라내고 큰 잎을 떼어낸다. 1.5cm 길이로 자른다. 끓는 물에 소금을 넣고 살짝 데쳐서 냉수에 넣어 식힌다. 물기를 제거하고, 쓰케지에 약 20분간 담가 맛을 들인다.
• 손질한 죽순(15쪽 참조)은 가로세로 5mm로 자른다.
• 생표고버섯은 밑동을 잘라내고 지저분한 것들을 씻어낸다. 물기를 제거하고, 가로세로 8mm로 자른다.
• 당근은 가로세로 5mm로 자른다.

밥을 짓는다
❺ 도나베에 씻은 쌀, 밥짓기용 다시, 유부, 죽순, 표고버섯, 당근을 넣고 강불로 가열한다.
❻ 뚜껑의 구멍에서 증기가 나올 만큼 끓으면 약불로 줄인다. 약 15분간 가열하고 불을 끈다.
❼ 뚜껑을 열고 도나베 벽과 밥 사이에 청주(30㎖)를 뿌린다.
❽ 대합 살과 유채를 흩뿌린다.
❾ 증기가 물방울이 되어 밥에 떨어지지 않게 마른 행주를 걸쳐 뚜껑을 덮고 10분간 뜸 들인다. 그 사이에 대합 살과 유채가 따뜻해지고, 열로 인해 청주의 알코올이 날아가 풍미가 더해진다.
❿ 뜸이 다 들면 나무 주걱으로 밥을 크게 저어 섞는다.

그릇에 담는다
밥그릇에 보기 좋게 밥을 담고, 산초잎을 곁들인다.

난반고향

南蛮ご飯

닭다릿살과 토란 등의 재료를 같은 크기로 잘라 한번 튀긴 후에 도나베에 넣어 밥을 짓는다. 기름의 진한 맛이 더해진 다키코미고항으로 완성 단계에 후추의 매콤함을 더한다.

재료(4인분)

쌀	3컵
닭다릿살	200g
토란	6개
단호박	200g
고구마	150g
보리새우(30g)	4마리
아스파라거스(굵은 것)	2대
난반 고향 다시	
· 다시	720㎖
· 청주	20㎖
· 미림	30㎖
· 소금	1작은술
· 진간장	30㎖
청주(뜸 들일 때 사용)	15㎖

※ 튀김용 기름, 후추

기름을 사용하는 조리법 중에는 난반인(스페인이나 포르투칼 사람)이 가져온 것에서 유래하여 '난반'이란 이름이 붙는 경우가 많다. 다키코미고항의 주역은 어디까지나 밥이므로 함께 먹었을 때 위화감이 들지 않도록 재료는 서로 비슷한 크기로 잘라놓는다. 왼쪽 위에서부터 오른쪽 방향으로 토란, 단호박, 닭다릿살, 고구마, 아스파라거스다. 토란, 고구마, 단호박은 표면에 약간 색이 날 정도로 살짝 튀긴다. 각각이 익는 속도가 다르므로 따로따로 튀긴다.

조리의 포인트

1 재료는 거의 같은 크기로 자르고, 각 재료를 따로따로 튀긴다.
2 도나베에 다시와 재료를 넣어 밥을 짓고, 완성 단계에서 새우와 아스파라거스를 넣는다.
3 청주를 뿌리고, 마른 행주를 씌운 뚜껑을 덮어 뜸 들인다.

만드는 방법

쌀을 준비한다
쌀은 씻어서 체에 밭쳐 약 20분간 불린다.

재료의 준비한다
닭다릿살은 불필요한 지방을 잘라내고 두꺼운 부분은 칼을 눕혀 포를 뜨는 것처럼 해서 비슷한 두께로 만든다. 가로세로 1.5cm로 자르고 170도 튀김용 기름에서 시모후리하듯 살짝 튀긴다.

❶ 토란은 껍질을 벗기고 세로로 4등분한다. 표면의 전분질을 씻어 물기를 제거한다.

❷ 단호박은 씨를 제거하고 껍질이 조금 남아 있게 벗긴다. 가로세로 1.5cm로 자른다. 고구마는 가로세로 1.5cm로 자르고, 표면의 전분질을 살짝 씻어 물기를 제거한다.

❸❹ 토란, 단호박, 고구마는 표면이 단단해질 정도로만 튀긴다. 170도 튀김용 기름에 넣어 기포가 줄어들고 연한 갈색빛이 나면 건져올린다.

❺ 보리새우는 대가리를 등 쪽으로 꺾어 등내장과 함께 떼어낸다. 물에 살짝 씻고 물기를 제거한다. 살은 껍질째 170도의 튀김용 기름에 넣었다 뺀다는 생각으로 살짝 튀긴다. 껍질을 벗기고 꼬리를 잘라낸 후 4등분한다.

❻ 아스파라거스는 밑동의 질긴 껍질을 벗겨내고, 1.5cm 길이로 자른다. 170도 튀김용 기름에서 이로 다시한다.

난반고향을 짓는다
❼ 볼에 난반고향의 다시 재료를 섞는다. 도나베에 씻은 쌀, 난반고향 다시, 튀긴 닭다릿살, 토란, 단호박, 고구마를 넣고 가열한다.

❽ 처음엔 강불로 하다가 끓기 시작하면 약불로 바꿔 약 15분간 가열한다.

❾ 밥이 지어지면 보리새우와 아스파라거스를 흩뿌려넣고 청주(30㎖)를 뿌린다.

❿ 마른 행주를 덮고 뚜껑을 위에 덮어 불을 끄고 약 10분간 뜸 들인다.

그릇에 담는다
뜸이 들었으면 전체를 크게 저어 섞고 그릇에 담아 후추를 소량 뿌린다.

시라가유 시로미소앙가케
白がゆ白味噌あんかけ

도나베에 씻은 쌀과 물을 듬뿍 부어 천천히 시간을 들여 죽을 쑨다. 밑간을 한 두부를 얹고, 단맛이 도는 시로미소앙을 끼얹는다. 몸속까지 따뜻해지는 부드러운 맛의 오카유다.

유키히라나베

재료(4인분)
쌀···½컵
물··· 700㎖
소금·· ½작은술
연두부··· ½판
연두부 니지루
· 다시·· 400㎖
· 미림··· 40㎖
· 소금··· 소량
· 국간장·· 20㎖
시로미소앙
· 시로미소·· 80g
· 다시·· 300㎖
· 물에 푼 칡전분⁕································ ½큰술
참나물·· ½단
⁕ 칡전분을 동량의 물에 녹인다.

시라가유는 끓기 시작하면 약불로 줄여서 쑨다. 하지만 약불이라고 해도 쌀이 대류할 정도의 불 조절이 필요하다. 끓어서 넘치려고 하면 뚜껑을 살짝 열어 증기를 빼고, 표면이 보글보글할 정도로 불을 유지한다.

조리의 포인트

1 강불로 시작해 끓어오르면 약불로 줄여 천천히 쑨다.
2 끓어서 넘쳐오르는 것을 막기 위해 뚜껑을 살짝 열어 증기를 빼준다.

만드는 방법

쌀을 준비한다
쌀은 씻어서 체에 밭쳐 약 30분간 불린다.

연두부를 준비한다
❶ 냄비에 연두부 니지루를 섞어 한번 끓인다. 연두부는 3cm로 깍둑 썰어 니지루에 넣고 완만하게 끓어오를 정도로 불 조절하여 약 3분간 조린다. 불에서 내려 그대로 식혀 맛을 들인다. 부글부글 끓이면 두부에 바람구멍이 생겨 부드러운 식감이 사라지므로 주의해야 한다.

참나물을 준비한다
❷ 참나물은 뿌리를 잘라내고 잎을 떼어낸다. 줄기만 곱게 다진다. 거즈에 싸서 물로 씻고, 물기를 제거한다.

시라가유를 쑨다
❸ 유키히라나베에 씻은 쌀과 같은 분량의 물을 넣고 가열한다.
❹ 끓다가 넘칠 수 있으므로 뚜껑을 살짝 열어놓는다.
❺ 표면이 보글보글거리며 약동할 정도로 불 조절하여 짓는다.
❻ 수면이 ⅔ 정도로 줄고 사진처럼 쌀이 부풀어 부드럽게 될 때까지 천천히 끓인다.
❼ 완성 단계에서 소금을 넣고, 바닥까지 젓는다. 뚜껑을 덮어 불을 끄고 5~6분 뜸 들인다.

시로미소앙을 만든다
❽ 냄비에 다시를 넣고 데운다. 볼에 시로미소를 덜어넣고 데운 다시를 소량 넣어 거품기로 잘 풀어준다. 이것을 냄비에 넣어 고루 섞는다. 살짝 끓여 거품을 걷어낸다.
❾ 체에 걸러 미소의 건더기를 제거한다.
❿ 나무 주걱으로 저어가면서 물에 푼 칡전분을 조금씩 넣어 농도를 입힌다. 다시 한번 끓여 칡전분의 냄새를 날린다.

그릇에 담는다
그릇에 죽을 담고 데운 연두부와 시로미소앙을 끼얹는다. 참나물을 덴모리한다.

큰실말 조스이

もずく雑炊

시간을 들여 천천히 불린 건가리비 관자와 관자를 불린 물로 만든 육수로 완성한 조스이다. 부드럽게 스르륵 넘어가는 감촉과 큰실말의 씹는 맛, 대조적인 식감을 즐길 수 있다.

큰실말

재료(4인분)

흰밥	450g
생큰실말	100g
생강	20g
건가리비 관자(30g)	4개

건가리비 관자 불린 물
- 물 ········· 300㎖
- 다시마 ········· 5g

조스이 다시
- 다시 ········· 700㎖
- 건가리비 관자를 불린 물 ········· 200㎖
- 소금 ········· 1작은술
- 국간장 ········· 10㎖
- 산초잎 ········· 적량

조스이는 매끈하게 풀어지건 걸쭉하건 취향에 따라 결정해서 완성하면 된다. 어느 쪽이든 갓 지은 밥을 사용하는 것이 맛있게 만드는 방법이겠으나, 찬밥을 사용해야 한다면 찬밥을 물에 살짝 씻은 후에 끈기를 제거해서 묽게 만들면 된다. 여기에서 소개하는 조스이는 쌀이 한 알 한 알 살아 있도록 조려 입에 넣었을 때 매끄러움이 느껴지도록 완성했다.

조리의 포인트

1. 건가리비 관자를 충분하게 불린다.
2. 갓 지은 밥으로 매끈하게 끓여낸다.

만드는 방법

건가리비 관자를 준비한다

❶ 건가리비 관자를 물에 씻어 지저분한 것들을 제거한다. 볼에 300㎖의 물과 가리비 관자, 물에 적셔 꽉 짠 행주로 지저분한 것들을 닦아낸 다시마를 넣고 7~8시간 불린다.
❷ ❶의 볼에 랩을 씌워 김이 오른 찜기에 넣고 강불에서 약 20분간 찐 뒤 꺼내어 그대로 식힌다.
❸ 불린 가리비 관자를 잘게 찢는다.
❹ 관자를 찐 국물은 다시마를 꺼내고 면포에 거른다. 이 국물은 가리비 관자의 감칠맛을 머금고 있으므로, 조스이 다시에 사용한다.

큰실말을 준비한다

❺ 큰실말을 손질한다. 도마에 펼쳐놓고, 큰실말 이외의 것들이 섞여 있다면 젓가락으로 끄집어낸다. 3~4cm 길이로 자른다. 체에 넣어 씻는다.
❻ 냄비에 물을 끓여 큰실말을 넣고 시모후리하듯 데쳐낸다. 체에 밭쳐 냉수에 넣어 식힌다. 식으면 물기를 제거한다. 이렇게 하면 큰실말이 부드러워지며 해초 특유의 비린내가 누그러진다.

생강과 산초잎을 준비한다

생강은 껍질을 벗기고 결 방향으로 얇게 저며 채 썬다. 산초잎은 물에 씻고 물기를 제거해서 잎만 떼어놓는다.

조스이를 완성한다

❼❽ 냄비에 조스이 다시 재료를 섞어 끓이고 갓 지은 밥을 넣어 한번 더 끓여준다.
❾ ❻의 큰실말과 ❸의 찢어놓은 관자 살, 채 썬 생강을 넣는다.
❿ 약 1분간 약불로 조절하여 끓이고, 스르륵 흐를 정도의 농도로 만들어 조스이를 완성한다.

그릇에 담는다

완에 담고, 산초잎을 곁들인다.

지라시즈시
ちらしずし

약간 단단하게 갓 지은 밥에 배합초를 섞은 초밥이다.
맛, 색, 식감을 균형 있게 잘 조합하여 달걀 소보로,
바닷장어, 오징어, 보리새우, 표고버섯, 기누사야를 담는다.

재료(4인분)

쌀	3컵
물	800㎖
다시마(밥짓기용, 5cm 각)	1장
배합초	
· 식초	100㎖
· 설탕	65g
· 소금	15g
· 다시	3g
구운 바닷장어(쓰케야키)	2마리
바닷장어 다레	
· 청주	50㎖
· 미림	50㎖
· 설탕	¾ 큰술
· 국간장	40㎖
오징어(횟감)	100g
청주	30㎖
보리새우(25g)	4마리
표고버섯 우마니	
· 건표고버섯	8개
· 표고버섯 불린 물	200㎖
· 다시	200㎖
· 설탕	3큰술
· 미림	20㎖
· 진간장	40㎖
박고지 우마니	
· 건박고지	15g
· 다시	200㎖
· 설탕	1.5큰술
· 미림	15㎖
· 진간장	20㎖
달걀 소보로	
· 달걀	6개
· 달걀노른자	2개
· 설탕	4큰술
· 소금	½작은술
기누사야	12장
산초잎	적량

조리의 포인트

1 배합초에 다시마의 풍미를 입힌다.
2 일반적인 밥을 지을 때보다 물을 10% 줄여, 밥을 약간 되게 짓는다.
3 뜨거운 밥에 배합초를 뿌려, 나무 주걱으로 자르듯이 섞고, 자연스럽게 식힌다. ⋯▶
4 초밥이 사람의 체온 정도로 식으면 재료를 넣고 섞는다.

밥이 다 지어지면 솥에서 꺼내어 뜸 들이는 시간을 짧게 하고, 밥에 김이 모락모락 날 때 한기리에 넣고 서둘러서 배합초를 끼얹는다. 이 단계에서 시간이 지체되면 밥이 식어서 배합초가 잘 스며들지 않으므로 지체 없이 섞어야 한다.

만드는 방법

배합초를 만든다
❶ 볼에 배합초 재료인 식초, 설탕, 소금을 넣고, 저어서 녹인다. 다시마를 넣고 하룻밤 두어 그 감칠맛이 배합초에 스며들면 건져낸다.

바닷장어를 준비한다
❷ 바닷장어 다레를 만든다. 냄비에 다레의 재료를 섞어 한번 끓인 후 식힌다. 초벌한 바닷장어를 석쇠에서 구워 껍질에 노릇한 색과 구수한 향을 낸다. 살과 껍질에 붓으로 다레를 바르고 마를 정도로 굽는다. 세로로 2등분하고 2cm 폭으로 자른다.

오징어를 준비한다
❸ 오징어는 사진처럼 표면에 얕은 격자무늬의 칼집을 넣고 가로세로 2cm로 자른다.
❹ 냄비에 청주를 넣고 끓이다가 오징어를 넣고 볶듯이 한다. 오징어 표면만 살짝 익혀낸다. 체에 밭쳐 식힌다.

보리새우를 준비한다
❺ 보리새우의 대가리를 등 쪽으로 꺾어 잡아당겨 내장과 함께 떼어낸다.
❻ 왼손에 보리새우의 배를 위로, 대가리 쪽은 자신의 정면으로 오게 놓고, 살과 껍질 사이에 똑바르게 대나무 꼬치를 꽂는다.
❼ 끓는 물에 소금을 조금 넣은 뒤 보리새우를 넣고, 뚜껑을 덮어 약 3분간 삶는다.
❽ 익으면 얼음물에 담가 식힌다. 충분히 식으면 물기를 제거하고 꼬치를 뽑는다. 껍질과 꼬리를 제거하고 2cm 폭으로 자른다.

표고버섯 우마니를 만든다
❾ 건표고버섯은 듬뿍 받은 물에 넣어 불린다. 오토시부타를 덮어 약 30분간 두면 표면만 부드럽게 분다. 물을 버리고 정성껏 씻어 먼지나 흙 등을 제거한다. 새로운 물을 표고버섯이 잠길 정도로 받고, 오토시부타를 덮어 5~6시간 속까지 불린다. 이 과정에서 생기는 불린 물을 따로 덜어놓는다. 밑동을 잘라 내고 끓는 물에 넣어 약 5분간 삶는다.
❿ 표고버섯을 다시, 불린 물과 함께 냄비에 넣고, 오토시부타를 덮어 강불로 가열한다. 끓어오르면 약불로 줄여 설탕과 미림을 넣고 약 10분간 조린다. 니지루가 절반으로 졸아들면 진간장을 넣는다.

⓫ 니지루가 거의 없어질 때까지 졸인 후 불을 끈다. 식으면 4개는 곱게 다지고, 남은 4개는 2등분해 놓는다.

박고지를 조린다
⓬ 물을 듬뿍 받아 약 10분간 박고지를 불린다. 물기를 빼고, 소금을 쳐서 박박 주물러 박고지 특유의 냄새를 제거한다.
⓭ 오토시부타를 덮어 끓는 물에 넣고 삶는다. 손톱이 들어갈 정도로 부드러워지면 체에 밭쳐 물기를 제거한다. 펼쳐놓고 식힌다.
⓮ 박고지를 곱게 다진다. 냄비에 다시와 박고지를 넣고 강불에 가열한다. 끓으면 조미료를 넣고, 약불로 줄여 니지루가 거의 졸아들 때까지 조린다.

달걀 소보로를 만든다
⓯ ⓰ 냄비에 달걀과 다른 재료를 넣고 고루 섞는다. 약불에서 젓가락 5~6개를 합쳐 전체를 쉬지 않고 저어 작은 알갱이의 소보로를 만든다.

밥을 짓는다
⓱ 밥솥에 씻은 쌀과 같은 양의 물, 다시마를 넣고 밥을 짓는다. 끓기 시작하면 다시마를 건져낸다.

기누사야와 산초잎을 준비한다
기누사야는 질긴 줄기를 떼어내고, 끓는 물에 소금을 넣어 데친 뒤 찬물에 담가 식힌다. 물기를 제거하고, 2cm 폭으로 자른다. 산초잎은 물에 살짝 씻고, 물기를 제거한다.

스시용 밥을 만든다
⓲ 한기리는 밥이 들러붙지 않도록 배합초에 적신 행주로 닦아놓는다. 밥이 다 지어지면 곧바로 물에 적셔놓은 나무 주걱으로 냄비 벽을 따라 밥을 퍼서 한기리에 덜어넣는다. 배합초를 나무 주걱 위로 따라 밥 전체에 고루 끼얹는다.
⓳ 나무 주걱을 뉘어 밥을 자르듯이 신속하게 젓는다. 필요 이상으로 저으면 찰기가 생기므로 주의한다.

그릇에 담는다
⓴ 밥이 사람 체온 정도로 식으면 박고지와 표고버섯 다진 것을 넣고 섞는다. 그릇에 담고 달걀 소보로를 밥 위에 가득 채운다. 바닷장어, 오징어, 보리새우, 표고버섯, 기누사야를 보기 좋게 잘 담고, 산초잎을 곁들인다.

제9장

다시 뽑기와
식재료 손질하기

요리 용어 해설

다시 뽑기

일본 요리의 맛의 기본은 '다시'에 있다고 할 수 있다. 요리에 따라 가쓰오부시나 다시마, 멸치, 닭 뼈, 건표고버섯으로 다시를 내거나 요리 재료 그 자체에서 우러난 다시를 쓴다. 이 중에서도 가쓰오부시와 다시마로 뽑는 1번 다시와 2번 다시를 사용하는 요리점이 많은데, 완모노, 니모노, 무시모노뿐만 아니라 대부분의 요리에 쓴다. 가게의 음식 맛은 결국 맛있는 다시를 지속적으로 만드느냐에 달려 있다고 할 수 있다. 덧붙이면 다시를 만드는 것을 '다시를 뽑는다'라고도 말한다. 이것은 다시에 사용되는 재료의 '감칠맛만을 뽑아낸다'라는 의미다.

잡미가 없는 다시를 만들기 위해선 재료를 꼼꼼하게 선택하고, 적절한 분량과 감칠맛이 나오는 시간의 프로세스를 파악해야 한다. 또 불순물을 빠짐없이 걷어내고 제거하는 등, 경험과 감을 갈고닦는 인고의 시간이 요구된다.

다시의 재료

다시마 昆布

다시를 뽑기 위해 사용하는 다시마는 주로 마콘부, 리시리콘부, 라오스콘부, 히다카콘부다. 좋은 다시마는 잘 건조되어 있고, 진한 녹갈색에 광택이 나며, 두꺼워야 하고, 단맛 성분인 '만니톨mannitol'이 흰 분말처럼 표면에 퍼져 있어야 한다.

마콘부

홋카이도의 마쓰마에, 하코다테, 무로란 주변에서 채취된다. 두께가 두껍고 폭이 넓으며, 야마다시콘부라고도 불린다. 관서 지역에서는 익숙한 다시마이며, 최고급 상품으로 깨끗하고 산뜻한 맛의 다시가 우러난다.

리시리콘부

마콘부와 같은 종이지만 마콘부보다는 비교적 작다. 리시리 섬, 레분 섬, 왓카나이 주변에서 채취되며, 맑고 특유의 향이 있는 농후한 다시가 우러난다. 특히 레분 섬의 것이 좋은 향이 난다.

히다카콘부

미쓰이시콘부라고도 불린다. 히다카에서 에리모 곶을 지나 히로에 걸쳐 채취된다. 진한 녹색이나 검갈색이다. 다시를 뽑는 다시마도 쓰이며, 폭이 좁고 살이 부드러워 다시마 말이처럼 다시마 그 자체를 졸이는 요리에도 사용된다.

라우스콘부

시레토코 반도의 남쪽(네무로)의 라우스 초 연안에서 채취한다. 줄기 폭이 넓고, 두께는 얇다. 라우스 다시마는 두께가 얇은 것이 좋다. 탁해지기 쉽고, 노란 띠가 떠오를 수 있으나 풍미가 진한 다시가 우러나온다. 양질의 다시마는 향이 상당히 좋고, 씹는 맛도 좋다.

가쓰오부시 かつお節

가쓰오부시는 가다랑어를 산마이오로시하여 삶은 후 훈연건조한 것이다. 산지로는 가고시마, 고치, 시즈오카가 유명하다. 훈연하여 건조시킨 것을 '아라부시', 이것에 곰팡이를 피워 말린 것을 '가레부시'라고 한다.

각각 '혼부시'와 '가메부시'로 나누며 혼부시는 대형 가다랑어를 산마이오로시하여 지아이를 제거한 후 만든 것으로, 등살을 '오부시', 뱃살을 '메부시'라고 부른다. 오부시는 지방분이 적고 담백한 다시가, 메부시는 진한 맛의 다시가 우러난다. 가메부시는 소형 가다랑어를 산마이오로시하여 만든다.

아라부시는 광택이 좋은 것을, 가레부시는 곰팡이가 빈틈없이 핀 것을 선택한다. 모두 잘 건조되어 있고, 서로 부딪쳤을 때 맑은 소리가 나며 향이 좋은 걸 고른다.

아라부시

혼부시(메부시, 오부시)

가메부시

게즈리부시

향이 좋고 비린내가 없는 비교적 담백한 다시가 우러나며 관서 지역에서 선호한다. 가레부시와 비교하면 떫은맛이 덜해 니모노에 적합하다.

가레부시

혼부시(메부시, 오부시)

가메부시

게즈리부시

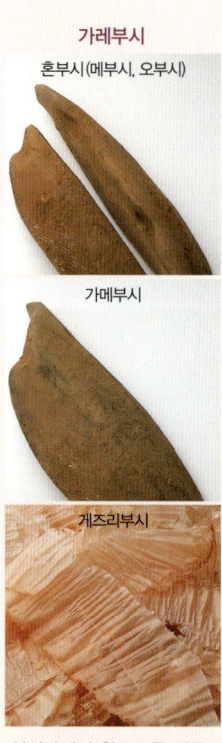

고급 일식당에서 완모노를 만들 때 쓴다. 가다랑어의 풍미가 풍부하고 부드러운 깔끔한 다시가 우러난다. 섬세한 맛의 다시를 뽑아야 할 때는 지아이 부분을 제거한 것을 쓰는 게 좋다.

니보시 煮干し

멸치 니보시

니보시는 원래 작은 물고기를 삶아서 말린 것을 뜻하지만, 일반적으론 멸치의 치어를 삶아 말린 것을 지칭한다. 5~6cm 크기로, 광택이 있고, 하얗고 잘 건조되어 껍질이 벗겨지지 않으며, 전체 모습이 온전한 것이 좋다. 양질의 니보시를 쓰면 비린내가 적고 부드러우며 감칠맛이 풍부한 다시가 우러난다.

1번 다시 一番だし

다시마와 가쓰오부시로 단시간에 뽑는 기본 다시. 가쓰오부시의 감칠맛 성분인 이노신산과 다시마에 함유된 글루타민산이 만나 깊은 감칠맛과 고급스러운 풍미가 상승한다. 완모노와 니모노의 다시, 무시모노 등에 폭넓게 쓰인다.

재료(완성 1.8L)
물 ··· 2L
다시마※ ································ 40g
게즈리가쓰오※ ···················· 60g

다시 뽑는 방법
❶ 물에 적셔 꽉 짠 행주로 다시마에 묻어 있는 먼지를 살살 닦아낸다. 물에 씻어버리면 단맛 성분인 흰 가루까지 씻겨나간다.
❷ 냄비에 물, 다시마를 넣고, 약 10분 안에 끓을 정도로 불을 조절해 천천히 온도를 올린다. 이때 다시마의 감칠맛이 우러난다.
❸ 끓기 직전에 다시마의 두꺼운 부분을 손톱으로 눌러서 살짝 들어가면 건진다.
❹ 다시마의 감칠맛이 우러난 국물에 약 70㎖의 물을 넣고 끓어오름을 진정시킨다.
❺ 게즈리가쓰오를 단번에 넣는다. 다시 끓어오르면 바로 불을 끈다. 게즈리가쓰오가 가라앉기 시작하면 거품을 조심스레 걷어낸다.
❻ 체에 면포를 깔고, 천천히 냄비 속 다시를 거른다. 자연스럽게 다시가 걸러질 때까지 기다린다. 국자로 눌러 짜면 다시가 탁해지거나 잡미가 나오게 된다.
※ 다시마는 작게 자르거나, 칼집을 넣거나 하지 않는다. 가쓰오부시는 되도록 사용 직전에 대패로 민 것을 사용한다.

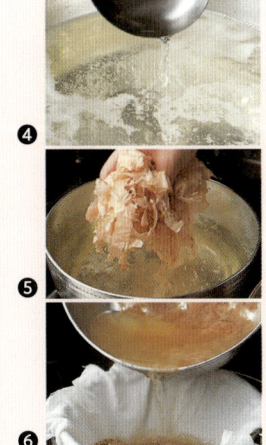

2번 다시 二番だし

1번 다시를 뽑고 난 가쓰오부시와 다시마로 진득하게 감칠맛을 우려낸 다시. 풍미는 가쓰오부시를 더 넣어 보충한다. 주로 맛이 진한 니모노나 미소시루 등에 사용한다.

재료(완성 약 1.5L)
1번 다시를 뽑고 걸어둔 게즈리가쓰오와 다시마
물 ··· 2L
게즈리가쓰오 ······················· 30g

다시 뽑는 방법
❶ 1번 다시를 뽑은 게즈리가쓰오와 다시마에 물을 넣고 강불로 가열한다.
❷ 끓으면 보글보글 올라오도록 불을 줄여서 ¾으로 줄어들 때까지 끓인다.
❸ 게즈리가쓰오를 넣고 불을 끈다. 향을 보충하려는 것이므로 가열하지 않는다.
❹ 면포에 천천히 거른다.

곤부 다시 昆布だし

다시마를 물에서 천천히 오래 불려 감칠맛만을 뽑아낸다. 나베모노의 다시나 신조 반죽의 농도를 조절할 때 쓴다. 쇼진다시의 베이스 다시와 함께 쓰는 경우가 많다.

재료(완성 2L)
물 ··· 2L
다시마 ································· 60g

다시 뽑는 방법
물기를 꽉 짠 행주로 다시마를 가볍게 닦는다. 물에 다시마를 담가 7~8시간 불린 후 건진다. 여름에는 냉장고에 넣어둔다.

니보시 다시 煮干しだし

미소시루에는 가쓰오부시와 다시마로 만든 다시는 물론이고, 감칠맛이 산뜻한 니보시로 낸 다시도 잘 어울린다. 끓여서 맛을 우려내는 니다시와 물에 불려 맛을 내는 미즈다시로 나뉘며, 니다시는 강한 맛의 다시를, 미즈다시는 개운하고 깔끔한 다시를 낼 수 있다.

재료(완성 약 800㎖)
물······································· 1L
니보시(머리, 내장을 제거한 것)❋ ····· 30g
다시마····································5g

다시 뽑는 방법
❶ 쓴맛을 내거나 국물을 탁해지게 하는 니보시의 머리와 내장을 제거한다. 내장 부분을 손끝으로 당겨 머리와 함께 떼어낸다.
❷ ❶을 볼에 넣고 물을 부어 휘저어 씻는다. 감칠맛이 빠지지 않게 신속하게 씻어 먼지나 비늘을 제거한다. 다시마는 물기를 꽉 짠 행주로 가볍게 닦는다.
❸ 냄비에 물을 붓고, 물기를 제거한 ❷의 니보시와 다시마를 넣는다.
❹ 5~6시간 그대로 불린다. 물의 온도에 따라 감칠맛이 달라지므로 계절에 맞게 조절한다. 특히 여름에는 수온이 높아져 잡미가 날 수 있으므로 냉장고에 넣는다.
❺ 그대로 중불로 가열하다가 끓어오르면 바로 불을 끈다. 떠오른 거품을 말끔히 걷어낸다.
❻ 체에 면포를 깔고 천천히 거른다.
❋ 크기는 5~6cm가 좋다. 푸른 광택이 돌고 확실하게 잘 말라 온전한 모습인 것으로 고른다.

우마미시오 うまみ塩

소금에 다시마의 감칠맛을 더한 것으로 쓰쿠리, 아게모노, 야키모노 등에 곁들이거나 뿌린다. 입에서 잘 녹아 순식간에 맛이 퍼지지만 긴 시간 남지 않는다. 차조기, 튀긴 산초순, 말차를 섞기도 한다.

재료(만들기 쉬운 분량)
곤부 다시····················· 200㎖
소금····························· 50g

우마미시오   시소 소금   말차 소금

만드는 방법
❶ 냄비에 곤부 다시와 소금을 넣고 약불에서 타지 않게 주걱으로 저어 수분을 증발시킨다.
❷ 손으로 만졌을 때 보송보송한 상태가 될 때까지 볶는다.
❸ 절구에 넣고 갈아서 분말로 만들고, 촘촘한 체로 거른다.

폰즈쇼유 ポン酢しょうゆ

영귤, 유자, 등자나무열매, 가보스(유자의 일종) 같은 감귤류를 착즙하여 식초, 간장 등을 섞어 찍어먹는 간장이다. 폰즈는 원래 네덜란드어인 pons에서 유래한 말로 감귤류를 착즙한 과즙, 음료 등을 의미하고, 동시에 폰즈의 '즈'는 식초를 의미한다.

재료(만들기 쉬운 분량)
감귤류 착즙·············· 200㎖   다마리조유·············· 30㎖
식초······················· 150㎖   알코올 날린 미림········ 50㎖
진간장····················· 200㎖   게즈리가쓰오············ 10g
                                      다시마(5cm 각)··········1장

만드는 방법
볼에 재료를 넣고 고루 섞어 5~6시간 둔 후 면포에 거른다. 냉장고에서 일주일간 숙성시켜 맛이 부드러워질 때까지 기다렸다 사용한다.

식재료 손질하기

생선 손질

산마이오로시의 기본

전갱이 산마이오로시 基本の三枚おろし

생선을 2장의 살과 중골로 나눠 3개로 만드는 것을 산마이오로시라고 한다. 통상 머리를 사용하지 않는 고등어, 전갱이, 작은 생선 등을 산마이오로시할 때는 머리와 아가미를 함께 자르고 내장을 제거한다.

꼬리에서 아가미까지 걸쳐 있는 뾰족한 비늘을 제거한다
❶ 전갱이 생선은 대부분 제이고(젠고)라고 하는 가시 형태의 단단한 비늘이 있는데, 처음에 이것을 제거해야 한다. 생선 대가리를 왼쪽으로, 배를 자신의 정면으로 놓는다. 칼을 눕혀 최대한 살이 잘리지 않게 꼬리부터 대가리 쪽으로 벗겨낸다. 반대쪽도 같은 요령으로 제거한다.

비늘을 제거한다
❷ 머리를 잡고 칼을 직각으로 세워 꼬리에서 대가리 방향으로 비늘을 긁는다. 반대편도 같은 요령으로 제거한다.

대가리를 잘라내고, 내장을 제거한다
❸ 가슴지느러미 뒤와 엉덩이지느러미가 연결되는 선상에 칼을 살짝 오른쪽으로 눕혀 집어넣고, 대가리 쪽으로 칼집을 넣는다. 중골에 닿으면 칼을 세워 중골의 두꺼운 뼈를 자른다.
❹ 대가리의 위치를 바꾸지 않고 뒤집는다. ❸과 같은 요령으로 칼집을 넣어, 대가리와 아가미를 함께 잘라낸다.
❺ 대가리를 오른쪽, 배를 자신의 정면으로 향하게 놓는다. 잘려진 부분에 칼을 넣고, 항문에서 꼬리 쪽으로 칼질하여 배를 연다. 칼턱으로 긁어서 내장을 제거한다.
❻ 칼끝으로 지아이를 잘라 펼친다.
❼ 물속에 넣고 피나 지아이와 배 속에 남아 있는 지저분한 것을 깨끗하게 씻어낸다. 물기를 확실하게 제거한다. 이후부터는 물을 쓰지 않는다.

니마이오로시 한다
❽ 대가리를 오른쪽, 배를 자신의 정면에 놓고, 오른쪽으로 치우치게 비스듬히 놓는다. 꼬리 지느러미의 시작점에 칼을 눕혀서 넣은 후 당기듯이 자른다. 그다음 중골에 닿을 때까지 칼끝을 사용하여 잘라나간다.
❾ 생선의 등이 정면으로 향하게 놓는다. 등지느러미가 칼 아래에 오게 놓고 꼬리 쪽에서 대가리 쪽으로 당기듯 자른다. 중골에 닿을 때까지 칼끝을 대고 잘라나간다.
❿ 칼집을 낸 꼬리 쪽 근처에 칼날의 방향이 바깥쪽으로 향하게 넣고, 중골과 연결된 살을 꼬리가 연결된 부위까지 자른다.
⓫ 왼손으로 꼬리 부분을 누르고, 칼날의 방향이 안쪽을 향하게 바꾸어, 중골 위를 타내려가듯이 살을 잘라 분리한다.
⓬ 다시 칼의 방향을 바꾸어, 꼬리와 연결된 살을 잘라 뼈를 나눈다. 여기까지가 니마이오로시.

산마이오로시한다
⓭⓮ 중골과 붙어 있는 반쪽 살의 대가리 방향을 오른쪽으로, 등을 자신의 정면에 둔 뒤 위쪽이 살짝 오른쪽으로 향하게 비스듬히 놓는다. 왼손으로 가볍게 전체를 누르고, 대가리 쪽의 등에 칼을 넣는다. 등지느러미를 경계 삼아 꼬리까지 자른다.
⓯ 생선의 배가 정면으로 오도록 바꾸고, 꼬리에 가까운 배부터 중골에 닿을 때까지 칼집을 넣는다.
⓰ 칼을 중골에 대고 살을 살짝 벌려가면서 대가리 쪽으로 잘라나간다. ❿과 같은 요령으로 자른다.
⓱ 다시 칼을 안쪽으로 향하게 바꾸고, ⓫과 같은 요령으로 단숨에 잘라낸다. ⓬와 같은 요령으로 살과 중골을 잘라 분리한다.
⓲ 산마이오로시 완성. 앞에서부터 우와미, 중골, 시타미.
❈ 생선 대가리를 왼쪽, 배를 자신의 정면에 오게 두었을 때, 위쪽 살을 우와미, 밑으로 깔려 있는 살을 시타미라고 한다. 오로시한 살은 전부 조미라고 부른다.

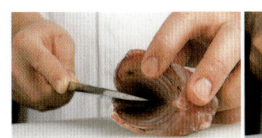 

칼의 각도
일본의 요리칼은 외날이므로, 시노기와 칼끝의 부분이 중골과 평행이 되게 칼을 넣는 게 올바른 방법이다.

농어 산마이오로시 すずきの三枚おろし

대가리에 가마를 붙여 잘라내는 방법인 가마시타오토시를 하고, 산마이오로시한다. 농어는 갈비뼈가 잘 빠지게끔 되어 있어, 꼬리에서 중간까지 칼집을 넣은 다음, 손으로 잡아당겨 살을 떼어낼 수 있다.

가마시타오토시한다
❶ 미즈아라이한 농어를 대가리는 왼쪽으로, 배는 자신의 정면에 오게 놓는다. 가슴지느러미를 들고 배지느러미 아래쪽까지 비스듬하게 찌르듯이 데바보초를 넣어 중골까지 칼집을 넣는다.
❷ 대가리 위치가 바뀌지 않게 뒤집는다. ❶과 같은 요령으로 칼을 넣어 중골을 잘라 대가리를 떼어낸다.

니마이오로시한다
❸ 꼬리지느러미 위쪽에 가로로 칼집을 넣는다. 대가리를 오른쪽으로, 배를 자신의 정면으로 오게 놓는다. 배 쪽부터 꼬리지느러미까지 중골을 타고 칼집을 넣는다.
❹ 농어 대가리를 왼쪽으로, 등을 자신의 정면으로 오게 놓는다. 꼬리 쪽에서 대가리 방향으로, 등지느러미의 바로 위쪽으로 중골을 타고 칼집을 넣어 잘라나간다.
❺ 꼬리에 넣어놓은 칼집에 칼을 넣는다. 칼을 뉘어 중골 위를 타고가듯이 항문 근처까지 칼집을 넣는다.
❻ 꼬리가 연결되어 있던 시작점을 칼턱으로 누르고 왼손으로 살을 잡고, 대가리 쪽으로 들어올리듯 잡아당겨 떼어낸다. 니마이오로시 완성.

산마이오로시한다
❼❽ 잘라낸 쪽을 밑으로 놓고, 대가리 쪽을 오른쪽, 등을 자신의 정면에 오게 한다. 꼬리가 연결된 부분에 칼집을 낸다. 등지느러미의 바로 위로 칼을 뉘어서 넣고, 중골을 따라 꼬리 쪽으로 칼집을 넣어간다.
❾ 대가리 방향만 바꿔 배 쪽의 꼬리 연결 부위에서 대가리 쪽을 향해 중골을 타고 잘라나간다. ❺와 같은 요령으로 자르고 ❻과 같은 요령으로 살을 잡아당겨 떼어낸다. 산마이오로시 완성.

갈비뼈를 떠낸다
❿ 껍질면을 밑으로 꼬리를 자신의 정면으로 오게 놓는다. 갈비뼈가 시작되는 지점에 칼날을 위로 향하게 세워 칼집을 넣는다. 칼을 오른쪽으로 뉘어서 떠낸다.

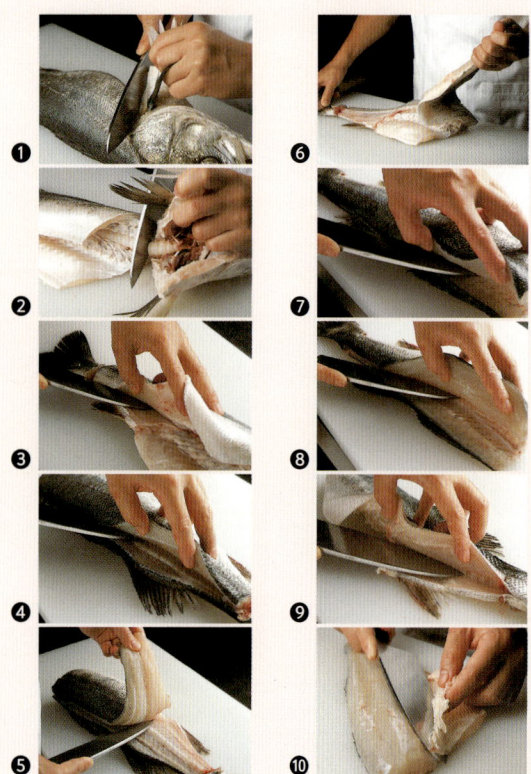

갈치 산마이오로시 たちうおの三枚おろし

갈치는 비늘이 없고, 살이 부드러워 으깨지기 쉬우므로 조심해서 다룬다. 몸을 덮고 있는 구아닌이라는 색소도 벗겨져버리기 쉬우므로 주의한다.

대가리를 자르고, 내장을 제거한다
❶ 지저분한 것들을 물에 살짝 씻어내고, 물기를 닦는다. 대가리를 왼쪽으로, 배를 자신의 정면으로 오게 놓는다. 가슴지느러미 밑으로 칼을 수직으로 넣어 대가리를 잘라낸다.
❷ 대가리 쪽을 오른쪽으로, 배를 자신의 정면에 오게 놓는다. 대가리 쪽부터 항문 쪽까지 배를 가른다. 칼턱으로 내장을 긁어내듯이 끄집어낸다. 지아이를 갈라 열고, 배 속을 깨끗이 씻고, 물기를 확실하게 제거한다.

니마이오로시한다
❸ 대가리 쪽을 오른쪽으로, 배를 자신의 정면으로 오게 놓는다. 항문에서 약간 위쪽으로 칼을 뉘어서 넣고, 중골을 따라 꼬리까지 조금씩 당기듯이 잘라나간다.
❹ 대가리 방향을 왼쪽으로, 등을 자신의 정면으로 오게 놓는다. 등지느러미의 바로 위에 칼을 대고, 중골을 따라 가듯이 잘라, 중골의 두꺼운 뼈의 경계가 나올 때까지 대가리 쪽으로 잘라나간다.
❺ 꼬리 근처에 칼을 찔러넣고, 칼 방향을 바깥을 향하게 하여 중골을 타내려가듯이 꼬리의 경계선까지 자른다.
❻ 칼 방향을 바꿔 왼손으로 꼬리 부분을 누르고, 대가리 쪽으로 중골 위를 단숨에 잘라 분리한다.
❼ 살만 뜬 시타미와 중골이 붙어 있는 우와미로 나뉘면 니마이오로시 완성.

산마이오로시한다
❽ 중골을 밑으로, 대가리 쪽을 오른쪽으로, 등을 자신의 정면으로 오게 놓는다. 대가리 쪽에서 꼬리를 향해, 중골을 따라 등지느러미의 바로 위를 잘라나간다. 대가리 방향만 바꾸어, 꼬리 쪽에서부터 칼을 넣어, 중골을 따라 두꺼운 뼈가 나올 때까지 잘라나간다. ❺❻과 같은 요령으로 자른 뒤 꼬리 쪽 연결 부위와 중골을 잘라 분리한다.
❾ 앞에서부터 산마이오로시가 완성된 우와미, 중골, 시타미다.

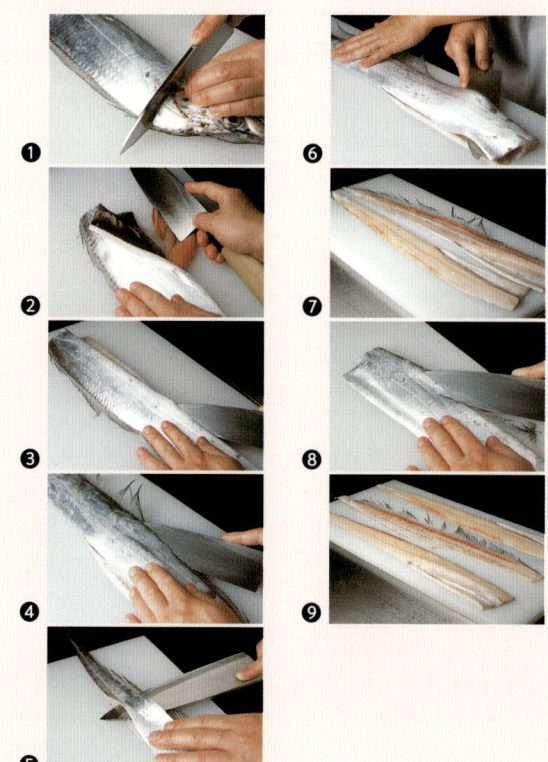

병어 산마이오로시 まながつおの三枚おろし

병어의 아가미덮개에 맞춰 V자로 칼집을 넣어 대가리를 잘라낸다. 살이 얇고 뼈도 연하므로 힘을 주어 칼을 넣으면 가시까지 잘려나가는 경우가 있으므로 주의한다.

대가리를 잘라내고, 내장을 제거한다
❶ 솔로 문질러 점액질과 비늘을 제거한다. 물에 씻은 뒤 물기를 닦아놓는다. 대가리를 왼쪽, 배를 자신의 정면으로 오게 놓는다. 가슴지느러미를 잘라내고, 사진❶처럼 칼을 넣는다.
❷ 아가미덮개를 따라 V자로 칼집을 넣고, 아가미와 대가리를 함께 잘라낸다.
❸ 대가리 쪽을 오른쪽으로, 배를 자신의 정면으로 오게 놓는다. 배를 갈라 내장을 제거한다. 배 속을 물로 깨끗하게 씻어내고, 물기를 닦아놓는다.

니마이오로시한다
❹ 꼬리의 시작 지점에 가로로 칼집을 넣는다. 대가리 쪽을 오른쪽, 배를 자신의 정면에 오게 놓는다. 배 쪽에서부터 칼을 넣고 중골을 따라 꼬리의 시작 지점까지 칼집을 내듯 잘라나간다.
❺ 자른 부분을 들고 칼을 중앙으로 깊숙하게 집어넣어서 중골 위를 따라 당기듯이 잘라나간다. 중골을 넘어서 그대로 등 쪽까지 칼을 밀어넣어 2장으로 분리한다.

산마이오로시한다
❼ 뒤집어서 꼬리의 시작 지점에 가로로 칼집을 넣는다. 대가리 쪽을 오른쪽으로, 등을 자신의 정면에 오게 놓는다. 대가리 쪽부터 칼을 넣고 중골을 따라 꼬리 근처까지 자른다.
❽ 살을 왼손으로 들어서 중골 위를 타내려가듯이 칼을 당기면서 배 쪽까지 잘라나간다.
❾ 왼손으로 가볍게 잡고 등지느러미 경계를 따라 중골과 살을 분리한다.
❿ 산마이오로시를 완성한다. 왼쪽부터 우와미, 중골, 시타미다.

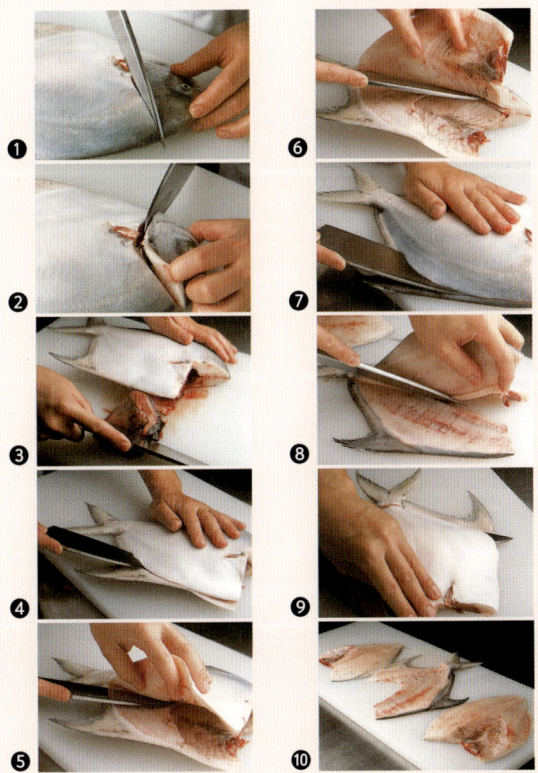

쑤기미 다이묘오로시 おこぜの大名おろし

쑤기미의 등지느러미는 독이 있으므로 찔리지 않게 주의하여 맨 처음으로 잘라서 태운 뒤 버린다. 다이묘오로시는 대가리 쪽에서 꼬리를 향해 단번에 살을 발라내는 방법으로, 중골에 살이 많이 남아 이렇게 부른다.

등지느러미를 제거한다
❶ 대가리를 잡고, 솔로 고루 문질러 점액질을 씻어낸다.
❷ 미끄러지지 않도록 가슴지느러미를 잡고 확실히 눌러 등지느러미의 양측에 칼집을 넣는다.
❸ 독이 있는 등지느러미를 제거한다. 칼로 꼬리 쪽과 가까운 등지느러미를 누르고, 왼손으로 꼬리 쪽 주변 부분을 잡아당겨, 등지느러미를 잡아뺀다. 등지느러미는 완전히 태운 후에 버린다.

대가리를 잘라내고, 내장을 제거한다
❹ 쑤기미의 대가리는 오른쪽으로, 배는 위를 보게 놓는다. 대가리를 누르고, 턱이 시작되는 부분에서 가마를 따라 칼을 넣어 잘라낸다.
❺ 가슴지느러미를 잡고 손바닥으로 쑤기미를 눌러 항문까지 가른다.
❻ 내장을 잡아당겨서 제거한다. 간은 따로 보관한다.
❼ 지아이를 가른다.
❽ 배 속을 사사라로 문질러 씻어낸다. 물기를 닦아놓는다.

산마이오로시한다
❾ 대가리 쪽을 오른쪽으로, 배를 자신의 정면에 오게 놓는다. 손으로 가마를 잡고 들어올려 칼을 넣고, 대가리 쪽에서 꼬리 쪽으로, 중골을 따라 단숨에 자른다.
❿ 뒤집어서 같은 요령으로 꼬리까지 한번에 잘라낸다.

187

학꽁치 다이묘오로시 さよりの大名おろし

학꽁치처럼 몸체가 좁고, 두께도 얇은 작은 생선은 사시미보초로 대가리에서 꼬리까지 한 칼에 다이묘오로시한다.

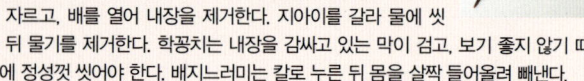

대가리를 잘라내고, 내장을 제거한다

❶ 비늘은 꼬리에서 대가리 방향으로 칼로 긁어 제거한다. 특히 등지느러미 근처에 자잘한 비늘이 붙어 있으므로 남기지 않도록 주의한다. 물에 살짝 씻은 뒤 물기를 닦아놓는다. 대가리를 자르고, 배를 열어 내장을 제거한다. 지아이를 갈라 물에 씻은 뒤 물기를 제거한다. 학꽁치는 내장을 감싸고 있는 막이 검고, 보기 좋지 않기 때문에 정성껏 씻어야 한다. 배지느러미는 칼로 누른 뒤 몸을 살짝 들어올려 빼낸다.

니마이오로시한다

❷❸ 대가리 쪽을 오른쪽으로, 배를 자신의 정면에 오게 놓는다. 칼을 대가리 쪽부터 넣는다. 왼손으로 살을 가볍게 누르고, 칼로 중골 위를 타고 미끄러지듯이 단숨에 꼬리까지 잘라낸다. 잘린 살이 사타미다.
❹ 니마이오로시를 완성한다.

산마이오로시 한다

❺❻ 중골이 붙어 있는 부분을 밑으로 향하게 놓는다. 대가리 쪽을 오른쪽, 등을 자신의 정면에 오게 놓고, ❷❸과 같은 요령으로 살을 발라낸다.
❼ 우와미, 중골, 시타미로 나뉘면 산마이오로시가 완성된 것이다.

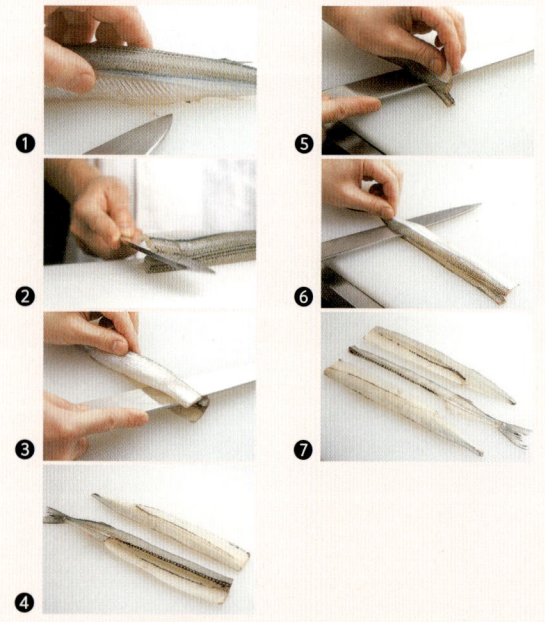

정어리 데비라키 いわしの手開き

데비라키란 정어리처럼 가시나 살이 부드러운 작은 생선을 손으로 손질하는 방법이다. 중골에 살이 붙지 않고 얇은 가시도 제거되어 칼질을 하는 것보다 더 빠르게 손질할 수 있다.

대가리를 잘라내고, 내장을 제거한다

❶ 소금물에 비늘을 씻는다. 비늘이 떨어지지 않으면 칼로 꼬리에서 대가리 쪽으로 긁어낸다. 대가리를 수직으로 잘라내고, 배 부분을 항문까지 대각선으로 큼지막하게 잘라낸다. 이 단계에서 내장의 일부도 잘려 제거된다.
❷❸ 남은 내장은 칼로 긁어내고 배 속을 물에 씻는다. 물기를 제거한다.

데비라키한다

❹❺ 대가리 쪽을 오른쪽으로 놓고 정어리를 잡아 항문 근처에서부터 꼬리까지 왼손 엄지손가락을 중골 위를 훑듯이 움직여 벌린다. 그다음 대가리 쪽까지 오른손 엄지손가락을 사용해 같은 요령으로 벌린다.
❻ 중골을 꼬리 근처에서 꺾는다.
❼ 꺾은 중골을 떼어서 제거한다. 남은 갈비뼈는 칼로 떠낸다.
❽ 데비라키한 정어리를 완성한다.

❖ 크기가 큰 정어리는 중골을 꺾기 전에 중골 아래에도 엄지손가락을 넣어 살을 떼어놓으면 깔끔하게 떨어진다.

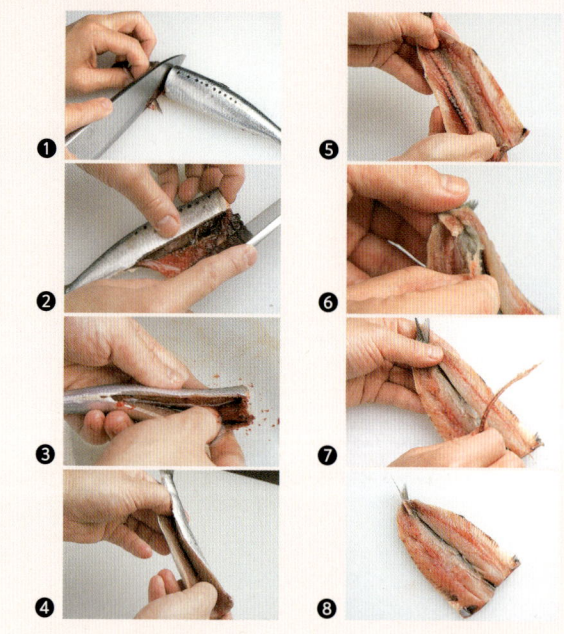

도미 대가리 가르기 たいの頭の割り方

도미 대가리를 아라다키나 우시오지루 등에 사용할 때는 가마가 붙은 대가리를 가운데부터 세로로 절반으로 나누어 각각 3~5조각으로 자른다.

대가리를 반으로 가른다

❶ 도미 입을 하늘로 향하게 놓고, 턱을 왼손으로 확실하게 잡는다. 주둥이의 가운데에 데바보초를 도마에 닿을 정도까지 찔러넣는다.
❷ 칼끝을 지지대로 삼아 칼에 힘을 주어 눌러서 자른다.
❸ 양쪽으로 펼쳐 연결된 턱을 잘라낸다.

가마를 잘라낸다

❹ 가마와 아가미덮개가 연결되어 있는 2개의 부위를 분리한다.

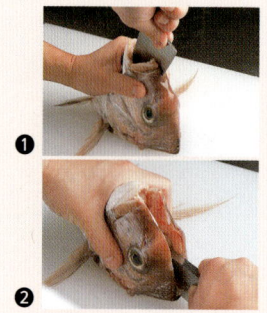 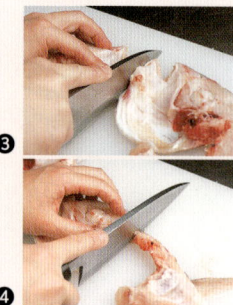

대가리를 나눈다

❺ 주둥이를 왼쪽, 콧등 쪽을 자신의 정면에 오게 놓는다. 눈 밑 부분의 코 근육 쪽에 직각으로 칼집을 넣는다.
❻ 뒤집어서 ❺의 칼집이 난 끝부분에서 아가미덮개의 위쪽으로 비스듬하게 칼을 놓고, 칼턱을 눌러 작두질하듯 자른다.
❼ 그대로 놓고 살이 붙어 있지 않은 아가미덮개를 잘라낸다.
❽ 4조각으로 나눈 대가리 한쪽. 대가리의 크기가 큰 경우에는 눈이 붙어 있는 부분과 가마를 2조각으로 나누는 경우도 있다.

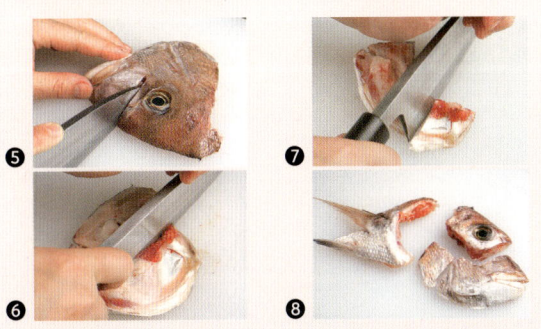

도미 스지도리 たいの節どり

산마이오로시를 한 살을 쓰쿠리로 만들기에 편한 크기로 자르는 것을 스지도리라고 한다.
❶ 대가리 쪽을 자신의 정면으로 오게 놓는다. 지아이의 오른쪽으로 칼을 넣어 등살과 뱃살로 나눈다.
❷ 칼끝으로 왼쪽 살에 붙어 있는 지아이를 잘라낸다.
❸ 스지도리를 완성한다.

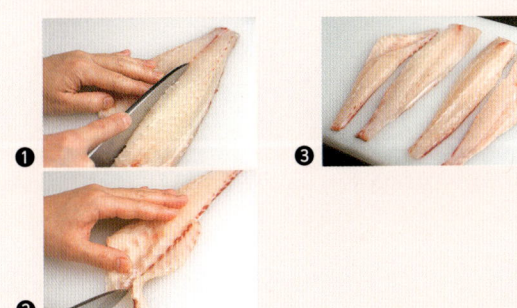

갯장어 손질하기 はもの開き方

갯장어나 민물장어 등 기다란 생선을 손질하는 것을 '사쿠' 혹은 '히라쿠'라고 한다. 이런 생선에는 점액질이 있어 미끄러우므로 첫 단계에서 제거한다. 갯장어는 중골이 단단하고 삼각형이므로 뼈의 형태에 맞춰 칼의 각도를 바꿔가면서 손질한다.

내장을 제거한다

❶ 대가리를 왼쪽으로 놓고 왼손으로 확실하게 잡는다. 점액질은 데바보초로 대가리에서 꼬리까지 깔끔하게 긁어낸다.
❷ 대가리를 오른쪽으로, 배를 자신의 정면에 오게 놓는다. 칼날을 위로 향하게 잡고, 항문 쪽에 칼날을 살짝 찔러넣어, 갯장어의 밑턱까지 배를 갈라 연다. 이때, 내장에 상처가 나지 않도록 주의한다. 칼 방향을 원래대로 하여, 항문에서 꼬리 지느러미의 약간 위쪽, 내장이 있는 지점까지 가른다.
❸ 아가미가 있는 부분을 자른다. 항문 근처의 내장을 칼턱으로 누르고, 갯장어를 잡아당겨 내장과 아가미를 빼낸다.
❹ 점액질과 배 속을 문질러 흐르는 물에 깨끗이 씻고, 물기를 닦아놓는다.

중골을 제거한다

❺ 도마 앞쪽에서부터 10cm 지점에 대가리를 오른쪽, 배를 자신의 정면에 오게 놓는다. 갯장어의 볼 근처에 송곳을 박아 고정시킨다. 대가리가 붙어 있는 지점에 칼을 약간 세워서 넣는다.
❻ 삼각형인 중골에 칼을 대고 그대로 항문 근처까지 칼집을 넣는다. 이때, 등지느러미가 붙어 있는 지점까지 간당간당하게 칼집을 넣어야 한다.
❼ 항문 근처에서 꼬리까지는 중골이 평평한 모양이므로, 칼을 뉘어 중골 위를 잘라나간다.
❽ 시타미를 벌려놓은 상태다.

❾ 대가리가 붙어 있는 부위를 똑바르게 잘라낸다.
❿ ⓫ 꼬리는 오른쪽, 껍질면은 위로 향하게 살을 펼쳐놓는다. 꼬리 쪽부터 중골과 살 사이에 칼을 뉘어넣고, 항문 근처까지 중골을 따라 잘라 살과 중골을 분리한다. 이 때 등지느러미가 붙어 있는 부근까지 간당간당하게 칼집을 넣어놓는다.
⓬ 항문에서 배에 걸친 부분은 살을 들어올려, 칼을 세워서 넣고, 삼각형인 중골 모양에 맞춰 자른다.
⓭ 살에서 분리한 중골을 꼬리 쪽 경계에서 잘라낸다.

등지느러미를 제거한다
⓮ 등을 자신의 앞쪽으로, 꼬리를 오른쪽으로 가게 놓는다. 꼬리 근처 등지느러미에 칼집을 살짝 넣는다.
⓯ 칼집을 넣은 등지느러미 끝을 칼턱으로 누르고, 살을 강하게 잡아당겨 살과 등지느러미를 분리한다.

갈비뼈를 제거한다
⓰ 칼을 뉘어 갈비뼈의 밑으로 칼집을 얇게 넣는다.
⓱ 왼손으로 갈비뼈를 들어올리면서 떠낸다. 반대쪽 갈비뼈에도 칼집을 넣고, 같은 요령으로 제거한다.

보리멸 세비라키 きすの背開き

보리멸처럼 몸의 폭이 좁고 긴 작은 생선을 튀김이나 구이감으로 만들 때, 살을 벌려 중골을 발라내고, 꼬리를 남긴다. 하라비라키와 세비라키가 있으며, 대가리와 아가미덮개, 가슴지느러미 밑쪽으로 칼을 넣어 똑바르게 잘라내고, 내장을 제거한다.

대가리를 잘라내고, 내장을 제거한다
❶ 칼을 세워 꼬리에서 대가리 쪽으로 비늘을 긁어낸다. 가슴지느러미 뒤에 똑바르게 칼을 넣어 대가리를 자른다.
❷ 잘린 단면으로 남아 있는 내장의 끝 부분을 칼로 눌러 빼낸다.
❸ 젓가락 같은 것을 천으로 만 뒤 배에 물을 넣고 남아 있는 내장과 피 등을 깨끗이 씻어낸다. 물기를 닦아놓는다.

등줄기를 따라 생선 살을 연다
❹ 대가리를 오른쪽으로, 등을 자신의 정면에 오게 한 뒤 비스듬히 놓는다. 등에 칼을 넣어 중골의 위를 타고, 자신의 앞쪽으로 당기듯이 잘라나간다. 살을 들어올려, 배가 잘리지 않을 정도로 간당간당한 곳까지 칼끝을 넣어 살을 벌린다.
❺ 살을 벌린 면을 밑으로 두고 대가리 쪽을 오른쪽으로 두고 비스듬히 놓는다. 가운데 뼈와 살 사이에 칼을 넣고 살을 들어올려, 중골의 위를 타고 꼬리 쪽으로 잘라나간다.
❻ 꼬리 지느러미와 연결된 살까지 칼을 넣고, 중골을 잘라낸다.
❼ 양쪽의 갈비뼈를 떠낸다.

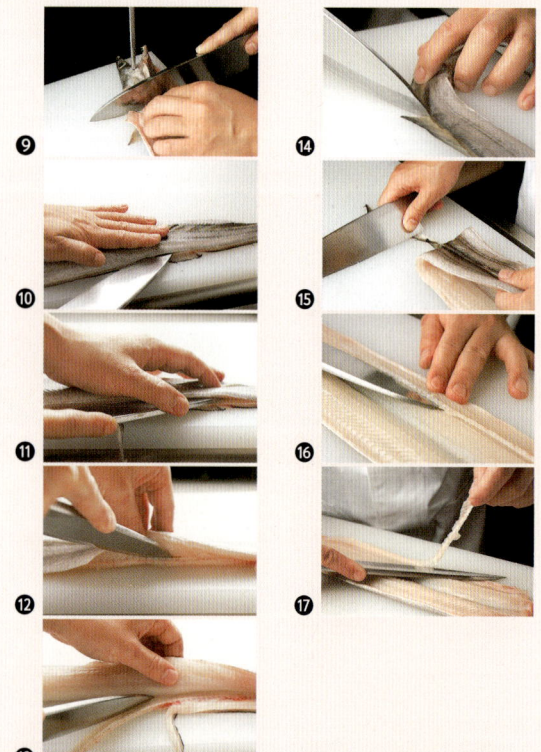

광어 고마이오로시 ひらめの五枚おろし

고마이오로시는 광어나 가자미처럼 살이 얇고, 폭이 넓은 생선의 살을 바를 때 적합한 방법이다. 몸 중앙에 세로로 칼집을 넣고 뱃살 2장, 등살 2장, 중골 1장, 총 5장으로 발라낸다. 여기에서는 광어의 지느러미살을 함께 발라내는 방법을 소개한다.

비늘을 제거한다

❶ 비늘을 스키비키한다. 먼저 광어를 솔로 문질러 점액질을 제거하고, 물로 씻어낸다. 물기를 닦는다. 대가리를 오른쪽으로 향하게 놓고, 꼬리를 왼손으로 확실하게 잡는다. 꼬리의 시작 지점부터 사시미보초를 눕여서, 비늘과 껍질 사이에 넣는다. 껍질에 상처가 나지 않도록 칼을 앞뒤로 움직여가면서 비늘을 잘라낸다.

❷ 지느러미 주변에 비늘이 남아 있기 쉬우므로 최종적으로 한번 더 바라비키하고 확인한다.

대가리를 잘라내고, 내장을 제거한다

❸ 대가리를 왼쪽, 배를 자신의 정면에 오게 놓는다. 가슴지느러미 뒤쪽으로 칼을 찔러넣고, 대가리가 붙어 있는 연결 부위에 맞춰 잘라낸다. 등살은 가슴지느러미의 뒤쪽에서부터 대가리가 연결된 지점에 맞춰 칼집을 넣는다.

❹ 반대쪽도 같은 요령으로 V자 모양으로 내장에 상처가 나지 않게 주의하여 칼집을 넣고, 대가리와 내장을 잡아당겨 통째로 빼낸다.

❺ 지아이를 가르고, 배 속의 피와 지저분한 것들을 씻어낸다. 물기를 닦아놓는다.

고마이오로시한다

❻ 검은 껍질이 면의 꼬리 쪽에 중골이 닿도록 가로로 칼집을 넣는다.

❼ 꼬리를 자신의 앞쪽으로 오게 놓는다. 칼날을 위로 향하게 잡고 꼬리 쪽부터 등지느러미 사이로 칼집을 넣는다. 반대쪽의 배지느러미와 살 사이에도 칼집을 넣는다.

❽ 몸 중앙에 중골이 닿을 정도로 칼을 직각으로 세워 세로로 길게 칼집을 넣는다.

❾ 몸 중앙에 넣은 칼집부터 배지느러미에 넣은 칼집까지, 칼이 중골의 위를 타내려가듯이 당겨가면서 잘라나간다. 살을 잡고 살짝 들어, 배지느러미와의 경계에서 살과 중골을 잘라 분리한다.

❿ 생선의 방향을 바꾸어 대가리 쪽을 자신의 정면에 오게 놓고, 꼬리부터 대가리 쪽까지 중골을 타내려가면서 잘라 뼈와 살을 분리한다.

⓫ 생선을 뒤집어서 흰 껍질이 있는 면도 같은 요령으로 살과 중골을 발라낸다.

⓬ 고마이오로시 완성. 오른쪽부터 시타미(흰색 껍질 부분) 2장, 중골, 우와미(검은 껍질 부분) 2장이다.

✤ 떼어낸 각각의 살에서 필요에 따라 엔가와(광어 지느러미살)를 잘라내고 사용하는 경우도 있다.

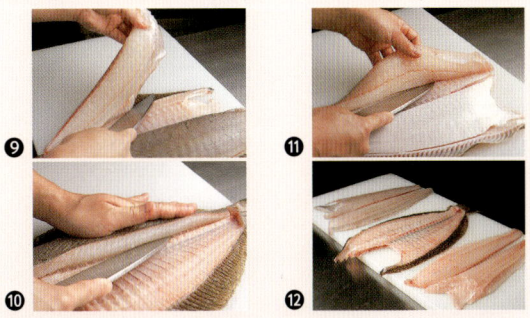

가다랑어 후시오로시 かつおの節おろし

후시오로시는 가다랑어처럼 살이 연하고, 두께가 있는 커다란 생선을 손질하는 방법이다. 대가리를 비스듬히 잘라내고, 뱃살 2덩이, 중골, 등살 2덩이 등 5장으로 발라낸다. 가다랑어의 뱃살을 하라부시, 등살을 세부시라고 부르는 것에서 유래했다.

비늘을 제거한다

❶ 대가리를 오른쪽, 배를 자신의 정면에 놓는다. 등지느러미의 줄기에서 아가미덮개 쪽 가슴지느러미의 뒤편에 걸쳐 덮여 있는 단단한 비늘을 칼로 깎아낸다.

대가리를 잘라내고, 내장을 제거한다

❷ 대가리를 왼쪽으로, 배를 자신의 정면에 놓는다. 대가리를 잡고, 가마의 경계선에서 대가리 방향을 향해, 비스듬히 중골이 닿을 때까지 칼집을 넣는다. 배 쪽의 비늘과 함께 배지느러미가 머리 쪽에 달려 있도록 칼집을 넣는다.

❸❹ 대가리의 위치를 바꾸지 않고 뒤집어서, 같은 요령으로 비스듬하게 칼집을 넣고, 중골까지 잘라, 대가리를 잡아당겨 떼어낸다. 자르는 방법이 다스키를 매는 것 같다 하여 '다스키오토시'라고 부른다.

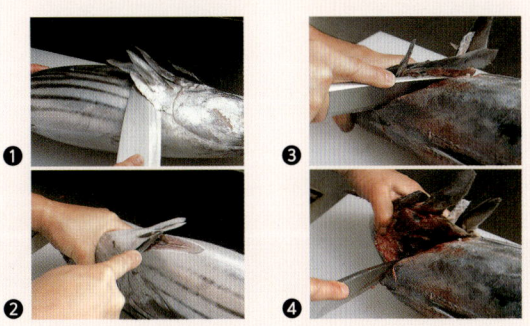

❺ 대가리 쪽을 오른쪽, 배를 자신의 정면에 오게 놓고, 대가리 쪽부터 항문의 조금 뒤편까지 배를 갈라 연다. 내장을 손으로 잡아당겨 빼낸다.
❻ 칼끝으로 지아이를 가른다.
❼ 배 속을 깨끗이 씻는다. 살이 부드러우므로 사사라처럼 단단한 것을 사용하는 대신 손으로 피나 지저분한 것들을 씻어낸다. 물기를 닦아놓는다.

등지느러미를 제거한다

❽ 대가리 쪽을 오른쪽으로, 등을 자신의 앞으로 오게 놓는다. 등지느러미의 양측에 칼날을 위로 향하게 잡고 칼집을 V자 모양으로 넣는다.
❾ 등지느러미를 칼턱으로 눌러 꼬리를 잡고 들어올려 등지느러미를 빼낸다. 시타미를 발라낸다.
❿ 대가리 쪽을 오른쪽으로, 배를 자신의 앞에 오게 놓는다. 배에 칼을 넣고, 중골 위를 타고 칼을 움직여 중골의 두꺼운 뼈가 닿을 때까지 자른 후 벌려서 꼬리 쪽 경계까지 잘라나간다.
⓫ 몸의 중앙에 세로로 길게 중골이 닿을 때까지 깊은 칼집을 넣는다.
⓬ 배에 칼을 넣고, 살을 잡고 들어올려, 중골의 두꺼운 뼈를 타고 잘라 분리한다.
⓭ 칼을 중골 위에서 등 쪽으로 더 깊숙이 넣어 등살을 잘라낸다.
⓮ 중골을 밑으로 향하게 놓고 대가리 방향을 왼쪽으로 놓는다. 배 쪽의 꼬리 부분에 칼을 넣고, 중골 위를 따라 두꺼운 뼈가 닿을 때까지 잘라나간다.
⓯ 몸 중앙에 꼬리에서 대가리 방향으로 세로로 칼집을 넣는다.
⓰ 꼬리 쪽 경계에서 뱃살을 잘라 분리하고, ⓭과 같은 요령으로 등살을 발라낸다.

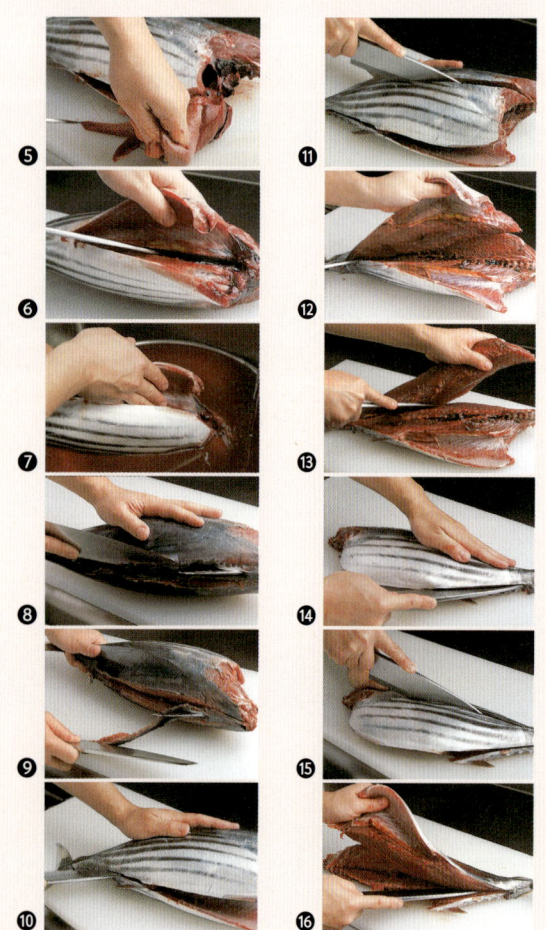

참치 사쿠도리 まぐろの作どり

참치를 횟감으로 잘라서 나누는 것을 '사쿠도리(기도리)'라고 한다. 참치에는 나뭇결과 같은 힘줄이 있고, 이 결과 반대로 칼을 넣는다. 참치 힘줄은 질기므로, 이것을 잘라서 살을 나눈다.

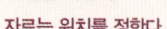

자르는 위치를 정한다
위 사진 속 점선이 칼을 넣는 지점이다.

지아이를 제거한다
❶ 검붉은살 부분을 왼쪽으로 놓는다. 검붉은살과 붉은살의 경계에 칼을 대고, 도려낸다는 느낌으로 칼을 넣는다. 왼손으로 검붉은살을 잡고 벗겨내듯이 잘라낸다.

붉은살과 지방이 오른 살로 나눈다
❷ 검붉은살을 제거한 참치 블럭을 수평으로 2등분한다. 힘줄이 밀집해 있는 부분을 피해 기름기가 많은 부분과 붉은살 사이에 칼을 넣는다. 껍질과 평행하게 잘린 단면이 평평하게 자른다.

붉은살을 잘라서 나눈다
❸❹ ❷에서 잘라낸 붉은살 부분을 검붉은살이 붙어 있던 쪽이 오른쪽으로 가게 놓는다. 왼손으로 살살 누르면서 약 2cm 두께로 칼을 넣고 비스듬하게 잘라낸다. 점선 ⓒ ⓓ처럼 같은 두께로 평행하게 사쿠도리한다.

지방이 오른 살을 잘라서 나눈다
❺ 힘줄이 밀집해 있는 부분을 왼쪽으로 향하게 놓고, 칼을 힘줄 방향에 맞추어 살을 잘라낸다.
❻ 힘줄을 끊어내듯 똑바르게 껍질이 닿을 때까지 자른다.
❼ 칼을 뉘어 껍질과 살 사이에 넣고, 껍질에서 살을 잘라 분리한다.
❽ 약 2cm 두께로 점선처럼 껍질을 향해 수직으로 잘라 발라낸다.
❾ 껍질과 살 사이에 칼을 눕혀서 넣고, 잘라 분리한다. ❽❾를 반복하여 사쿠도리한다.
❿ 껍질 쪽에 붙어 있던 불필요한 지방을 잘라낸다.

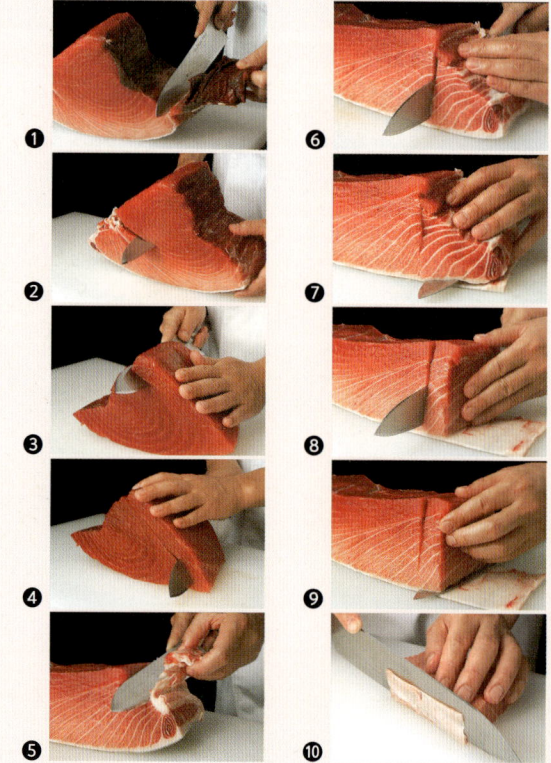

갑각류 손질

자라 손질하기 | すっぽんのほどき方

자라를 해체해 다리가 달린 채로 4개의 부위로 잘라 나누는 것을 '욧쓰호도키'라고 한다. 반드시 살아 있는 것을 사용해야 하는데, 무는 힘이 강하고 물면 잘 놓질 않으므로 목을 확실하게 움켜잡고 주의해서 다뤄야 한다.

목을 잘라낸다
❶ 자라를 눕혀 놓고, 일어나려고 목을 살살 빼 늘어뜨리는 순간에 재빠르게 낚아채 목을 잡아당겨 길게 늘인다.
❷ 목을 잡은 채로, 솔로 자라 몸 전체를 문질러 깨끗하게 씻어낸다.
❸ 목의 연결 부위에 얕게 칼집을 넣고, 벌어진 그곳으로 칼끝을 찔러넣어 등껍질의 관절을 자른다.
❹ 목을 잘라낸다. 피가 필요한 경우에는 응고되지 않도록 청주를 넣은 용기에 목이 잘린 단면에서 나오는 피를 받아놓는다.

식도를 빼낸다
❺ 목을 뒤집어 위로 향하게 놓고, 턱뼈를 따라 좌우로 V자 모양의 칼집을 넣는다.
❻ 이 V자 모양의 뼈 부분을 떠내듯 칼을 넣고, 세워서 대가리 쪽을 잘라낸다.
❼ 턱뼈는 안쪽으로 2군데 칼집을 넣고 칼로 누른다. 목을 잡아당기면 턱뼈와 함께 식도가 빠져나온다.

껍데기를 벗겨낸다
❽ 꼬리 쪽의 단단한 껍데기와 부드러운 엔가와의 경계에 살짝 칼집을 넣는다.
❾ 이 칼집을 따라 껍데기의 단단한 부분과 엔가와의 경계에 칼끝을 깊게 찔러넣어, 껍데기와 연결된 부위를 자른다. 칼을 세워 그대로 경계를 따라 한 바퀴 빙 둘러 칼집을 넣는다.
❿ 다시 누운 상태로 뒤집어놓고, 칼집을 따라 칼을 넣어 껍데기 모양을 따라가면서 조금씩 살을 잘라 껍데기를 떼어낸다.

뒷다리와 내장을 떼어낸다
⓫ 뒷다리가 붙어 있는 양쪽에 칼집을 넣는다.
⓬ 배를 밑으로 놓고, 배껍데기의 반원형 부분에 칼집을 넣는다.
⓭ 칼집을 넣은 배껍데기를 칼로 누르고, 그대로 내장과 뒷다리를 잡아당겨 떼어낸다.
⓮ 뒷다리와 내장의 하얀 힘줄 모양의 연결 부위를 칼로 잘라낸다.
⓯ 뒷다리의 중앙을 칼로 누르고, 내장을 잡아당겨 떼어낸다.
⓰ 뒷다리에 붙어 있는 생식기를 제거하고 2조각으로 잘라 나눈다.
⓱ 발의 앞부분을 잘라낸다.

앞다리를 떼어낸다
⓲ 대가리 쪽이 자신의 정면에서 먼 쪽으로 가게 놓는다. 배껍데기 중앙에 칼집을 넣는다.
⓳ 왼쪽 앞다리를 잡고, 배껍데기 모양을 따라 잘라낸다. 그다음, 꼬리 쪽이 자신의 정면에서 먼쪽으로 가게 놓는다. 오른쪽 앞다리를 잡고, 같은 요령으로 배껍데기에서 잘라낸다. 발 앞부분을 잘라낸다.
⓴ 4부위로 나누어놓은 상태다. 앞다리 2조각, 배껍데기, 뒷다리 2조각, 목, 내장, 등껍데기다(4부위로 나누어놓은 상태는 앞다리 2조각, 뒷다리 2조각을 뜻하며, 나머지 부위는 제외한다).

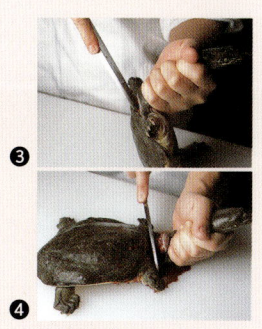

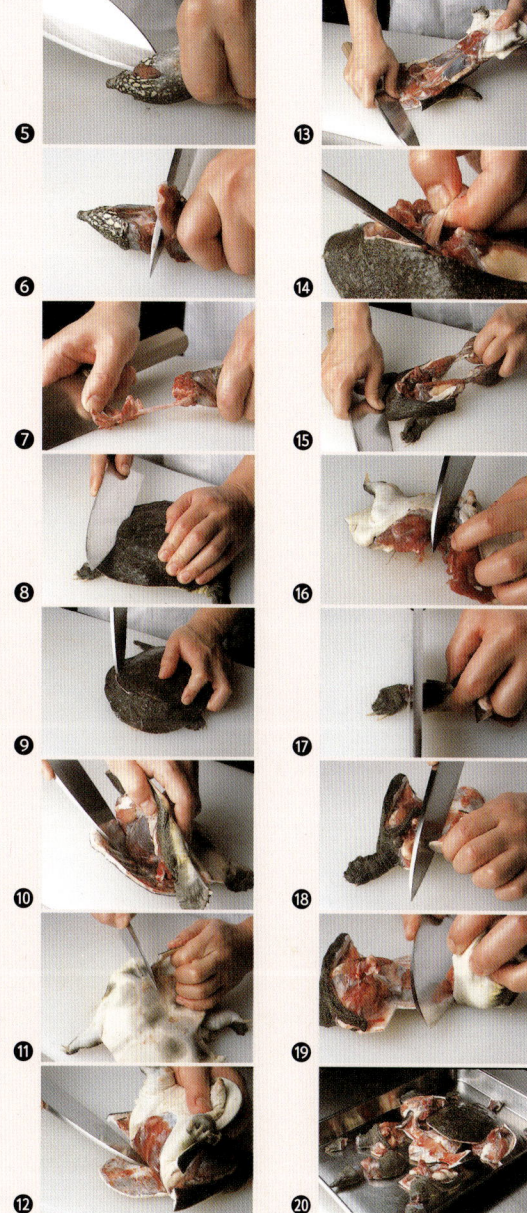

193

갑오징어 미즈아라이 | 甲いかの水洗い

갑오징어처럼 단단한 석회질의 껍데기가 있는 오징어를 미즈아라이할 때는 몸에 붙어 있는 껍질을 잘라 껍데기를 빼내고, 내장과 다리를 제거한다. 먹물주머니가 터지지 않도록 주의하여 작업을 진행한다.

껍데기를 제거한다
❶❷ 갑오징어의 다리를 오른쪽으로, 껍데기가 들어 있는 면을 위를 향하게 놓는다. 껍질의 중앙 끝에 칼집을 넣고, 그 부분을 왼손으로 잡아당겨 끝부분까지 깎아내듯이 잘라나간다.
❸ 양손가락을 사용해 껍질을 좌우로 잡고 벌려, 단면에서 껍데기를 꺼낸다.

내장과 다리를 떼어낸다
❹ 몸체의 연결 부위에 살짝 칼집을 넣는다.
❺ 칼집을 벌려 내장의 얇은 막을 연다.
❻ 왼손으로 다리를 잡고, 왼쪽으로 돌리면서 잡아당겨 몸체에서 내장과 다리를 떼어낸다.

겉껍질을 벗긴다
❼ 오징어 귀 부분의 두꺼운 껍질과 살 사이에 양쪽 엄지손가락을 집어넣는다. 한쪽씩 엄지로 눌러 두꺼운 껍질을 벗겨 나간다.
❽ 왼손으로 두꺼운 껍질을 누르고, 오른손으로 살을 잡아당겨 껍질을 벗겨낸다.

얇은 겉껍질을 벗긴다
❾ 살 끝의 단단한 부분을 잘라낸다.
❿ 살 안쪽 끝에 얇은 껍질이 잘리지 않게 남겨 칼집을 넣는다.
⓫⓬ 살을 뒤집어서 ❿에서 칼집을 넣은 부분을 꺾는다. 그 부분을 엄지손가락으로 눌러 얇은 껍질을 벗겨낸다.
⓭ 살 안쪽 밑에 붙어 있는 2개의 연골을 저며낸다.

안쪽의 얇은 껍질을 제거한다
⓮ 겉쪽 살의 꼭대기 부분에 작게 칼집을 넣는다. 단, 안쪽 얇은 껍질이 잘리지 않게 주의한다.
⓯ 뒤집어서 칼집을 넣은 부분을 잡고, 엄지손가락을 넣어 얇은 껍질을 조금씩 벗겨나간다.
⓰ 어느 정도 벗겼으면, 얇은 껍질을 잡고 잡아당겨서 떼어낸다. 남은 껍질은 대나무 꼬치로 떼어내거나 마른 행주로 문질러 제거한다.

내장을 제거한다
⓱⓲ 대가리와 내장 경계선에 칼집을 넣는다. 칼로 머리를 누르고, 왼손으로 내장에 붙어 있는 얇은 껍질을 떼어낸다.
⓳⓴ 내장을 감싸고 있는 얇은 살을 손가락으로 벌려 펼치고, 먹물주머니가 터지지 않도록 내장을 잡아당겨 빼낸다.
㉑ 내장을 잘라낸다.

오징어 입과 눈을 잘라낸다
㉒ 오징어 다리의 위쪽 중앙에 칼을 넣어 가르고, 오징어 입을 잘라낸다.
㉓ 양쪽 눈을 각각 잡아 당겨 잘라낸다. 눈이 터지지 않도록 주의한다.
㉔ 미즈아라이가 끝난 갑오징어로 몸체와 대가리가 붙은 다리다.

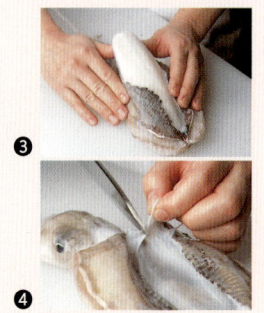

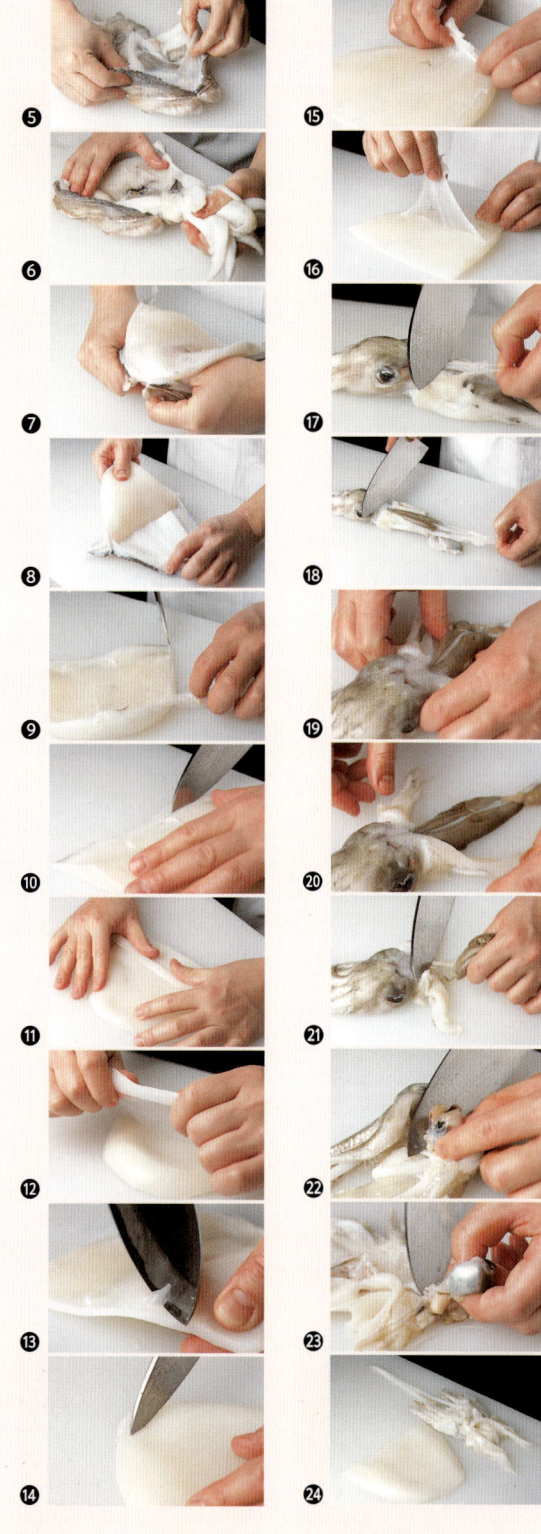

전복 미즈아라이 あわびの水洗い

전복에 있는 이물질과 점액질은 소금을 묻혀 솔로 문질러 씻는다. 이렇게 하면 살이 단단해져 씹는 식감이 좋아진다. 작업할 때에 행주를 깔고 하면 전복이 흔들리지 않는다.

지저분한 것들과 점액질을 제거한다
❶ 살에 소금을 듬뿍 묻힌 뒤 솔로 깨끗하게 문질러 지저분한 것들과 점액질을 제거한다. 특히 살과 가장자리 사이에 낀 때가 잘 씻기지 않으므로 주의한다. 물로 씻은 뒤 물기를 제거한다.

껍데기를 떼어낸다
❷ 행주 위에 껍데기를 밑으로 가게 놓는다. 껍데기가 얇은 쪽에서 두꺼운 쪽 방향으로 껍질을 따라 강판 손잡이를 찔러넣어 관자를 떼어낸다.

전복 내장과 끈을 떼어낸다
❸ 칼끝으로 내장과 끈을 잘라낸다.
❹ 내장에 붙어 있는 끈을 잘라내고, 내장에 붙은 질긴 힘줄 등도 잘라낸다.
❺ 전복의 입 양측에 칼집을 넣고, 도려내듯이 제거한다.

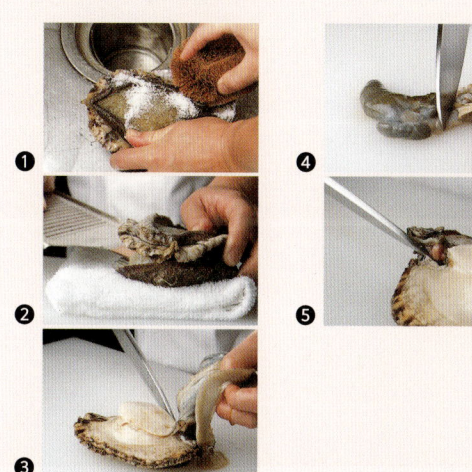

문어 미즈아라이 たこの水洗い

문어는 표면에 점액질이 있으므로 소금이나 갈은 무를 사용하여 잘 문질러서 씻어낸다. 소금을 사용할 경우엔 살이 질겨질 수 있으므로 재빨리 작업해야 한다.

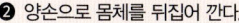

내장과 눈, 입을 잘라낸다
❶ 수관이 있는 쪽의 몸체를 뒤집어, 몸체와 내장이 연결되어 있는 얇은 힘줄을 자른다.
❷ 양손으로 몸체를 뒤집어 깐다.
❸❹ 먹물주머니가 터지지 않도록 내장을 잡아당겨, 몸체와 연결되어 있는 힘줄을 잘라내고, 내장을 끄집어낸다.
❺ 눈을 잘라낸다.
❻ 양쪽 엄지손가락을 입 주위에 찔러넣은 뒤 눌러서 끄집어 빼낸다.

지저분한 것들과 점액질을 제거한다
❼ 볼에 문어를 넣고, 손바닥으로 소금 또는 강판에 갈은 무를 묻힌다. 주무르듯이 하여 표면의 지저분한 것들과 점액질, 빨판 속의 이물질을 제거한다.
❽ 흐르는 물속에 넣고 문질러 씻어낸다. 물기를 제거한다.

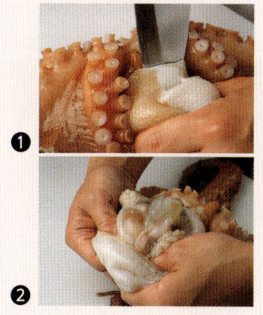
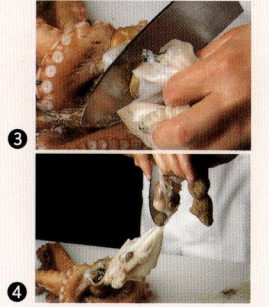
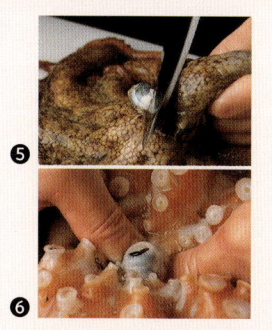

이세에비 미즈아라이 伊勢えびの水洗い

이세에비는 반드시 살아 있는 것을 사용하고, 남은 대가리와 껍데기에서 나오는 맛있는 다시를 버리지 말고 이용한다. 그래서 지저분한 것들을 정성껏 씻어 제거해놓는다.

대가리를 떼어낸다
❶ 솔로 전체를 문질러 지저분한 이물질을 씻어낸다. 몸체와 대가리 사이의 벌어진 틈으로 칼집을 찔러 자른다.
❷ 등 쪽도 같은 요령으로 칼집을 넣는다.
❸ 손으로 비틀어 대가리와 몸체를 분리한다.
❹ 꼬리를 잘라낸다. 꼬리를 요리에 곁들일 경우엔 끓는 물에 데쳐 냉수에 담근다.
❺ 등껍데기 중앙에 칼턱을 대고, 살에 상처가 생기지 않도록 껍질만 깬다.
❻ 칼의 배로 가볍게 두드리면 껍데기와 살 사이에 균열이 생겨 살을 쉽게 분리할 수 있다.
❼ ❺에서 껍데기를 깨어놓은 곳을 벌려 살을 분리한다.

195

피조개 미즈아라이 | 赤貝の水洗い

조개 살을 미리 발라놓으면 선도가 나빠지므로, 사용 직전에 껍데기를 깔 것. 2장의 껍데기로 닫혀 있는 조개를 미즈아라이 할 때는 경첩을 자른 뒤 관자를 잘라서 살을 꺼낸다.

껍데기를 열고, 살을 꺼낸다
1. 데바보초의 칼등을 경첩에 대고 비튼다.
2. 껍데기를 좌우로 비틀어 껍질과 껍질 사이에 틈을 만든다.
3. 4 테이블나이프 또는 조개 칼을 찔러넣고, 살에 상처가 나지 않도록 틈을 따라 빙 돌려, 껍데기에 붙은 관자를 떼어낸다. 한쪽 껍데기를 분리한다.
5. 6 다른 쪽 껍데기와 살 사이에 테이블나이프를 넣어 관자를 떼어내고 살을 꺼낸다.

조개 끈을 떼어낸다
7. 도마에 피조개 끈을 밑으로 향하게 놓는다. 끈과 살 사이에 칼을 넣고, 칼로 끈을 누른 뒤 왼손으로 살을 잡아당겨 떼어낸다.
8. 끈과 살을 잘라 분리한다.
9. 피조개 끈을 따라 양쪽에 있는 얇은 막을 제거한다.
10. 끈에 붙어 있는 아가미를 잘라낸다.
11. 밑손질이 끝난 피조개 끈이다.

살을 손질한다
12. 살은 내장이 붙어 있는 쪽으로 칼을 뉘어서 넣어, 가로로 잘라 펼친다.
13. 양쪽에 붙어 있는 내장을 저며낸다.
14. 미즈아라이가 끝난 피조개 살이다.

대게 손질하기 | ずわいがにのさばき方

대게는 완전히 삶아 체에 받쳐놓고, 바로 찬물을 뿌려 여열을 제거한 뒤 그대로 식혀 살이 빠지는 것을 방지한다. 다릿살을 빼내는 방법에는 2종류가 있다.

삶는다
1. 대게를 솔로 문질러 이물질을 씻어낸다. 물을 듬뿍 받아 소금을 넣고 끓이다가 대게를 넣는다. 소금은 물 1ℓ를 기준으로 10~20g을 넣으면 된다.
2. 오토시부타를 덮어 보글보글 완만하게 끓어오르도록 불을 조절하여 약 15분간 삶는다.
3. 삶아지면 체에 건져, 냉수를 껍데기 쪽에만 뿌려 남은 열을 식힌다. 뜨거운 상태로 놓아두면 수분이 너무 많이 빠지거나 껍데기 색이 하얗게 변한다.
4. 배를 밑으로 향하게 놓고, 그대로 두어 식힌다.

손질한다
5. 배딱지를 떼어낸다.
6. 뒤집어서 등딱지를 분리한다.
7. 몸에 붙어 있는 아가미를 손으로 잡아 뜯어낸다.
8. 스푼으로 내장을 긁어서 따로 덜어놓는다.
9. 가운데를 반으로 자른다.
10. 입 주위의 껍데기를 제거한다.

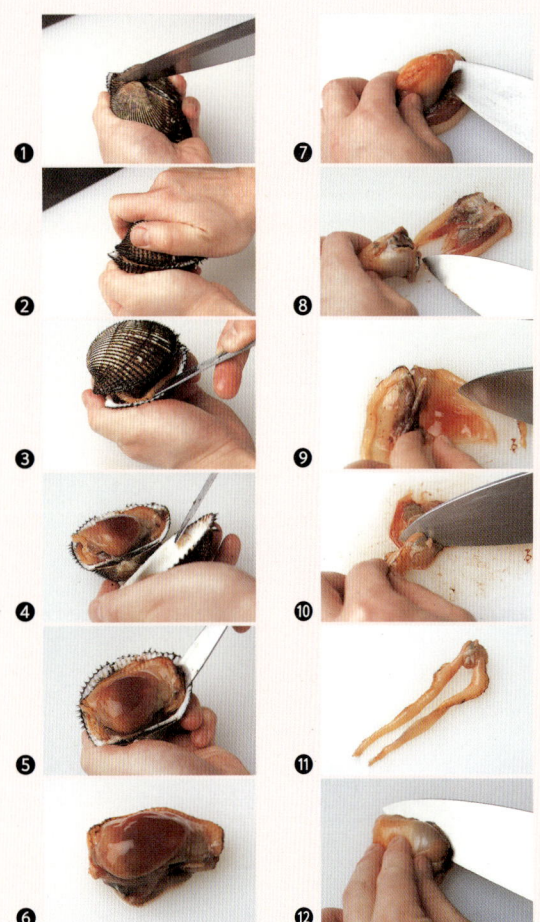

⑪ 다리는 연결 부위를 조금 남기고 잘라낸다.
⑫ 살을 발라내기 쉽도록 칼을 뉘어 몸체를 가로로 자르고, 다시 두께를 절반으로 자른다.

살을 발라낸다
⑬ 앞이 뾰족한 젓가락으로 ⑫의 게살을 발라낸다.
⑭ 다리는 껍데기가 부드러운 뒷면을 위를 향하게 놓는다. 칼을 뉘어 칼날의 방향을 바깥쪽으로 해서 껍질을 벗겨낸다.
⑮ 관절의 안쪽도 껍질을 벗겨놓는다.
⑯ 관절 주변 껍질의 위아래에 칼집을 넣는다. 이렇게 하면 관절 부분의 살이 잘 빠진다.
⑰ 다리의 두꺼운 쪽부터 살을 들어올려 꺼낸다.
⑱ 살을 발라내는 다른 방법도 있다. 다리의 관절 부분을 자르고 껍질 뒷면에 세로로 칼을 넣어 2등분한다.
⑲ 젓가락으로 살을 발라낸다.
⑳ 집게발은 뒷면을 위로 향하게 놓고, 중앙부에 칼끝을 대고 세로로 깬다.
㉑ 살을 발라낸다.

굴 껍데기 까기 かきの殻の開け方

굴 껍데기를 깔 때는 손에 상처나지 않도록 행주로 잡거나 작업용 장갑을 끼는 게 좋다. 조개 칼은 껍데기를 벌리기 위한 도구다. 테이블나이프를 대신 쓸 수도 있다.

껍데기를 깐다
❶ 굴 껍데기를 솔로 문질러 지저분한 것들을 씻어낸다. 껍데기의 평평한 면을 위로 향하게 잡고, 경첩을 자신의 정면에 오게 놓는다. 조개 칼을 굴 껍데기의 끝에서부터 ⅓ 정도 되는 오른쪽에 찔러넣는다.
❷ 조개칼을 2~3cm 깊이로 넣고 좌우로 움직여, 관자를 껍데기에서 떼어낸다.
❸ 손으로 잡고 있는 껍질 쪽에 붙은 관자부터 떼어내고, 상처 나지 않도록 조심하여 굴을 발라낸다. 굴은 소금물에 살짝 씻은 뒤 물기를 제거한다.

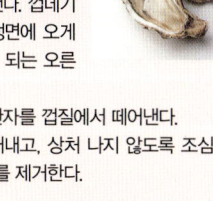

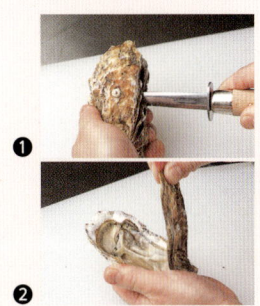

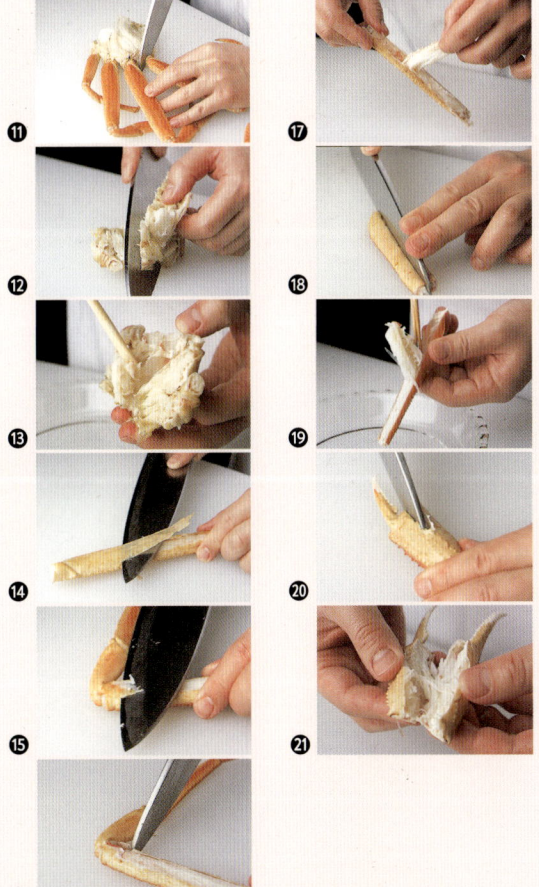

채소 손질과 자르는 방법

자연송이 손질하기 | まつたけの下処理

자연송이는 물에 담가 씻으면 풍미가 날아가므로 젖은 행주로 닦아 지저분한 것을 제거한다. 또, 금속 성분으로 인해 변색될 수 있으므로 칼은 최소한만 쓴다.

밑동을 제거한다
❶ 칼끝으로 연필을 깎듯이 끝부분을 얇게 잘라낸다.

지저분한 것들을 제거한다
❷ 행주에 물을 적셔가면서 표면을 문질러 지저분한 것들을 제거한다.
❸ 갓 안쪽에 붙은 것들을 조심히 떨어낸다. 마른 행주로 감싸 수분을 제거한다.
❖ 행주로 지저분한 것들을 제거할 수 없다면 물에 넣고 재빨리 씻어낸다.

와사비 갈기 | わさびのおろし方

와사비는 먹기 직전에 강판에 가는 것이 원칙이다. 강판은 상어 가죽으로 만든 것과 금속으로 된 것 등이 있다. 수분량이 많은 와사비는 촘촘한 금속 강판으로 가는 것이 좋다.

손질한다
❶ 잎이 붙어 있는 쪽을 연필처럼 깎아낸다.
❷ 사마귀 같은 돌기를 벗겨낸다.
❸ 칼등으로 표면을 긁어 정리한다.
❹ 솔로 문질러 남아 있는 지저분한 것들을 씻어낸다.

강판에 간다
❺ 잎이 붙어 있던 쪽부터 원을 그리며 강판에 간다. 사진처럼 상어 가죽으로 만들어진 강판을 사용하면 찰기가 나고 향도 강해진다.
❻ 금속 강판을 사용하는 경우도 같은 요령으로 간다. 강판에 간 후 칼로 곱게 다져주면, 한층 강한 찰기와 향을 낼 수 있다.

시라가네기(백발 대파) 白髪ねぎ

얇게 채 썬 대파 흰 부분이 백발처럼 보인다고 하여 붙여진 이름이다. 스이구치나 야쿠미, 아시라이 등으로 사용한다.

❶ 대파 흰 부분에서 뿌리를 자르고, 세로로 칼집을 넣는다.
❷ 속의 심을 제거한다.
❸ 4~5cm 길이로 자른다.
❹ 여러 장을 겹친 후 펼쳐서 세로로 놓고, 끝에서부터 결을 따라 얇게 채를 썬다.
❺ 냉수에 담가 씻어 점액질을 제거한 뒤 물기를 제거한다.

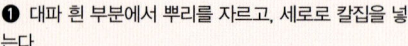

요코켄(얇게 썬 무) 横けん

켄은 채소를 얇게 채 썬 것으로, 쓰쿠리의 곁들임으로 사용한다. 결을 따라 썬 것을 다테켄, 결과 반대로 썬 것을 요코켄이라고 한다.

❶ 무는 8~10cm 길이로 동그랗게 잘라 돌려깎는다.
❷ 돌려깎은 무를 7~8cm 길이로 잘라, 여러 장을 겹친다. 결 방향으로 반을 접는다.
❸ 결 방향과 반대로 얇게 채를 썬다. 냉수에 넣고 씻은 후, 물기를 제거한다.
❖ 다테켄은 돌려깎은 무를 적당한 길이로 잘라 결 방향대로 얇게 채를 썬다. 냉수에 넣어 씻은 뒤 물기를 제거한다.

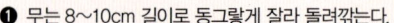
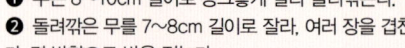

요리닌진(꼬인 당근) よりにんじん

당근을 두껍게 돌려깎아서 비스듬하게 잘라 찬물에 담그면 비틀림이 생겨 나선 모양이 된다. 땅두릅, 오이도 같은 요령으로 만들 수 있다.

❶ 당근을 5~6cm 길이로 잘라 껍질을 벗긴다. 약간 두껍게 돌려깎는다.
❷ 비스듬히 얇게 자른다.
❸ 냉수에 담갔다가 동그란 젓가락으로 돌돌 말아 형태를 잡는다. 다시 냉수에 담가 물을 먹인다.

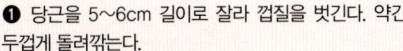
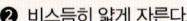
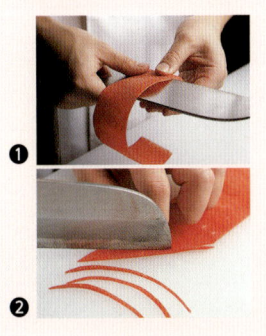

하리유즈(바늘 유자) 針柚子

유자 껍질을 바늘처럼 얇게 썬 것을 말한다. 완모노의 스이구치나 니모노, 무시모노에 향을 낼 때 쓴다.

❶ 유자 껍질을 벗기고 껍질 안쪽의 하얀 부분을 도려 낸다. 아주 얇게 채를 썬다.
❷ 물에 살짝 씻은 뒤 물기를 제거한다. 살짝 씻으면 특유의 쓴맛이 누그러진다.

이카리보후(닻 방풍) いかり防風

배의 닻 모양을 본 딴 갯방풍을 말한다. 쓰쿠리의 곁들임으로 사용한다. 갯방풍의 줄기를 3~5cm 잘라낸다. 줄기를 바늘이나 칼끝을 써 십자 모양으로 찢는다. 냉수에 담가 물을 먹이면, 줄기가 닻 모양처럼 돌돌 말린다.

하나비라닌진(꽃잎 당근) 花びらにんじん

완모노나 쓰쿠리 등에 곁들일 때 자르는 방법 중 하나로, 꽃잎을 본떠 봄의 계절감을 표현한다. 땅두릅이나 생강으로도 만들 수 있다.

❶ 당근은 껍질을 벗기고 지름 2cm(크기는 취향에 따라) 정도의 원기둥 모양으로 자른다. 단면이 꽃잎 모양이 되도록 깎는다.
❷ 절단면부터 활을 그리듯이 얇게 벗겨 물에 담가놓는다. 물기를 제거한다.

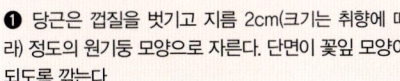
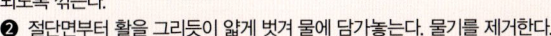
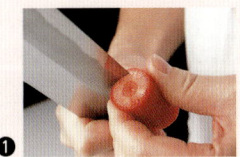
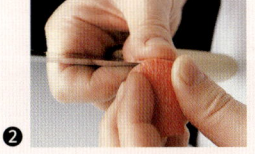

요리 용어 해설

ㄱ

가겐조유加減じょうゆ 도사조유에 감귤류의 즙이나 다시를 더해 희석한 일본식 간장.

가노코쓰쿠리鹿の子造り '가노코'는 새끼 사슴이란 뜻으로, 생선 살에 새끼 사슴의 무늬처럼 격자무늬로 칼집을 넣는 것.

가라시스미소からし酢みそ 겨자와 식초를 첨가해 만든 미소.

가라아게から揚げ 재료에 밀가루나 전분, 칡전분을 묻혀 튀긴 요리.

가라이리から煎り 아무것도 넣지 않은 냄비에 재료를 넣고 볶아 불필요한 수분을 날리는 것.

가리즈케仮づけ 채소 등을 절일 때 간이 고루 들도록 1차로 담그는 방법.

가마カマ 생선의 아가미 아래에 가슴지느러미가 붙어 있는 부분.

가마시타오토시カマ下落とし 생선의 머리와 가마를 붙여 잘라내는 방법.

가미부타紙ぶた 오토시부타의 일종으로, 유산지 등으로 만들어 중앙에 증기가 빠져나가도록 구멍을 낸다. 가볍기 때문에 조릴 때 부서질 수 있는 재료나 부드러운 재료를 조릴 때 사용한다. 또, 조리는 액체 전면을 덮는 것이 가능하므로, 말라버리면 주름이 생기는 콩 종류의 조림 등에 적합.

가부라かぶら 일본 순무의 다른 이름.

가부라무시かぶら蒸し 순무를 사용한 찜 요리.

가오리야키香り焼き 향을 더하거나 입혀서 굽는 방법.

가와리아게変わり揚げ 재료에 밑간을 할 때 색을 내거나 튀김옷을 입힐 때 소바나 빵가루 등을 쓰는 등 일반적인 방식에서 벗어나 색다르게 튀긴 음식.

가와시모쓰쿠리皮霜造り 생선 껍질만 익혀 회로 내는 기법이다. 뜨거운 물을 끼얹어 익히는 유시모湯霜, 그을리듯 굽는 야키시모焼き霜 등이 있다. 단백질이 열에 의해 하얗게 되는 상태를 '서리霜'에 비유하고 있다.

가케다시かけだし 조리의 마지막 단계에 붓는 양념 국물.

가케지かけ地 재료에 끼얹거나 발라서 맛을 더하는 양념.

가쿠니角煮 돼지고기 등을 큼직하게 썰어서 다시, 간장, 설탕, 소금 등을 치고 졸인 요리.

가쿠시아지隠し味 소금, 설탕, 간장, 미림 등의 조미료를 맛이 날 듯 말 듯하게 섞어 전체의 맛을 돋우는 것.

가쿠쓰쿠리角造り 정사각형 혹은 직사각형으로 각지게 자르는 방법을 말한다.

가키아게かき揚げ 튀김 요리의 한 가지로 잘게 썬 채소, 조개, 새우, 오징어 등을 밀가루에 버무려 튀긴 것.

가타즈마오레구시片褄折れ串 살이 얇거나 가늘고 긴 생선의 살 한쪽을 안쪽으로 돌돌 말아 꼬치로 꽂는 방법.

게즈리가쓰오削りがつお 얇게 민 가다랑어포를 뜻하는 말.

겐けん 요리나 생선회에 곁들이는 채소, 해초 등을 지칭.

겐친けんちん 한자로 '권섬卷纖'이라고 쓴다. '섬'은 가늘다는 뜻으로, 얇게 자른 재료를 돌돌 만다는 의미로 쓰였으나, 이 의미가 바뀌어 채를 썰거나 잘게 자른 재료를 볶아 국물에 사용했을 때를 의미하는 요리명이 되었다. 두부나 달걀을 함께 쓰는 경우가 많다.

고네바시こね箸 튀김옷을 만들 때 사용하는 굵은 젓가락이다.

고로모아게衣揚げ 튀김옷을 만들어 재료에 입혀 튀긴 것, 계란물에 밀가루를 풀어서 튀긴 것.

고마다레ごまだれ 깨를 주재료로 한 조미 국물.

고마시라즈아에ごま白酢あえ 참깨, 두부, 식초 등으로 조미해 무친 요리.

고마아에ごまあえ 깨를 곱게 갈아서 무친 요리.

고마이오로시五枚おろし 생선을 나누는 방법으로 살을 4장, 뼈를 1장으로 나눠 총 5장으로 뜨는 것.

고마즈ごま酢 깨를 주재료로 한 조미 식초.

고메나스米なす 일본 가지의 한 종류다. 쌀알처럼 짧고 두꺼운 모양이다.

곤부지메昆布じめ 다시마에 포개어 싸서 절이는 방법.

구루마후車麩 밀가루에서 얻어지는 글루텐으로 만든 식품으로, 바퀴처럼 동그란 모양이라고 하여 붙여진 이름이다.

구소쿠니具足煮 큰 새우를 껍데기째 토막을 쳐서 다시, 청주, 설탕, 간장 등을 넣고 조린 요리.

구와이くわい 물밤 같은 식감이 나는 채소로, 쇠귀나물이라고도 한다.

구즈앙葛餡 칡전분을 물에 풀고, 간장과 미림 등을 더해 걸쭉하게 끓인 앙.

구즈요세くず寄せ 흰살 생선을 잘 다져서 녹말가루, 밀가루, 칡전분, 소금, 미림 등으로 맛을 들인 후 체에 걸러 찌거나 약불로 데쳐 만드는 식품.

기노메미소木の芽みそ 산초순을 갈아넣어 만든 미소.

기누사야絹さや 풋콩일 때 꼬투리째 먹는 완두.

기도리木どり 생선 살을 자르기 쉬운 크기로 잘라두는 것.

기리모찌切りもち 직사각형으로 썰어 파는 일본식 떡.

기리카케쓰쿠리切りかけ造り 껍질이 붙어 있거나 지방이 많거나 살이 두꺼운 생선을 회로 낼 때의 자르는 방법이다. 1~2회 칼집을 넣어서 자르고, 다시 1~2회 칼집을 넣어서 잘라낸다. 씹기 편하고, 쓰케조유가 잘 묻는다.

기모다레肝だれ 신선한 어패류의 간을 체에 내려 다레와 섞어 만든 것.

기미니黄身煮 달걀노른자로 옷을 입혀 튀긴 후 조리는 방법.

기미즈黄身酢 달걀노른자를 개어 만든 초.

기세도후擬製豆腐 일반적인 두부를 으깨거나 갈아서 간을 한 뒤 요리에 맞는 모양으로 다시 굳힌 것을 말한다.

기쿠가보차菊かぼちゃ 국화처럼 생긴 일본 호박이다.

긴앙銀あん 칡전분 등을 물에 풀고 국간장, 미림 등을 더해 걸쭉하게 끓인 것으로, 음식에 쳐서 먹는다.

ㄴ

나가시칸流し缶 굳힘 틀. 이 책에서 사용한 가로 11cm, 세로 14cm인 틀뿐만 아니라 다양한 크기의 제품이 있다.

나마스なます 무나 당근 생채를 초간장에 무친 것.

나베가에시鍋返し 냄비에 재료를 조리거나 볶을 때 골고루 간이 배도록 먼 쪽에 있는 재료가 가까운 쪽으로 오도록 냄비를 흔드는 것을 말한다. 냄비 속 재료의

위아래가 바뀌며, 전체적으로 균일하게 간이 스며든다.

나베모노鍋物 줄여서 나베라고 부르기도 한다. 찌개 요리다.

난반南蛮 무로마치 시대 말기부터 에도 시대를 걸쳐 해외무역의 대상이었던 동남아시아, 또는 그곳을 경유하여 온 포르투갈 사람과 스페인 사람, 문물을 가리킨다.

네리고마練りごま(白) 흰색 참깨 페이스트.

네리미소練り味噌 미소를 베이스로 조미료와 여러 가지 재료를 섞어 만든 페이스트.

노보리구시登り串 생선을 마치 헤엄치는 것처럼 모양을 잡아 꼬치를 꽂는 방법이다.

노시구시のし串 새우처럼 가열하면 휘어지는 식재료의 등에 꼬챙이를 꽂아 반듯한 모양을 잡는 것.

노시모찌のしもち 납작한 직사각형의 일본식 찰떡.

놋페이のっぺい 토란, 당근, 곤약, 표고버섯 등을 다시에 조린 뒤, 소금, 간장, 미림(설탕) 등으로 간을 한 국물에 건더기로 넣고, 전분가루를 풀어서 걸쭉하게 만든 것을 말한다. 전국 각지에 향토요리로 전해진다.

누키이타抜き板 받침이 달린 긴 모양의 판. 구운 생선의 꼬치를 뽑을 때 써서 붙은 이름이다. 요리한 것을 올려놓거나, 소금을 치거나, 물기를 뺄 때에도 쓴다.

누타아에ぬた和え 초된장무침을 말한다. 초된장으로 생선이나 조개, 채소를 무친 모습이 진흙밭처럼 보이는 것에서 유래했다고 전해진다.

니도아게二度揚げ 재료를 두 번에 걸쳐 나누어 튀기는 방법.

니쓰케煮つけ 니지루에 조려서 간을 들인 요리.

니마이오로시二枚おろし 생선을 살과 뼈에 붙은 살로 떠서 나누는 것.

니모노완煮物椀 생선, 닭고기, 채소를 맑은 장국과 끓여 대접에 담은 요리.

니보시煮干し 멸치나 정어리 등을 쪄서 말린 것으로 주로 국물이나 다시를 낼 때 쓴다.

니지루煮汁 조림을 위한 국물.

니코고리煮こごり 아교질이 많은 생선을 조려 굳힌 식품.

니키루煮きる 청주나 미림의 감칠맛 성분만을 이용하기 위해, 끓여서 알코올을 날리는 것.

ㄷ

다레だれ 생선구이 등에 쓰는 조미한 진한 국물.

다마고노모토卵の素 식초를 뺀 일본식 마요네즈.

다마리조유たまりじょうゆ 다마리는 콩으로만 만든다. 일반적인 간장보다 진한 맛과 색이 나는 것이 특징이다.

다스키오토시たすき落とし 생선 대가리와 가마를 붙인 상태에서 비스듬히 칼을 넣어 대가리와 몸을 분리하는 방법이다. 참고로 다스키는 과거 일본에서 일을 할 때 옷소매를 걷어올리기 위해 매는 끈으로, 양쪽 어깨에서 양쪽 겨드랑이를 거쳐 X자 모양으로 맨다.

다시아라이だし洗い 데친 재료를 쓰게지 등으로 씻어 간이 연해지지 않게 하는 방법.

다쓰타아게竜田揚げ 재료를 간장을 넣은 쓰게지에 담가 색을 들여 튀긴 튀김이다. '다쓰타'라는 이름은 단풍 명소로 꼽히는 나라현 다쓰타가와에서 따온 것이며, 튀김의 색이 단풍색과 비슷하다는 이유로 붙였다. "신들의 시대에도 들어본 적 없다. 다쓰타 강의 단풍잎이 멋진 홍색으로 물든 것을"이라는 일본 고유의 정형시에서 유래되었다고도 한다.

다이묘오로시大名おろしにし 생선을 산마이오로시하는 방법 중 한 가지다. 중골을 따라 한쪽 살을 단번에 발라내는 방법인데, 중골에 많은 양의 살이 붙어 있으므로, 작은 것에 마음 두지 않는 다이묘(넓은 사유지를 가진 지방 호족)에 비유하여 이렇게 불린다.

다이콘大根 일본 무.

다이콘오로시大根おろし 강판에 간 무.

다키아와세炊き合わせ 생선과 채소 등을 따로 조려서 한 그릇에 어울려 담은 요리.

다키코미고항炊き込みご飯 고기, 생선, 채소 등을 넣어 지은 밥.

다타키たたき 소고기나 가다랑어를 칼등으로 두드려 다지거나, 겉을 태우듯 익혀 수건이나 알루미늄포일을 덮어 식혀 완성하는 요리.

다테지오立て塩 바닷물 농도와 비슷한 소금물(물이 1리터일 때 소금 30g 정도)을 말한다. 재료에 골고루 소금 간을 하거나 지저분한 것을 씻을 때 사용한다.

데바보초出刃包丁 날이 두껍고 폭이 넓으며 끝이 뾰족한 식칼.

데비라키手開き 손으로 생선 살을 벌려 가시나 내장 등을 제거하는 손질 방법.

데쓰나베鉄鍋 무쇠로 된 일본식 냄비.

덴가쿠田楽 두부, 채소, 생선, 곤약 등에 미소(일본식 된장)를 발라 구운 음식.

덴모리天盛り 요리의 모양, 맛, 향을 강조하기 위해 산초잎이나 유자, 생강 등을 가장 꼭대기에 담는 것을 말한다. 계절감을 표현하고 요리의 완성도를 높인다.

도나베土鍋 질그릇으로 된 일본식 냄비.

도모와타니共ワタ煮 어패류의 내장을 니지루에 넣어 조린 요리다.

도사조유土佐じょうゆ 가쓰오부시를 넣어 맛을 낸 간장으로 회를 먹을 때 쓴다.

돈부리丼 일본식 덮밥.

ㄹ

란기리乱切り 연근, 우엉, 당근, 두릅 등을 돌려가며 비스듬히 불규칙하게 써는 방법.

란모리乱盛り 일정하지 않은 모양으로 그릇에 뭉쳐담는 것.

롯포무키六方むき 토란 등 알뿌리 식물의 껍질을 벗길 때, 위아래를 잘라내고, 몸체를 육각형의 기둥 모양으로 깎는 것을 말한다.

료즈마오레구시両褄折れ串 생선을 꼬치에 꽂는 한 가지 방법이다. 살이 얇은 생선, 폭이 좁고 긴 생선의 양끝살을 각각 안으로 돌돌 말아 꼬치를 꽂는다.

ㅁ

마제고항混ぜご飯 유부, 당근, 표고버섯 등을 익혀 국물을 낸 뒤, 그 국물로 밥을 짓고, 그 밥에 익혀둔 재료를 섞은 밥.

만간지고추万願寺とうがらし 일본에서 나는 고추로, 우리나라의 오이고추와 비슷한 식감이지만 조금 더 연하다.

만주まんじゅう 동그란 만두 모양을 뜻하는 요리 용어.

멘토리 面取り 채소를 조릴 때 으깨지거나 부서지는 것을 막기 위해 각진 곳을 살짝 둥그스름하게 깎거나 새로운 평면을 만들 듯 벗겨내는 것.

모로미미소 もろみみそ 알갱이가 남아 있는 미소.

모미지오로시 もみじおろし 무에 구멍을 뚫은 뒤 작고 붉은 고추를 끼워서 강판에 간 것.

모찌후 もち麸 밀가루에서 얻어지는 글루텐으로 만든 식품.

무시니 蒸し煮 재료를 국물에 담가 뚜껑을 덮어 찜기나 오븐 등에 넣어서 간접열로 찐 요리.

미노아게 みの揚げ 도롱이, 짚, 띠, 억세 등으로 만든 우비(미노)의 모습을 흉내 내서 만든 튀김.

미소니 みそ煮 다시에 미소를 풀어 재료를 조린 음식.

미소쓰케야키 味噌漬け焼き 재료를 미소에 절인 후 그것을 다시 구운 요리.

미소야키 味噌焼き 미소를 발라 구운 요리.

미쓰니 みつ煮 설탕과 물로 달게 조린 음식.

미조레다시 みぞれだし 맛을 낸 국물에 강판으로 간 무를 풀어넣은 것. 간 무가 진눈깨비(미조레)처럼 보인다고 하여 붙여진 이름이다.

미조레완 みぞれ椀 국물에 갈아넣은 순무가 진눈깨비처럼 보인다고 하여 붙여진 요리명.

미조레즈 みぞれ酢 폰즈 등에 간 무를 넣은 것.

미즈아라이 水洗い 생선을 쓰쿠리하기 위해 물로 씻어 준비하는 방법.

ㅂ

바라비키 ばら引き 생선 비늘을 제거하는 방법이다. 우로코히키 혹은 데바보초로 꼬리에서 대가리 쪽으로 비늘을 긁어낸다. 비늘이 따로따로 흩어지는 것(바라바라散짜)처럼 떨어져나가므로 이렇게 불린다.

바이니쿠 梅肉 일본식 매실장아찌인 우메보시의 과육.

바이니쿠스 梅肉酢 일본식 매실초.

베니다테 紅たで 자주색 향신채로 생선회에 곁들인다.

베타지오(마부시지오) べた塩(まぶし塩) 생선의 표면이 완전히 하얀색으로 보일 만큼 소금을 덮은 상태. 생선에 소금 간을 들이는 방법 중에 가장 간을 세게 하는 방법이다.

벳코앙 べっこうあん 진간장과 다시, 미림, 칡전분을 넣고 살짝 걸쭉하게 만든 것이다.

ㅅ

사사가키 ささがき 우엉, 무 등을 조릿대 잎처럼 얇게 깎는 것이다. 연필을 깎듯 돌려가면서 깎으면 된다.

사사라 ささら 잘게 자른 대나무를 엮은 것 또는 대나무 끝을 잘게 자른 것이다. 생선의 배 속이나 절구 등에서 손이 닿지 않는 지저분한 부분을 씻을 때 쓴다.

사시미보초 刺身包丁 생선회를 썰 때 쓰는 날카롭고 폭이 좁은 칼.

사시미즈 差し水 끓고 있는 물의 온도를 낮추기 위해 물을 넣는 조리법.

사와니 沢煮 채소, 흰살 생선, 육류 등의 재료를 채 썰고, 국물을 많이 부어 담백하게 끓인 음식.

사카무시 酒蒸し 재료에 술을 뿌려서 쪄낸 술찜.

사카보초 逆包丁 칼끝을 위나 오른쪽을 향하게 한 상태로 손잡이를 쥐어 자르는 방법이다. 생선의 배를 가르거나, 갈비뼈를 제거할 때 사용한다.

사카시오 酒塩 청주에 소금을 넣은 것이다. 용도에 따라 물이나 다시마를 넣기도 한다.

사카이리 酒煎り 재료에 청주 또는 사카시오를 넣고 살짝 볶듯이 익히는 조리법.

사쿠도리(기도리)·사쿠니토루 作どり(木どり)·作にとる 스지도리와 같은 말로, 쓰쿠리나 생선 살을 자르기 쉬운 크기로 잘라두는 것을 말한다.

사키즈케 先付 코스 요리에서 도입부에 나오는 요리.

산마이오로시 三枚おろし 생선을 양쪽 살과 중골로 잘라 나누는 것이다. 생선 살을 발라내는 기본 방법 중 한 가지다.

산바이즈 三杯酢 식초, 간장, 설탕 또는 미림을 섞은 조미 식초.

산스이모리 山水盛り 동양화 기법의 한 가지인 '산수화'가 연상되도록 요리를 담는 방법이다. 재료를 뒤로 배치할수록 높게, 앞으로 둘수록 낮게 담는다.

세비라키 背開き 생선을 등줄기를 따라 가르는 방법으로 배는 잘리지 않게 한다.

세이로 蒸籠 만두나 떡을 찌는 데 사용하는 나무 찜통.

센베 せんべい 밀가루나 쌀가루를 반죽하여 얇게 구운 과자로, 이 책에서는 잘라 튀긴 밤의 모습이 센베와 닮아서 붙여진 이름이다.

소기키리·소기쓰쿠리(헤기쓰쿠리) そぎ切り·そぎ造り(へぎ造り) 생선 살을 깎아내듯 비스듬히 자르는 것을 의미한다.

소보로 そぼろ 생선이나 고기 등을 으깨서 양념한 다음 지진 식품이다. 이 책에서는 달걀물에 양념하여 냄비에서 쉬지 않고 저어 작은 알갱이처럼 만들어 밥 위에 올린 것을 말한다.

소에구시 添え串 꼬치를 꽂았을 때, 꼬치가 돌아가거나 흔들리지 않도록 꼬치와 꼬치 사이를 보조적으로 꿰는 꼬치를 말한다.

쇼진다시 精進だし 식물성 재료만으로 뽑아낸 다시다.

슈토 酒盗 가다랑어 내장으로 담근 젓갈이다.

스가타쓰쿠리 姿造り 주재료의 모양 그대로 살려 요리한 생선회.

스기모리 杉盛り 삼나무처럼 전체가 삼각형이 되도록 그릇에 음식을 담는 방법.

스리나가시 すり流し 재료를 절구에 곱게 갈거나, 체에 내려서 다시를 섞은 국물 요리를 말한다. 칡전분을 넣어 걸쭉하게 하는 경우가 많다.

스리미 すり身 다져서 으깬 어육.

스마시지루(지타테) すまし汁(仕立て) 맑은 장국.

스미소 酢味噌 미소에 식초, 다시, 겨자 등을 넣어 맛을 낸 것이다.

스아게 素揚げ 재료에 아무것도 묻히지 않고 기름에 튀기는 방법 또는 그렇게 튀긴 요리.

스이젠지노리 水前寺のり 일본 김의 일종이다.

스이지 吸い地 국물 요리의 기본이 되는 맑은 국물.

스이지핫포 吸い地八方 국에 들어갈 건더기에 미리 간을 할 때 만들어 쓰는 국물.

스이쿠치 吸い口 국에 띄워서 맛을 돋우거나 향을 더하기 위해 사용하는 산초순,

파, 유자, 생강 등을 가리킨다.

스지도리節どり 산마이오로시한 생선 살을 쓰쿠리로 만들기에 편한 크기로 자르는 것.

스지메酢じめ 소금 등에 절인 생선 등을 다시 식초에 담가 절이는 방법.

스키비키すき引き 비늘이 작거나 점액질이 많은 비늘을 제거하는 방법으로, 칼로 비늘을 깎아낸다.

슷퐁지타테すっぽん仕立て 완모노의 한 가지로, 마루지타테丸仕立て라고도 한다. 자라(슷퐁) 요리와 같은 기법으로 간을 해서 이 이름이 쓰인다. 쑤기미, 양태, 바닷장어 등 감칠맛이 강하지만 냄새가 나는 재료를 청주와 물로 끓이고, 간장 맛을 살려 간을 한다.

시노기しのぎ 칼날과 칼등 사이의 조금 볼록한 부분을 가리킨다.

시라가유白がゆ 우리나라 흰죽과 흡사하다.

시라아에白あえ 두부가 주재료인 무침옷을 사용한 요리.

시라야키白焼き 초벌구이 또는 그렇게 한 것을 말한다. 사전 정의를 보면 간을 하지 않음이 강조되어 있음.

시라이타콘부白板昆布 다시마의 표면을 깎아 오보로콘부(초를 친 다시마를 얇고 가늘게 썬 식품) 등을 만들고 남은 하얀 부분을 말한다. 살이 얇은 생선이나 흰살 생선을 곤부지메할 때 사용한다.

시로네리미소白練りみそ 시로미소에 된장, 미림, 설탕을 넣고, 약불에서 갠 뒤 체에 거른 것이다.

시메사바しめさば 고등어 초절임.

시모후리霜ふり 생선이나 고기에 뜨거운 물을 살짝 끼얹거나, 담그는 것을 말한다. 표면의 색이 변하면, 곧바로 냉수에 넣어 식히는데, 이때 서리(시모)가 내린 것같이 하얗게 변하므로 이렇게 불린다. 재료의 점액질이나 냄새, 불필요한 지방분을 제거할 때 유용하다.

시바쓰케しば漬け 가지와 오이를 섞어 절인 식품.

시소코센しそ香煎 시소를 볶아서 가루로 만들어 향료를 섞은 것.

시오야키塩焼き 소금구이.

시오유데塩ゆで 끓는 물에 소금을 넣고 푸른 채소 등을 데친다는 요리 용어.

시오콘부塩昆布 조미하여 말린 후 소금을 뿌려놓은 다시마.

시타니下煮 단단한 재료를 미리 한번 삶아놓는 것.

시타코下粉 튀김을 튀기기 전에 튀김옷이 잘 붙도록 재료에 바르는 밀가루나 전분 등을 말한다.

시치미七味 고추, 후추, 산초, 진피(귤 껍질), 앵속, 삼의 씨, 깨 등 7가지를 빻아서 섞은 향신료.

신슈미소信州みそ 신슈는 일본 나가노 현의 옛 지명으로, 나가노 현 전통 방식의 미소라는 뜻이다.

신조しんじょう 마무시真蒸, 신조真薯라고도 쓴다. 어패류나 닭고기를 갈고, 반죽을 차지게 하는 달걀흰자나 산마 등을 조미료와 넣고 다시를 섞은 것을 신조 반죽이라고 한다. 이것을 찌거나, 삶거나, 튀긴 것이 신조다.

쓰마つま 생선회에 곁들이는 해초나 채소 등을 말한다.

쓰메콘부爪昆布 다시마의 뿌리 부분.

쓰미레つみれ '쓰미이레'라고도 한다. 어패류나 닭고기를 갈아서 달걀과 조미료 등을 넣고 적당한 농도로 반죽하여, 조금씩 뜯어서 빚은 것을 국물에 넣은 음식으로 경단 같은 것이다.

쓰쓰기리筒切り 생선을 자를 때, 뼈째 두툼한 원형으로 자르는 방법이다. 일반적으로 대가리를 잘라내고, 내장을 빼서 씻은 후, 자른다. 잉어, 연어, 은어, 민물장어 등 몸체가 원형인 생선을 손질할 때 주로 쓰는 기술이다.

쓰쓰미무시包み蒸し 어떤 재료를 감싸거나 포개어 찐 요리.

쓰케야키つけ焼き 고기나 생선을 다레나 간장, 미림 등으로 조미한 양념에 담가 맛을 들인 후 굽는 방법 또는 그렇게 구운 음식을 뜻한다.

쓰케조유つけじょうゆ 회와 곁들이는 간장.

쓰케지つけ地 재료에 간을 들이기 위해 조미한 국물.

쓰쿠다니つくだ煮 어패류, 해초, 채소 등을 설탕과 간장으로 달짝지근하게 조린 음식.

쓰키기리突き切り 생선 살을 썰 때 앞으로 밀듯 칼을 집어넣는 방법.

ㅇ

아게니揚げ煮 튀긴 후 조린 요리.

아게모노揚げ物 튀김이다.

아라니·아라다키アラ煮·アラ炊き 생선 뼈를 채소 등과 넣어 조린 요리.

아라레유즈あられ柚子 유자 껍질을 싸라기눈(아라레) 모양으로 썬 것.

아라이洗い 얇게 자른 생선 살을 냉수에 씻어 쫄깃하게 하고, 기름기나 냄새를 제거하는 쓰쿠리 기법이다.

아마자케甘酒 단술이라는 의미로, 쌀 알갱이가 있는 것도 있다. 조미료로 많이 쓴다.

아마즈甘酢 단맛이 나는 조미 식초.

아마즈즈케甘酢漬け 단맛이 나는 조미 식초에 담가 절이는 일.

아미야키網焼き 석쇠구이.

아부라누키油抜き 재료 표면에 묻은 기름을 뜨거운 물로 씻어내는 방법.

아부라시모油霜 뜨거운 기름에 넣어 겉만 익혀내는 조리법.

아시라이あしらい 회나 구이 등에 곁들이는 재료를 말한다. 서양 요리에서 가니시를 떠올리면 된다.

아에고로모あえ衣 아에모노를 만들 때, 재료를 결속시키는 무침옷을 말한다. 재료를 무칠 때 옷을 입히는 것 같다고 하여 이렇게 표현한다. 미소나 겨자, 식초 등의 조미료와 다시, 두부, 깨, 견과류 등이 사용된다.

아오요세青寄せ 요리할 때 쓰기 좋도록 추출한 엽록소즙을 뜻하는 일본 요리 용어다.

아와세미소지타테合わせみそ仕立て 서로 다른 종류의 미소를 섞어 끓인 미소시루를 말한다. 칼칼하고 개운한 아카미소와 부드럽고 단 시로미소를 섞어서 재료나 계절에 맞춰 비율을 조정한다.

아카미소赤みそ 미소보다 붉은색이 난다. 칼칼하고 개운한 맛이 특징이다.

앙餡 일반적으로 팥소나 고물을 떠올리지만, 이 책 대부분에 등장하는 앙은 칡전분 등을 물에 풀고, 간장, 미림 등으로 맛을 내어 걸쭉하게 끓인 것을 말한다. 구즈앙葛餡이라고도 부른다.

야나가와柳川 도나베에 연필 깎듯이 얇게 썬 우엉과 미꾸라지를 넣고, 니지루를 부어 조린 뒤, 달걀을 푼 요리를 야나가와베라고 하며, 이 방법을 모방한 요리 또한 이렇게 부른다.

야나기바보초柳刃包丁 생선회칼인 사시미보초의 또 다른 이름으로, 칼날이 가늘고 긴 버드나무 잎과 모양이 비슷해 붙여졌다.

야쿠미薬味 우동이나 메밀국수에 넣는 파나 와사비처럼 요리에 어울리는 고명이나 향신료.

야키비타시焼き浸し 조미한 국물에 재료를 구워서 담가 은은하게 밑간을 들인 요리.

야키시모쓰쿠리焼き霜造り 강불에서 살짝 구워 생선의 겉면이 서리(시모)가 내린 것처럼 하얗게 되도록 익히는 조리법.

에비이모えび芋 우리나라 토란보다 큰 일본 토란으로, 모습이 새우(에비)와 닮았다 하여 붙은 이름이다.

엔가와縁側 생선의 등지느러미 쪽에 있는 지방층이 두꺼운 부분을 말한다. 주로 광어의 지느러밋 살을 가리키는 경우가 많다.

오니기리おにぎり 일본식 주먹밥.

오도리구시踊り串 생선을 통째로 구울 때, 물고기가 헤엄치는 것 같은 모습으로 완성되도록 꼬치를 꽂는 방법이다. 우네리구시うねり串, 노보리구시登り串라고도 한다.

오로시おろし 이 책에서는 생선 살을 발라낸다는 뜻과 무 같은 채소를 강판에 간 것 또는 가는 일을 의미한다.

오로시니おろし煮 강판에 간 무를 국물에 충분히 풀어 끓인 요리.

오시노기おしのぎ 가이세키 차림표에 사용되는 말로, 풀이하면 '잠시 쉬어감' '입가심'의 의미로 쓰인다.

오이가쓰오追いがつお 조미한 가다랑어 다시에 재료를 조릴 때, 얇게 민 가쓰오부시를 한번 더 넣어 감칠맛과 풍미를 보충하는 것이다. 사시가쓰오差しがつお라고도 한다.

오차즈케お茶漬け 밥 위에 회나 튀김 등을 얹고 뜨거운 차를 부은 요리.

오카아게おか上げ 데치거나 삶은 재료를 물에 담그지 않고 체에 밭쳐 식히는 조리법.

오카유おかゆ 일본식 죽이다.

오카키おかき 찹쌀로 만든 떡을 잘라서 튀겨 만든 일본 과자.

오카키아게おかき揚げ '오카키'라는 일본 과자를 거칠게 부숴서 재료에 묻혀 튀긴 요리.

오쿠라Okra 아프리카 북동부가 원산지다. 썰었을 때 단면이 별 모양처럼 보여서 일본에서는 요리를 장식하기 위해 쓰기도 한다. 얼핏 고추와 비슷해 보이지만 맛도 생김새도 다르다.

오토시부타落とし蓋 조리거나 삶을 때 재료 위에 직접 얹는 뚜껑을 말한다. 조리는 과정에서 재료가 부서지는 걸 막고, 적은 양의 니지루를 대류시킨다. 목제와 금속제뿐만 아니라 종이로 만든 것도 있다.

오히타시おひたし 데친 채소에 간장 등으로 간을 한 반찬.

와리즈割り酢 물이나 다시를 넣어 희석한 식초.

와리폰즈割りポン酢 다시를 넣어 희석한 폰즈다. 지리즈로 쓰기도 한다.

완椀 밥이나 국 등을 담는 동그란 그릇으로 나무나 도자기로 만들었다.

완다네椀種 국의 주재료 또는 건더기.

완쓰마椀妻 주로 국물 요리에 들어가는 채소 건더기를 말한다.

요세아게寄せ揚げ 다진 생선 살과 칡전분, 밀가루, 달걀 등을 섞어 튀긴 요리.

요코구시横串 생선의 배 쪽에서 등 쪽으로, 또는 등 쪽에서 배 쪽으로 꼬치를 꽂는 방법.

우로코히키ウロコ引き 비늘을 제거할 때 쓰는 도구로 우리나라에서는 편의상 비늘치기, 또는 비늘 제거기라고도 불린다.

우마니うま煮 간장, 미림, 설탕 등을 넣어 다소 진하게 끓인 국물에 재료를 넣고 달콤하고 짭짤하게 조린 것.

우마미시오うまみ塩 다시마의 감칠맛을 더해 만든 소금. 만드는 법은 184쪽 참조.

우메보시梅肉 매실을 소금에 절여 말린 후 시소 잎을 섞어 담근 장아찌다.

우스바보초薄刃包丁 얇은 날의 칼로, 채소를 다듬을 때 사용하는 일본 식칼이다.

우스쓰쿠리薄造り 생선 살을 접시가 비칠 정도로 얇게 저미는 방법 또는 그렇게 썰어 담은 회를 말한다.

우스이타薄板 나무를 얇게 밀어 종이처럼 만든 것으로, 요리에 따라 종이 대신 깔아서 쓴다.

우시오潮・**우시오지루**うしおじる 재료에서 우러나오는 감칠맛으로 다시를 뽑아 만든 맑은 국물. 우시오니うしおに라고도 한다.

우와미上身 오모테미表身라고도 한다. 생선의 머리를 왼쪽으로, 배를 자신의 정면에 오게 놓고, 중골을 기준으로 위에 있는 살을 우와미, 밑으로 가 있는 살을 시타미下身라고 한다.

유바湯葉 콩물을 끓였을 때 그 표면에 생긴 엷은 막을 걷어서 말린 식품이다.

유부리・유아라이湯ぶり・湯洗い 아라이의 방법 중 한 가지로, 얇게 자른 생선 살을 뜨거운 물속에 넣고 씻듯이 익힌 뒤 냉수에 넣는다. 씹을 때 감촉이 좋고, 생선 비린내도 제거된다.

유센湯煎 냄비를 이중으로 놓고 간접적으로 익히는 방법이다. 바깥쪽 냄비에 물을 넣고, 안쪽 냄비에 재료를 넣은 뒤 띄워놓고 가열한다. 일정한 열로 차분하게 가열할 수 있다. 이 책에서는 중탕으로 옮겼다.

유안지・유안야키幽庵地・幽庵焼き 에도 시대에 오미 지역에서 다도와 음식 맛에 정통했다는 기타무라유안이 고안했다고 전해지는 요리법이다. 어패류와 닭고기, 소고기 등을 청주, 미림, 간장을 섞어 만든 유안지에 담가 맛을 들인 후 굽는다. 청주가 생선의 비린내를 잡아주고, 양념의 풍미가 더해져 부드러운 구이가 완성된다.

유즈코쇼柚子こしょう 오이타 현의 특산물로, 규슈 지방에서 많이 사용하는 향신료다. 규슈에서는 매운 고추를 '코쇼'라고 부르는데, 이것과 유자 껍질, 소금을 갈아서 섞어 만든다. 얼얼하게 매우면서 유자의 풍미가 느껴지고, 특유의 쓴맛도 난다.

유키히라나베行平鍋 손잡이, 뚜껑, 귀때가 달린, 그릇의 높이가 높은 도기로 만든 냄비.

이로다시色出し 채소류를 살짝 익혀서 색을 좀더 선명하게 내는 조리법이다. 색이 선명해지면 그 이상 열이 가해지지 않도록 냉수에 담그는 경우가 많다.

이세에비伊勢えび 새우의 일종으로 이세 지방에서 많이 나오기 때문에 붙여진 이름이다.

이시야키石焼き 어패류를 달군 돌에 굽는 조리법.

이이무시飯蒸し 찹쌀을 사용해 찐 요리.

이치야보시一夜干し 소금을 뿌린 생선을 말려서 수분을 빼고, 감칠맛을 응축시

키는 방법 또는 그렇게 건조한 생선을 말한다.

이타나마후板生麩 밀가루에서 얻어지는 글루텐을 이용해 만든 밀개떡 같은 식품.

이타메니炒め煮 재료를 볶은 후 맛을 낸 국물을 부어 조린 요리.

이타즈리板ずり 오이나 머위 등의 채소가 좋은 색을 내도록 도마 위에 올려서 소금을 뿌린 다음 손으로 굴리는 기법이다.

이토하나가쓰오糸花がつお 실처럼 얇게 민 가다랑어포.

잇폰구시一本串 일명 한 줄 꼬치로, 오도리구시踊り串나 노보리구시登り串라고도 불린다.

ㅈ

자가이세키茶懷石 차를 마시기 위해서 먹는 소량의 밥, 국물, 회, 조림.

자센茶せん 더운물을 부은 말차를 저어서 거품을 일게 하는 도구로, 이 책에서는 주로 가루를 물에 섞어 개거나 강판에 간 것을 뿌릴 때 쓴다.

자완무시茶碗蒸し 가쓰오부시 등을 우린 국물에 달걀물, 고기, 표고버섯, 은행, 어묵 등의 고명을 넣고 그릇에 담아 뚜껑을 닫고 찐 요리.

자킨시보리茶巾絞り 재료를 삼베나 랩 등으로 싸서, 끝을 모아 돌려 비튼 모양을 뜻한다.

조스이雜炊 채소나 어패류 등을 잘게 썰어넣고 미소나 간장으로 간을 맞춰 끓인 죽이다.

조미上身 어패류를 손질하여 그대로 요리에 사용 가능한 것을 말한다. 일반적으로는 미즈아라이하여 살을 발라내고, 가시를 모두 제거한 것.

즈케づけ 간장에 청주, 미림 등을 더해 생선을 담가 절이는 방법.

지리ちり 지리무시나 지리무시 줄임말로, 냄비 요리의 하나다. 생선, 두부, 채소를 냄비에 끓여서 초간장에 찍어먹는다.

지리즈ちり酢 지리무시나 지리나베ちり鍋를 먹을 때 찍어먹는 폰즈쇼유.

지아이血合い 생선 살의 검붉은 부분이다. 참치, 방어 등의 등뼈 쪽에 많다.

지쿠젠니筑前煮 이리도리煎り鷄라고도 한다. 후쿠오카의 향토 요리인 가메니がめ煮에서 유래하였다. 채소에 닭고기를 넣고 기름에 볶아, 조미료로 간을 하여 조린다.

ㅍ

폰즈ポン酢 감귤류를 짠 즙이다. 폰즈쇼유를 폰즈라고 부르기도 한다.

폰즈쇼유ポン酢しょうゆ 일반적으로 감귤류를 짠 즙인 폰즈와 간장을 1:1로 섞어서 만든 것.

폰즈오로시ポン酢おろし 강판에 간 무를 폰즈에 넣어 섞은 것.

ㅎ

하가마羽釜 아궁이에서 밥을 지을 때 사용되던 금속제의 솥을 말한다. 솥의 중간쯤 솥전이 붙어 있는데, 이것이 아궁이와 밑에서 올라오는 불길과의 거리를 벌려준다. 솥 밑바닥 전체를 불길이 감싸 맛있게 밥을 지을 수 있다.

하라비라키腹開き 생선을 배 쪽부터 가르고, 등껍질을 남겨서 여는 것을 말한다.

하리쇼가針しょうが 생강 채의 모습이 마치 얇은 바늘(하리)처럼 보인다고 하여 부르는 요리 용어다.

하리유즈針柚子 바늘(하리) 모양으로 얇게 채 썬 유자 껍질이다.

하모마쓰はもまつ 갯장어를 뜻하는 하모와 자연송이를 뜻하는 마쓰타케松茸를 줄여서 부른 말.

하스무시はす蒸し 연근을 베이스로 한 반죽에 다양한 재료를 섞어서 찐 요리.

하시야스메箸休め '쉬어감'을 의미하며, 코스 요리 중간에 입안의 기름을 씻거나 개운하게 해주는 요리.

하카타니博多煮 종류가 다른 재료나 색이 다른 재료 2~3가지를 겹친 뒤 층이 진 단면이 보이도록 만든 요리.

한기리半切り 초밥을 만들 때 사용하는 나무로 만들어진 평평한 다루(대나무나 금속으로 만든 테를 둘러서 죈 원통형의 나무통) 형태의 물건이다. 대부분이 편백으로 만들어졌으며 센다이盤台라고도 한다. 사용 전에 물에 불려 수분을 흡수시켜 놓고, 안쪽은 배합초를 적신 행주로 닦아놓는다. 사용 후에는 깨끗하게 씻어 잘 말려둔다.

핫슨八寸 주인과 손님이 술을 주고받을 때 나오는 안주 또는 그날의 요리.

핫포다시八方だし 여기저기 다양하게 쓸 수 있는 만능 다시라는 뜻.

호네기리骨切り 생선 살에 잔가시가 파고들어가 있을 때 칼집을 잘게 넣어 가시만 끊어내 먹기 좋게 손질하는 방법.

호네누키骨抜き 생선 가시를 빼낼 때 쓰는 핀셋 같은 도구.

호라쿠야키焙烙焼き '호로쿠'라는 설구이(마침구이의 앞 단계로서, 유약을 바르지 않고 약불에 구움)한 평평하고 동그란 접시에 솔잎이나 소금을 깔고, 식재료를 넣어 청주를 뿌린 뒤 뚜껑을 덮어 찌듯이 굽는 요리다. 재료의 감칠맛과 향이 날아가지 않고, 찐 것처럼 촉촉하게 구워진다. 호라쿠焙烙는 한자 본래의 뜻과는 관계없이, 그 음이나 훈을 빌려서 표기한 한자이며, 호로쿠야키라고도 한다.

호로쿠焙烙 넓고 둥근 질냄비.

호소쓰쿠리細造り 생선 살을 길고 얇게 잘라내는 쓰쿠리의 한 방법.

후리유즈ふり柚子 유자의 껍질을 강판에 갈아서 자센 같은 것으로 요리에 뿌리는 것이다. 니모노나 히타시모노 등에 향을 더하는 용도로 쓰인다.

후시오로시節おろし 생선 머리를 떼고 등살과 뱃살로 나눠 잘라내는 방법.

후시도리·후시니토루節どり·節にとる 생선을 산마이오로시하여, 그 반쪽 살의 지아이를 따라, 뱃살과 등살로 잘라 나누는 것을 말한다.

히라구시平串 꼬치를 꽂는 가장 기본적인 방법이다. 크기가 거의 같은 작은 재료에 2개의 꼬챙이를 직선으로 평행하게 꽂거나 부채꼴 모양으로 꽂는다.

히라쓰쿠리平造り 평썰기다. 칼을 약간 왼쪽으로 눕혀 자르면 직각으로 썰 수 있다.

히타시(히타시모노)浸し(浸し物) 채소 등을 데쳐 맛을 낸 다시를 끼얹어 간을 들인 반찬이다.

히타시지浸し地 조미한 국물과 야키비타시(165쪽 참조)에 들어가는 채소를 더해 끓인 것.

히키기리引き切り 칼을 안쪽으로 당기면서 자르는 방법이다.

이 책의 요리 제작

마쓰모토 요시히로
松本善博

1957년 오사카 출생이다.
츠지조리사전문학교 일본
요리 교수다.
일본 요리점 근무 경험을
지니고 있다.

나카무라 야스히로
中村泰弘

1969년 오사카 출생이다.
츠지조리사전문학교 일본
요리 교수다.
뉴욕 일본총영사관 관저요
리사로 근무. 외무대신표
창을 받았다.

옮긴이 **최강록**

조리사. <마스터셰프 코리아 2>에 나와 우승을 했고, <흑백요리사>에 출연했다.
2009년에 츠지조리사전문학교에서 조리기술 매니지먼트 학과를 이수했다.
현재 서울에서 일식당 '네오NeO'와 유튜브 채널 '최강록 Ultra Taste Diary'를 운영하고 있다.
《최강록의 요리 노트》를 썼고, 옮긴 책으로는《돈가스의 기술》《칼의 기본》등이 있다.

調 理 法 別
日 本 料 理

조리법별 일본 요리

1판 1쇄 펴냄 2018년 3월 12일
1판 7쇄 펴냄 2024년 11월 15일

지은이 츠지조리사전문학교(요리 제작 마쓰모토 요시히로, 나카무라 야스히로)
옮긴이 최강록
펴낸이 김경태 | **편집** 조현주 홍경화 강가연 | **디자인** 데시그 윤설란 / 박정영 김재현
마케팅 유진선 강주영

펴낸곳 (주)출판사 클
출판등록 2012년 1월 5일 제311-2012-02호
주소 03385 서울시 은평구 연서로26길 25-6
전화 070-4176-4680 | **팩스** 02-354-4680 | **이메일** bookkl@bookkl.com
블로그 blog.naver.com/bookkl | **인스타그램** @book_kl

ISBN 979-11-88907-04-5 13590

이 도서의 국립중앙도서관 출판예정도서목록(CIP)은 서지정보유통지원시스템 홈페이지(http://seoji.nl.go.kr)와
국가자료공동목록시스템(http://www.nl.go.kr/kolisnet)에서 이용하실 수 있습니다.(CIP제어번호: CIP2018004104)

이 책은 저작권법에 의해 보호를 받는 저작물이므로 무단 전재 및 무단 복제를 금합니다.
잘못된 책은 바꾸어드립니다.

출판사 클의 책을
만나보세요.